凝聚隧道及地下工程领域的
先进理论方法、突破性科研成果、前沿关键技术，
记录中国隧道及地下工程修建技术的创新、进步和发展。

"十四五"时期国家重点出版物出版专项规划项目

中国隧道及地下工程修建关键技术研究书系

SEISMIC AND SHOCK ABSORPTION TECHNOLOGY
OF TUNNELS CROSSING
ACTIVE FAULT ZONES

穿越活动断裂带
隧道抗减震技术

王明年　田四明　于　丽　王玉锁　杨恒洪 / 编著

人民交通出版社股份有限公司

北　京

内 容 提 要

随着国家综合立体交通网络的完善，新建隧道穿越活动断裂带难以避免。震害史实表明：穿越活动断裂带隧道受到错动和地震动共同作用，力学响应规律更加复杂，破坏更为严重。因此，穿越活动断裂带隧道的破坏特征、错动和地震动作用下的隧道结构设计计算方法以及抗减震措施的选用，成为穿越活动断裂带隧道设计、施工和运营等方面的技术难题。为此，本书作者团队基于多年研究成果，阐述了穿越活动断裂带隧道的破坏特征，介绍了穿越活动断裂带隧道需加强设防的三个区段，建立了活动断裂带地层的错动变形以及穿越活动断裂带隧道结构在错动和地震动作用下的内力计算方法，给出了活动断裂带近断层的地震动输入参数建议，提出了可用于穿越活动断裂带隧道核心段的韧性结构形式并给出相应的设计方法。

本书可供从事隧道及地下工程建设领域工作的工程技术人员使用，也可作为土木工程等相关专业师生的教学参考用书。

图书在版编目(CIP)数据

穿越活动断裂带隧道抗减震技术/王明年等编著.—北京：人民交通出版社股份有限公司，2023.11
ISBN 978-7-114-18678-3

Ⅰ.①穿… Ⅱ.①王… Ⅲ.①断裂带—隧道工程—防震设计 Ⅳ.①U452.2

中国国家版本馆 CIP 数据核字(2023)第 043716 号

中国隧道及地下工程修建关键技术研究书系
Chuanyue Huodong Duanliedai Suidao Kangjianzhen Jishu

书　名：	穿越活动断裂带隧道抗减震技术
著　作　者：	王明年　田四明　于　丽　王玉锁　杨恒洪
责任编辑：	张　晓
责任校对：	孙国靖　宋佳时
责任印制：	张　凯
出版发行：	人民交通出版社股份有限公司
地　　址：	(100011)北京市朝阳区安定门外外馆斜街 3 号
网　　址：	http://www.ccpcl.com.cn
销售电话：	(010)59757973
总　经　销：	人民交通出版社股份有限公司发行部
经　　销：	各地新华书店
印　　刷：	北京印匠彩色印刷有限公司
开　　本：	787×1092　1/16
印　　张：	16.25
字　　数：	323 千
版　　次：	2023 年 11 月　第 1 版
印　　次：	2023 年 11 月　第 1 次印刷
书　　号：	ISBN 978-7-114-18678-3
定　　价：	118.00 元

(有印刷、装订质量问题的图书，由本公司负责调换)

前言

活动断裂带由主断层面及其两侧破碎岩块，以及若干次级断层面组成，地质构造发育且地应力复杂，因此在活动断裂带发生错动时，破坏的位置具有随机性，在空间上表现为强烈的不均匀性。同时近断层地震动具有显著的脉冲效应，导致穿越活动断裂带隧道结构发生严重破坏，威胁交通运输安全。

为此，作者团队在相关课题支持下，依托国内外穿越活动断裂带隧道工程实例，围绕穿越活动断裂带隧道在错动和地震动作用下的力学响应、理论计算及工程设防等关键技术问题，综合采用震害调查、振动台试验、静力试验、数值模拟、理论分析等方法，揭示了穿越活动断裂带隧道在错动作用、地震动作用以及错震联合作用下的破坏特征及力学机制，提出了穿越活动断裂带隧道核心段、强烈影响段和一般影响段设防三区段，建立了活动断裂带地层的三向错动变形计算方法以及近断层脉冲地震动输入方法，构建了穿越活动断裂带隧道内力计算方法，提出了适用于穿越活动断裂带隧道核心段的韧性结构形式及其设计方法。

本书共分为8章：第1章绪论；第2章穿越活动断裂带隧道破坏及设防分区特征；第3章穿越活动断裂带隧道设防分区范围；第4章活动断裂带地层错动变形特征及计算方法；第5章活动断裂带近断层地震动特征及输入方法；第6章穿越活动断裂带隧道内力计算方法；第7章穿越活动断裂带隧道核心段韧性结构形式；第8章穿越活动断裂带隧道核心段三层韧性结构设计方法。全书由王明年、田四明、于丽、王玉锁和杨恒洪编写，张霄、唐浪洲、罗勋、霍建勋、郭晓晗、路明、巩江峰、黎旭、王伟、张艺腾、肖宗扬、姚庆晨、肖珂、汪主洪等也参与了相关研究及编写工作。

本书是作者团队在穿越活动断裂带隧道抗减震技术方面的多年研究成果的总结，在此特别感谢相关单位的支持。编写过程中，引用了国内外相关研究成果以及团队研究生的论文等，在此对相关编者和作者一并表示感谢。

虽然作者在编写过程中尽了最大努力，但由于水平有限，错误和疏漏之处在所难免，敬请读者批评指正。

作　者

2023 年 10 月

目录

第1章 绪论 1
  1.1 研究目的及意义 3
  1.2 国内外研究现状 5
  1.3 穿越活动断裂带隧道抗减震技术研究的关键问题 18

第2章 **穿越活动断裂带隧道破坏及设防分区特征** 21
  2.1 穿越活动断裂带隧道震害类型及分级 23
  2.2 错动作用下穿越活动断裂带隧道破坏特征 25
  2.3 地震动作用下穿越活动断裂带隧道破坏特征 35
  2.4 错动-地震动联合作用下穿越活动断裂带隧道破坏特征 37
  2.5 穿越活动断裂带隧道设防分区特征 46

第3章 **穿越活动断裂带隧道设防分区范围** 49
  3.1 穿越活动断裂带隧道核心段设防分区范围 51
  3.2 穿越活动断裂带隧道强烈及一般影响段设防分区范围 75

第4章 **活动断裂带地层错动变形特征及计算方法** 77
  4.1 活动断裂带地层错动变形特征 79
  4.2 活动断裂带错动作用下地层变形范围计算方法 84
  4.3 活动断裂带错动作用下地层三向变形计算方法 87

第 5 章 活动断裂带近断层地震动特征及输入方法 95
5.1 近断层地震动脉冲特性 97
5.2 近断层地震波频谱特性 100
5.3 活动断裂带近断层地震动输入方法 103

第 6 章 穿越活动断裂带隧道内力计算方法 113
6.1 基于弹性本构的穿越活动断裂带隧道内力计算方法 115
6.2 基于损伤本构的穿越活动断裂带隧道内力计算方法 137
6.3 穿越活动断裂带隧道内力计算方法适用情况 145

第 7 章 穿越活动断裂带隧道核心段韧性结构形式 147
7.1 穿越活动断裂带隧道韧性结构体系 149
7.2 隧道设置变形缝对断裂带错动的响应特征 151
7.3 隧道围岩加固及设置减震层对断裂带错动的响应特征 ... 160
7.4 穿越活动断裂带隧道韧性结构响应特征 165

第 8 章 穿越活动断裂带隧道核心段三层韧性结构设计方法 ... 173
8.1 穿越活动断裂带隧道三层韧性结构设计流程及原则 175
8.2 穿越活动断裂带隧道三层韧性结构外衬设计方法 177
8.3 穿越活动断裂带隧道三层韧性结构内衬设计方法 194
8.4 穿越活动断裂带隧道三层韧性结构中间层设计方法 215
8.5 穿越活动断裂带隧道三层韧性结构试验验证 219

附录 活动断裂带地层变形曲线 231
参考文献 239

SEISMIC AND SHOCK ABSORPTION TECHNOLOGY
OF TUNNELS CROSSING
ACTIVE FAULT ZONES
穿 越 活 动 断 裂 带 隧 道 抗 减 震 技 术

第1章
绪　　论

1.1 研究目的及意义

我国位于世界两大地震带——环太平洋地震带与地中海-喜马拉雅地震带之间，受太平洋板块、印度板块和菲律宾海板块挤压，地质运动活跃，导致我国活动断裂带分布广泛、地震频发。2013 年以来我国发生 5 级以上地震 361 次、5～6 级地震 297 次、6～7 级地震 60 次、7 级以上地震 4 次[1-9]。

党的二十大报告提出，加快建设交通强国[10]，交通基础设施建设跨越江河湖海，向更为艰险复杂的高山、深海延伸。隧道作为交通基础设施的重要组成部分，伴随其建设规模、数量的增长，将不可避免地面临穿越活动断裂带带来的工程建设挑战。

活动断裂带由断层面和两侧破碎岩块组成，其中断层面包含主断层面和若干次级断层面。活动断裂带区域通常地应力复杂且地质构造发育，断层位错位置具有随机性，且空间上存在强烈的不均匀性[12,13]，如图 1-1 所示。

活动断裂带的运动形式主要包括黏滑及蠕滑[12,13]。断层蠕滑是指天然构造断层发生的、速率缓慢的无震滑动，使得穿越活动断裂带隧道发生衬砌开裂等破坏[14]，如图 1-2 所示。

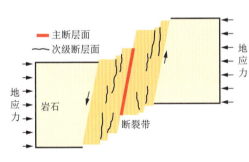

图 1-1 活动断裂带错动示意图

图 1-2 断裂带蠕滑错动下隧洞破坏案例
（美国，Claremont 隧洞）[14]

断层黏滑是指天然构造断层发生的突然错动，过程中将释放大量弹性应变能，激发地震波，具有显著的速度脉冲效应[12]，较远场地震动具有周期长、振幅大的特点[15-18]，使得穿越活动断裂带隧道首先受到错动作用，然后受强震作用，发生衬砌错断、衬砌垮塌及隧底隆起等严重破坏[19-23]，如图 1-3 所示。

目前，穿越活动断裂带隧道设计中，断层面位置是确定的，通常认为围岩发生均匀错动，变形缝正对断层面，所输入的地震动通常为常规地震动，如图 1-4 所示。

隧道震害实例表明[24]，穿越活动断裂带隧道错动位置随机，在空间上呈现显著的不均匀性，断裂带错动引发的地震动在近断层区域具有明显的速度脉冲效应[18,25]，错动破坏后的隧道受地震动作用,破坏范围及程度进一步增大[26-28],如图 1-5 所示。因此,现有隧道抗震措施的韧性不足,加之隧道分段设缝不能恰好正对断层面,常规地震动输入不能完全解决隧道错动后的地震动破坏难题[29-31],导致穿越活动断裂带隧道震害严重且修复困难。

图 1-3 断裂带黏滑错动-强震作用下隧道破坏案例（中国,大梁隧道）[19]

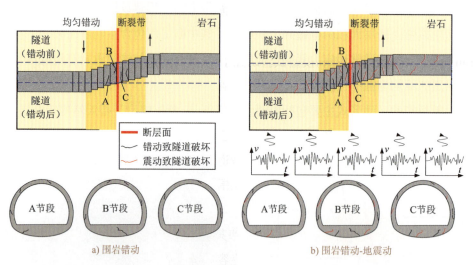

图 1-4 目前穿越活动断裂带隧道设计示意图

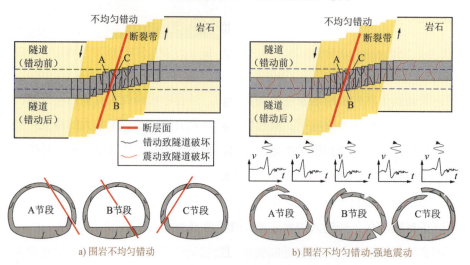

图 1-5 穿越活动断裂带隧道破坏示意图

由此可见，穿越活动断裂带隧道受错动-地震动联合作用发生严重破坏，基于现有的技术水平，尚无可靠的结构形式可以应对此类破坏。因此，本书旨在探明穿越活动断裂带隧道破坏特征及机理，构建穿越活动断裂带分区设防方法，提出穿越活动断裂带隧道的韧性结构体系及设计方法。

1.2 国内外研究现状

1.2.1 穿越活动断裂带隧道破坏特征及机理研究现状

目前，针对穿越活动断裂带隧道破坏机理方面的研究主要分为错动、地震动及错动-地震动三类，研究手段主要包括模型试验、数值模拟及理论分析等。

1）断裂带错动下隧道破坏特征及机理

Lin 等[32,33]通过数值模拟和模型试验研究了平行于断裂带的隧道在断裂带错动时的力学响应，发现离活动断裂带越近，隧道受到的破坏越严重，并提出隧道与断裂带之间的安全距离至少为 2 倍洞径，围岩刚度和断裂带倾角是控制隧道安全性的主要因素。

Baziar 等[34-36]采用有限元及离心试验的方法模拟了在砂土地层中，逆断层错动下与断裂带平行的隧道力学响应。结果表明：随着隧道埋深的增加，破裂面向下盘方向发展，地表受断裂带影响的范围变大；随着隧道埋深及围岩重度的增大，隧道内力增大，隧道距断裂带的安全距离为下盘 71m、上盘 52m。

Gregor 等[37]依托加利福尼亚州科罗纳多市某公路项目，通过有限差分法建立模型，得出了断裂带错动后采用节段衬砌建造的隧道更容易被水和土壤淹没的结论，并提出了一种环缝控制装置来缓解这一问题。

熊炜等[38]以某正断层为依托，通过数值模拟分析了不同断裂带参数下衬砌的受力和破坏情况，结果表明断裂带及其两侧 20m 范围内隧道受力较为集中，且损伤破坏情况较为明显，需考虑重点设防。

王琼[39]针对由断裂带错动引发的隧道衬砌破坏，分析了断裂带位错导致的隧道结构非线性反应，研究了考虑正、逆和走滑断层多种不同工况下隧道的非线性反应特性，得出断裂带错动量小于 0.2m 时对隧道衬砌的影响较小，不会导致衬砌的破坏。断裂带位错作用下隧道产生局部损伤，按损伤程度来看，不同断裂带条件下的损伤从大到小排列依次为逆断层、正断层、走滑断层。

胡辉[40]对跨活动断裂带隧道进行了错动响应规律及内力分布分析，得出在断层错动作用下，隧道衬砌损伤主要分布在断裂带附近，且在仰拱、墙脚和拱顶处均有内力集中及损伤分布集中。

刘学增等[41-53]通过模型试验及数值模拟，分析了不同断裂带类型、断层倾角、错动变形对隧道结构受力影响及受力变形破坏过程，研究围岩压力分布情况以及隧道塑性应变发展规律。结果表明隧道受力变形较大区域主要在断裂带及附近的隧道节段内，且隧道墙脚、拱腰处受围岩压力影响显著，塑性应变在拱腰处达到最大。

Wang等[54]模拟了穿越活动断裂带隧道开挖的力学响应特征，研究了围岩的变形和应力分布，对不同断裂带宽度和倾角下的围岩稳定性进行了分析，表明围岩稳定性受破碎带的影响较大，断层破碎带上的围岩越差，越容易使破碎带内的衬砌发生损坏，结构稳定性降低。

陈海亮等[55]研究了断裂带倾角、宽度及其随机组合下的隧道错动响应规律。结果表明：隧道衬砌的应变随着断裂带倾角减小、断裂带宽度增加而增大，且应变的受影响区域也随之呈现增长的趋势；而在断裂带倾角越大、断裂带宽度越小时，衬砌的最大主应力影响范围减小，越容易使隧道局部产生破坏，衬砌受集中力作用越危险。

Ghadimi和Tahghighi[56]依托伊朗Sabzkouh隧道，采用有限元法研究了逆断层位移对隧道的影响。结果表明：不同位置的隧道截面在断裂带错动后拱顶的位错量大于拱底，增大围岩重度可以减小隧道力学响应，增大断裂带倾角将减小隧道位错。

Cai等[57]进行了离心模型试验及数值分析，研究了正断层错动对隧道的影响。结果表明：在地层变形方面，隧道的存在使其上方的砂层在正断层作用后不受沉降的影响（即屏蔽效应），随着与隧道轴线距离和隧道埋深的增大，该屏蔽效应减小；在隧道结构方面，断层面处隧道承受的弯矩最大，隧道断面的变形随埋深的增加而增大。

Tohidifar等[58]通过离心试验和数值模拟研究了砂质土层中隧道与逆断层的相互作用。结果表明：沿隧道纵向会出现曲率、力矩、剪力和轴力较大的临界截面。此外，较高的配筋率（4%最佳）有利于隧道抵抗断裂带错动作用，而较小的断裂带宽度会使混凝土衬砌产生较大的变形、内力。

李守刚[59]以敦格铁路某隧道为原型，依据相似理论进行模型试验，在设置抗减震措施（减震层）的情况下，对隧道衬砌的抗错断效果及破坏特征进行了研究。结果表明：断裂带内的衬砌在错动时破坏较严重，受力也较大，需要考虑重点设防。在设置减震层后，衬砌应变和接触应力均有所减小，衬砌节段之间的局部损伤和整体损伤情况减弱，说明减震层具有较好的抗损伤效果。

杜修力[60]、王鸿儒[61]、周光新等[62-64]以滇中引水香炉山隧洞为背景工程，开展了模型试验研究，对走滑断层错动过程中的隧洞上覆围岩破裂形态、衬砌破坏形态和裂纹发展、应变分布特征等关键响应特征开展试验分析，深入地研究了走滑断层错动影响下跨活断层铰接隧洞的破坏形式及破坏机制。研究表明：走滑断层错动下岩体地表位移在断层滑动面处存在明显的不连续；在隧道与断层滑动面相交的节段，衬砌横截面由圆形变为竖椭圆，且在给定50mm的断层错动量下水平轴直径变形率达到6.57%；隧道与断层滑动面相交节段衬砌在断层运动下产生约5°的水平偏转，且与相邻节段衬砌间有明显错台发生；与连续隧道相比，铰接设计可以显著降低衬砌结构的应变响应。此外，铰接体系隧道的破坏模式以环向裂缝和斜裂缝为主，在破坏程度和范围上均明显减小。

2）地震动作用下隧道破坏特征及机理

熊良宵[65]从塑性区、应力及位移角等角度探讨了穿越活动断裂带隧道的动力响应，对隧道与活动断裂带的安全距离进行了分析和评价，提出当隧道距离活动断裂带100m以外时处于安全状态。

林之恒等[66]开展了深埋隧道的地震动数值模拟研究，结果表明：在深埋条件下，断裂带围岩地震加速度幅值较大，作用于破碎带内衬砌结构的应力较大，断层上盘及破碎带范围内的隧道破坏最为严重，需采取相应抗震措施。

Yang等[67]依托汶川地震中的地震动数据，研究了穿越活动断裂带隧道的动力响应。结果表明：地震作用下强烈的隧道-断裂带相互作用导致隧道与断裂带交汇处的应力重分布和应力集中。应力、应变和破裂行为可定性地分为5个主要阶段：应变局部化阶段、破裂起始阶段、破裂加速阶段、自发破裂扩展阶段及稳定阶段。

王永刚等[68]以华庄公路关山隧道工程为依托进行了地震动规律分析，得到了当自由场与隧道结构的震形、频率和自震周期基本一致时，隧道结构对围岩的震动特性影响不明显。横向受力是隧道结构动力响应的主要特征，在横向地震动作用下，设置抗震缝能较好地提高隧道的抗减震性能，并对抗震缝的合理间距进行了分析。

朱长安等[69]基于土-岩体结构相互作用理论，采用数值模拟分析方法，研究穿越活动断裂带隧道地震响应，得出了衬砌各特征点的力学响应规律，认为衬砌拱顶和墙脚部位应重点设防。特别在地震动作用下，断裂带内的墙脚和仰拱受损最为严重，为抗震的最不利部位。

李林[70]、王林辉[71]运用数值模拟方法，建立三维动力响应计算模型，分析隧道衬砌位移、加速度及围岩等动力响应规律，且认为在地震动作用时，衬砌存在加速度放大效应，特别在断裂带内的加速度放大效果更明显。在断裂带交界面会发生明显的位移突增现象，且越远离断裂带，水平位移的峰值越趋近于一个常数值，且隧道墙脚和拱肩部位的受力最大。

靳宗振[72]分析了不同地震动方向下衬砌的动力响应规律，提出了静力及动力评价指标，再分别从两个指标入手，评判了隧道衬砌沿环向的损伤顺序和损伤程度，进而得出了两种地震动方向下隧道衬砌的损伤行为及规律。

徐诗蒙等[73]结合振动台试验，研究地震动作用下穿越活动断裂带隧道的动力反应，分析了不同断裂带倾角下围岩的破坏特征。试验结果表明：在45°断裂带倾角下，围岩动力反应较大，且上盘动力反应大于下盘。

高峰[74]、刘云[75]等开展了穿越活动断裂带隧道大型振动台试验，结果表明：穿越活动断裂带隧道地震破坏范围主要发生在断裂带内，且衬砌的纵向受损程度小于横向，裂缝的产生和发展方向随衬砌的不同位置而变化。

刘礼标等[76]结合数值模拟和振动台试验，研究不同断层走向下隧道围岩动土压力、动应变、动态破坏形态及加速度效应。地震作用下，隧道衬砌遭受较大的拉、压作用，且断层破碎带处产生了大量复杂的裂缝，较多集中于墙脚和仰拱。隧道在地震过程中保持着整体运动性，断层对隧道有加速度放大效应，尤其是破碎带区域，且断层走向与隧道夹角越小，加速度放大效应越明显。

Huang等[77]使用三维离散元模型和5·12汶川地震波研究了隧道-断裂带之间的动力响应。数值模拟结果表明：穿越活动断裂带隧道具有不同的破坏模式，上盘内隧道的地震响应随着入射P波的倾角增大而增加，而下盘内隧道的地震响应与上盘呈相反关系，随倾角的增加而减小。

陈海亮等[55]建立了三维地震响应模型，研究了隧道衬砌的变形及破坏特性。结果表明：断裂带倾角增大、宽度减小时应变增大，且应变在断裂带倾角75°时达到最大，断裂带宽度10m时最大主应力值达到最大。

崔光耀等[78]依托5·12汶川地震中穿越活动断裂带隧道，对隧道衬砌破坏机理进行了研究，指出断裂带宽度及围岩条件是影响隧道结构震害的主要原因，断裂带及其邻近区域隧道需加强设防。

安栋等[79]以某穿越活动断裂带隧道为依托，引入新型材料，采用数值模拟手段比较分析素混凝土、钢纤维混凝土及钢-玄武岩混杂纤维混凝土的抗减震效果。从衬砌结构的位移、应力及安全系数来看，钢-玄武岩混杂纤维混凝土抗减震效果较好，其次是钢纤维混凝土，素混凝土的抗震效果较差。

3）错动-地震动联合作用下隧道破坏特征及机理

由于穿越活动断裂带隧道受错动-地震动联合作用，崔光耀[80]、王明年[24]、闫高明等[81,82]均开展了关于断裂带错动-地震动联合作用下的隧道力学响应模型试验及数值模拟研究，分析了错动-地震动联合作用下隧道的破坏特征，但对于错动-地震动联合作用机理未进行深入分析。

陈之毅、郭远鹏[26]采用三维有限元模型模拟并量化了断层错动单独作用、地震动单独作用和断层错动-地震动共同作用三种加载方式下隧道结构的损伤情况，结合耗散能指标对断层错动和地震动共同作用对跨断层隧道的影响展开了分析。结果表明：在发生断层错动时，地震动对隧道的影响是不可忽略的，在分析中考虑地震动是必要的；断层错动和地震动共同作用时，由于累积损伤，地震动造成的破坏比地震动单独作用时明显加剧。

相关研究主要针对断裂带错动、地震动两种情况，对于错动-地震动联合作用下的隧道破坏机理研究较少，因此需要进一步开展断裂带错动-地震动联合作用下隧道破坏特征及机制研究。

1.2.2 活动断裂带错动变形计算及地震动输入方法研究现状

穿越活动断裂带隧道受到错动-地震动联合作用，因此在计算过程中需要输入断裂带错动变形及地震动。

1）断裂带错动变形计算方法

活动断裂带地质构造发育且地应力复杂，使得活动断裂带位错位置随机，导致围岩错动不均匀[12,13]。国内外学者采用模型试验[83-85]、数值模拟[85,86]、理论推导[85,87-89]等方法研究了围岩错动特征，研究表明：围岩错动模式主要受断裂带类型、断裂带宽度、断裂带位错量等因素影响，错动量通常随着断层距的增大而逐渐增大，一定范围后收敛。目前，较为常用的地层变形计算模型包括 Okada 模型[87,90]、Lee 模型[89]、Mansinha-Smylie 模型[91]及 Cai-Ng 模型[85]等。其中，Okada 模型[87,90]及 Mansinha-Smylie 模型[91]基于弹性理论、晶体位错理论等方法建立，推导过程中假设地层为弹性，且将断裂带简化为矩形，但实际上断裂带具有一定的宽度，且地层为弹塑性介质而非弹性介质，导致计算模型中所采用的假设与实际不符；Cai-Ng 模型[85]基于缩尺模型试验结果拟合得出，但缩尺模型试验中未考虑断裂带宽度，且仅研究了正断层错动下的变形特征，导致该模型的适用范围有限；Lee 模型[89]基于大量地层变形实测数据建立，但该模型的尺度为几十千米到数百千米，而穿越活动断裂带隧道的研究尺度通常为几十米到数千米，使得该模型不适用于穿越活动断裂带隧道力学响应分析。

2）地震动输入方法

采用动力时程法进行隧道等地下结构地震反应计算时，地震动输入通常采用振动法或波动法[92]。Joney 和 Chen[93]提出将入射地震动转化为作用于黏性人工边界上的等效荷载，以实现一维模型的波动输入。在此基础上，Yasui[94]提出了一种能够近似处理体波斜入射问题的波动输入方法。波动法将输入问题转化为波源问题，通过在黏弹性人工边界上施加等效荷载的方法来实现波动输入，可以应用于成层非线性地基及非一致地震动输入问题中[95-99]。与振动法相比，波动法得到的计算结果与实际情况更加符合[100]。黄景琦等[101]以波动法为基础，发展了一种地震波垂直输入时的简化处理方法，将地震波入射运动转化为作用于人工边界底面和侧面上的均布力。谭辉等[99,102,103]提出了基于人工边界子结构的地震波动输入方法和基于内部子结构的地震波动输入方法，避免了分别计算人工边界上自由场应力和由引入人工边界条件带来的附加力。

近年来，随着地震台站收集到的近断层地震动记录数量的增加，国内外学者对近断层地震动记录研究发现，近断层地震动具有速度脉冲、竖向地震动效应、上盘效应等特性[104,105]。以往针对近断层速度脉冲特性的研究主要从速度脉冲的形成机理、速度脉冲的识别方法以及速度脉冲对结构的影响等方面开展[106-108]。Housner 和 Hudson[109]通过对 Port Hueneme 地震收集到的近断层地震动记录研究发现，该地震动记录与远场地震动记录明显不同，不但具有速度脉冲，在震级和峰值加速度都很小的情况下，仍然具有很强的破坏性。Bolt[110]通过对圣费尔南多地震所收集到的近断层地震动记录研究发现，速度脉冲效应产生的原因可能是断层发生了快速的滑动。Baker[111]基于小波分析原理实现了定量识别近断层脉冲型地震动，但其计算效率较低，且对于多脉冲近断层地震动有时无法识别。Singh[112]通过对速度、加速度和位移脉冲时程研究发现，速度脉冲时程易于识别。Bertero[113]通过对圣费尔南多地震所收集到的近断层地震动记录进行研究发现，工程结构发生严重震害，主要是由于近断层地震动包含了长时间的速度脉冲。王京哲[114]通过对集集地震和 Imperial valley 地震所记录到的近断层脉冲型地震动的加速度反应谱进行研究发现，加速度反应谱的敏感区宽度与工程结构的震害程度有关，一般情况下，结构的破坏程度随敏感区宽度的增大而增大。随着近断层地震动收集到的竖向地震动数量的增加，竖向地震动也受到了众多学者的关注。贾俊峰和欧进萍[115]通过选取包含 18 次地震的地震动记录，对竖向地震动特性开展研究，研究发现在近断层 20km 范围内，竖向和水平向分量加速度反应谱值比较大。Ambraseys[116]基于地震动数据库研究近断层竖向和水平向分量比值，研究发现该比值一般大于规范所规定的 2/3，并且认为该比值与场地条件和震级有关。李宁[117]基于 PEER 地震动数据库选取了 890 组近断层地震动记录，研究近断层竖向地震动特性，研究表明规范中建议的竖向与水平向分量的比值 2/3 与实际相比较小，应根据工程结构实际情况作出调整。但以上研究中均未明确地给出活动断裂带近断层地震动竖向、水平向分量的比值，不便于地震的输入。

相关研究所提出的断裂带错动变形计算方法主要基于理论分析、模型试验及数值模拟等手段，尚未提出基于实测数据的断裂带错动变形计算方法及地震动输入方法，因此需要进一步开展相关研究。

1.2.3 穿越活动断裂带隧道抗震设计方法研究现状

国内外隧道及地下工程相关规范中的抗震设计方法统计见表 1-1。

隧道及地下工程抗震设计方法统计　　　　表 1-1

序号	国家	规范名称	抗震设计方法
1	中国	《铁路工程抗震设计规范》（GB 50111）	静力法
2		《公路隧道设计细则》（JTG/T D70）	静力法、时程分析法
3		《公路隧道抗震设计规范》（JTG 2232）	静力法、反应位移法及时程分析法
4		《地下铁道建筑结构抗震设计规范》（DG/T J08—2064）	时程分析法、等代地震荷载法、反应位移法
5		《地铁设计规范》（GB 50157）	反应位移法、惯性静力法、动力分析法
6		《城市轨道交通结构抗震设计规范》（GB 50909）	时程分析法、反应位移法、反应加速度法
7		《建筑抗震设计规范》（GB 50011）	反应位移法、等效水平地震加速度法、等效侧力法、时程分析法
8		《油气输送管道线路工程抗震技术规范》（GB/T 50470）	有限元方法、Newmark 法
9		《地下结构抗震设计标准》（GB/T 51336）	反应位移法、时程分析法

续上表

序号	国家	规范名称	抗震设计方法
10	日本	日本隧道标准规范（明挖篇）	反应位移法、时程分析法
11	美国	Technical Manual for Design and Construction of Road Tunnels-Civil Elements	反应位移法、时程分析法、有限元法、Newmark法、Kennedy法、有限元法
12	美国	Guidelines for the Design of Buried Steel Pipe	有限元法
13	其他（国际）	Bases for Design of Structures-Seismic Actions for Designing Geotechnical Works	反应位移法

由表 1-1 可知，目前隧道抗震设计方法主要包括断裂带地震动作用下隧道结构设计方法与错动作用下隧道结构设计方法。

1）地震动作用下隧道结构设计方法

隧道结构纵向地震反应分析方法，从力学特性上可以分为动力时程分析方法和实用分析方法（拟静力法）两大类。

（1）时程分析法

目前，对于隧道等长线性地下结构抗震设计最适宜的方法是采用三维有限元、有限差分或集中质量模型进行隧道–地基相互作用系统的整体动力时程分析[118-124]。该方法能够有效模拟土体与结构的运动相互作用、惯性相互作用和复杂的土层分布条件，获得结构地震反应过程中各时刻的变形和内力[125-127]，较为准确和全面地反映地下结构地震反应特性，但计算时间较长，不便于工程应用。因此，提出了多种实用分析方法。

（2）实用分析法

目前，较为常用的实用抗震分析方法包括：地震系数法、自由场变形法、柔度系数法、反应位移法、反应加速度法及 Pushover 法等，如图 1-6～图 1-11 所示。

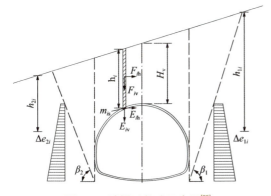

图 1-6　地震系数法示意图[29]

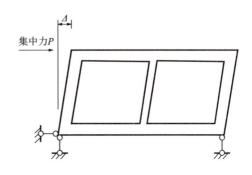

图 1-7　自由场变形法示意图[128]

h_i-上覆土柱的高度；h_{1i}、h_{2i}-衬砌内、外侧任一点 i 至地表面的距离；$β_1$、$β_2$-内、外侧产生最大推力时的破裂角；$Δe_{1i}$、$Δe_{2i}$-内、外侧土压力增量；E_{iv}、E_{ih}-衬砌自重的水平向和竖向地震作用；F_{iv}、F_{ih}-上覆土柱竖向、水平地震作用；H_v-拱顶处上覆土柱等效计算高度；m_{is}-隧道衬砌计算点的质量

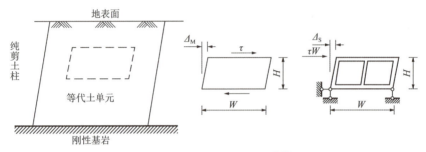

图 1-8　反应位移法示意图[29]

Z_U、Z_A、Z_B-作用点 U、A、B 的埋深；F_{Ax}、F_{Ay}-作用于 A 点的水平向、竖直向的节点力；τ_A-A 点处的剪应力；L-地层弹簧的影响长度；d-结构纵向的计算宽度；θ-A 点处的法向与水平向的夹角

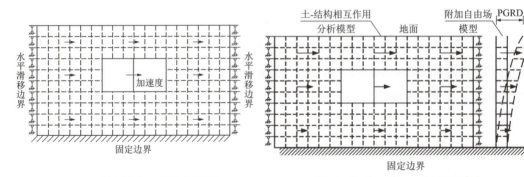

图 1-9　柔度系数法示意图[128]

Δ_S-地下结构在一定荷载作用下的侧向变形；Δ_M-与地下结构外形尺寸相同的等代土单元在等效荷载作用下的侧向变形；τ-地下结构剪应力；W-地下结构宽度；H-地下结构高度

图 1-10　自由场变形法示意图[128]　　　　**图 1-11　Pushover 法示意图**[128]

PGRD-地面与基岩间的峰值相对位移

以上各类计算方法的特点见表 1-2。

隧道及地下工程抗震简化分析计算方法特点[128]　　　　表 1-2

计算方法	关键系数	优点	缺点
地震系数法[29,30,129-140]	结构惯性力、动土压力、上覆土体计算高度	延续常规地面建筑抗震设计思想，易于应用	一般用于 0.4g 及以下条件
自由场变形法[141-143]	自由场变形	形式简单，易于实现	忽略土-结构相互作用
柔度系数法[143-147]	自由场变形、土-结构相互作用系数	形式简单，初步考虑土-结构相互作用	忽略结构埋深、地震波类型等的影响
反应位移法[92,148-161]	地基弹簧刚度、土层相对位移、土层剪力、结构惯性力	直接反映土-结构相互作用，理论基础完善	地基土弹簧刚度不易确定

续上表

计算方法	关键系数	优点	缺点
反应加速度法[92,162-165]	水平有效加速度	直接反映土-结构相互作用，理论基础完善	有效反应加速度存在误差
Pushover 法[166]	目标位移、水平有效加速度	延续地面建筑 Pushover 分析方法，概念清晰	荷载形式单一，不易实现

2）断裂带错动下隧道结构设计方法

（1）数值模拟法

断裂带错动下隧道结构设计计算法从力学特性上可以分为数值模拟法和简化分析方法两大类。其中，数值模拟法主要是通过有限元、有限差分法、离散元等数值软件建立断裂带-围岩计算模型并进行求解[167-169]，但由于断裂带错动下的隧道变形为大变形问题，计算时间较长，通常需要几小时，因此建立适用于实际工程的简化设计方法尤为必要。

（2）简化分析方法

为了便于穿越活动断层隧道设计，国内外学者提出了多种理论模型。Newmark 和 Hall[170]首次提出了断层错动下地下管线内力计算模型，但计算模型中未考虑地下管线的抗弯刚度及横向土压力作用，导致内力计算结果偏小。为了克服以上缺点，Kennedy 等[171]在此基础上考虑了横向土压力的影响，但依然忽略了结构的抗弯刚度。随后，Wang 和 Yeh[172]在此基础上，通过将穿越活动断裂带地下管线分为四段，提出了考虑管线抗弯刚度的计算模型，其中靠近断裂带的两段管线采用弹性梁进行计算，远离断裂带的两段管线采用弹性地基梁进行计算，但该模型主要适用于走滑断层而不适用于倾滑断层及斜滑断层。

随后，大量学者在 Wang 和 Yeh 的基础上进一步提高了模型的计算精度，并拓展了计算模型的适用范围[173-183]。其中，Trifonov[180-183]、Karamitros[173,174]等提出了适用于正、逆断层的计算模型，刘国钊[177]、陶连金[178]、李瀚源[179]等提出了考虑断裂带宽度的计算模型。但以上模型均针对单一的断裂带类型（正断层、逆断层或走滑断层），且假设断裂带发生均匀错动。而实际工程中，断层通常为斜滑断层，存在倾滑及走滑性质（例如：5·12 汶川地震及 1·8 门源地震发震断层均为逆-走滑断层[19,184]），且断裂带变形通常具有不均性。除此之外，以上计算模型中均未考虑变形缝对隧道力学响应的影响，即将隧道假设为连续的结构。但实际工程中，为了提高隧道的抗震性能，通常沿隧道纵向设置若干变形缝。因此，目前所提出的计算模型适用范围有限，难以适用于穿越活动断裂带隧道力学响应分析。

相关研究主要针对地震动作用，而针对断裂带错动作用下的隧道抗震设计计算方法研究较少，且尚未充分考虑断裂带类型、断裂带不均匀错动等影响因素，因此需要进一步开展相关研究。

1.2.4 穿越活动断裂带隧道抗震设防分区研究现状

1）抗震设防分区

国内外隧道及地下工程相关规范中抗震设防分区统计见表 1-3。

隧道及地下工程抗震设防分区统计 表 1-3

序号	国家	规范名称	抗震设防区段
1	中国	《铁路隧道设计规范》（TB 10003）	（1）洞口段； （2）浅埋、偏压的土质或破碎围岩地段； （3）活动断层破碎带地段
2		《公路隧道设计细则》（JTG/T D70）	（1）洞口段； （2）浅埋偏压段； （3）深埋段内软弱围岩段； （4）断层破碎带等
3		《公路隧道抗震设计规范》（JTG 2232）	（1）洞口浅埋段； （2）断层破碎带段； （3）软硬地层变化段
4		《公路工程抗震设计规范》（JTG B02）	（1）洞口浅埋和偏压地段； （2）断裂破碎带段； （3）活动断裂带段
5		《公路隧道设计规范 第一册 土建工程》（JTG 3370.1）	（1）洞口段； （2）浅埋偏压段； （3）深埋段内软弱围岩段； （4）断层破碎带等； （5）活动断裂带段
6		《油气输送管道线路工程抗震技术规范》（GB/T 50470）	（1）洞口段； （2）浅埋偏压段； （3）断层破碎带； （4）软硬岩交界段； （5）活动断裂带段
7		《地下结构抗震设计标准》（GB/T 51336）	（1）洞口段； （2）浅埋偏压段； （3）深埋软弱围岩段； （4）断层破碎带段； （5）活动断裂带段
8	日本	Guideline for Design of Road Tunnel underground parking lots	（1）隧道埋深较小，且隧道位于松散山区； （2）隧道位于地质较差地段； （3）隧道与活动断层相交
9		山岭隧道技术规范	洞口段

由表 1-3 可知，目前国内外隧道及地下工程相关规范中的隧道设防分区主要包括：洞口段、软硬岩交界段、穿越活动断裂带段等区段。通过震害史料分析可知，穿越活动断裂带段隧道的破坏程度、特征与断层距密切相关，断层附近一定范围内隧道发生衬砌垮塌、错断、错台等震害，随着断层距的增大，隧道震害程度逐渐减小，主要发生衬砌开裂、剥落等震害。因此，应进一步对穿越活动断裂带隧道进行设防分区，以便于确定合理的设防措施。

2）抗震设防范围

我国隧道及地下工程相关规范中抗震设防范围统计见表 1-4。

隧道及地下工程抗震设防范围统计 表 1-4

序号	国家	规范名称	抗震设防范围
1	中国	《铁路隧道设计规范》（TB 10003）	洞口设防段最小长度限定为 2.5 倍的结构跨度
2		《铁路工程抗震设计规范》（GB 50111）	

续上表

序号	国家	规范名称	抗震设防范围
3	中国	《公路隧道设计细则》（JTG/T D70）	隧道应避开主断裂，抗震设防烈度为8度和9度地区，其避开主断裂的距离分别不宜小于300m和500m；洞内段、洞口段最小设防范围分别为15～25m、15～35m，可根据地形、地质条件确定
4		《公路隧道抗震设计规范》（JTG 2232）	隧道洞口浅埋段设防范围应根据埋深因素确定，宜取埋深小于50m的衬砌结构段长度
5		《公路工程抗震设计规范》（JTG B02）	抗震设防烈度7度地区V～VI类围岩的双车道隧道，和抗震设防烈度8度以及以上的地区Ⅲ～Ⅵ类围岩的双车道隧道，设防范围不宜小于25m
6		《公路隧道设计规范 第一册 土建工程》（JTG 3370.1）	抗震设防段两端应向围岩质量较好的地段延伸，两车道及其以下隧道宜延伸5～10m，三车道隧道及其以上隧道宜延伸10～20m
7		《油气输送管道线路工程抗震技术规范》（GB/T 50470）	隧道洞口、浅埋、偏压地段和断层破碎带地段设防范围不应小于2.5倍的结构跨度
8		《地下结构抗震设计标准》（GB/T 51336）	隧道洞口段、浅埋偏压段、深埋软弱围岩段和断层破碎带等地段的结构，其抗震加强长度应根据地形、地质条件确定

由表1-4可知，目前我国隧道及地下工程相关规范主要针对隧道洞口段（铁路规范：不小于2.5倍隧道跨度；公路规范：不小于15～55m），对于穿越活动断裂带隧道的设防范围无明确规定，因此需要开展进一步研究。

1.2.5 穿越活动断裂带隧道抗震设防措施及结构形式研究现状

国内外隧道及地下工程相关规范中抗震设防措施统计见表1-5。

隧道及地下工程抗震设防措施统计　　　　　　表1-5

序号	国家	规范名称	抗震设防措施
1	中国	《铁路隧道设计规范》（TB 10003）	抗震设防段应采用带仰拱的曲墙式衬砌，设防段衬砌应设变形缝
2		《铁路工程抗震设计规范》（GB 50111）	浅埋、偏压的土质或破碎围岩地段宜进行围岩径向注浆
3		《公路隧道设计细则》（JTG/T D70）	活动断层破碎带地段，应合理选择支护形式及隧道断面形状，并适当预留断面净空
4		《公路隧道抗震设计规范》（JTG 2232）	活动断层破碎带地段，必要时可根据实际情况预留断面净空
5		《公路工程抗震规范》（JTG B02）	抗震设防段的隧道宜采用复合式衬砌结构，并采用带仰拱的曲墙式衬砌断面，设防段衬砌应设变形缝
6		《公路隧道设计规范 第一册 土建工程》（JTG 3370.1）	软弱围岩地段隧道衬砌应采用带仰拱的曲墙式衬砌
7		《地下铁道建筑结构抗震设计规范》（DG/TJ 08—2064）	明暗洞交界处、软硬岩交界处及断层破碎带段，宜结合沉降缝、伸缩缝综合设置抗震缝
8		《地铁设计规范》（GB 50157）	当隧道穿越发震断裂时，衬砌断面应当加大
9		《城市轨道交通结构抗震设计规范》（GB 50909）	抗震设防地震动峰值0.4g及以上地区或穿越活动断层时，宜适当加大隧道内轮廓尺寸
10		《建筑抗震设计规范》（GB 50011）	隧道抗震设防段、软硬地层变化段、结构形式变化段衬砌应设置防震缝

续上表

序号	国家	规范名称	抗震设防措施
11	中国	《油气输送管道线路工程抗震技术规范》（GB/T 50470）	浅埋、偏压以及位于断裂破碎带等地质不良地段的隧道段落，应设置普通锚杆、注浆锚杆或预应力锚杆，并在衬砌背后压注水泥砂浆，初期支护内应设置钢架
12		《地下结构抗震设计标准》（GB/T 51336）	软弱围岩段的隧道衬砌应采用带仰拱的曲墙式衬砌
13		Guideline for Design of Road Tunnel Underground Parking Lots	明暗洞交界处、软硬岩交界处及断层破碎带处，宜结合沉降缝、伸缩缝综合设置防震缝
14	日本	山岭隧道技术规范	当隧道穿越活动断层时，衬砌断面宜根据断层最大位错量评估值进行隧道断面尺寸的超挖设计。断层防设段宜设置防震缝
15		Guidelines for the Design of Buried Steel Pipe	隧道洞口、浅埋、偏压地段和断层破碎带地段宜采用带仰拱的曲墙式衬砌断面

由表 1-5 可知，根据相关规范[29-31,92,185-187]，目前隧道工程抗减震的构造措施主要包括：

（1）优化隧道断面，如优化衬砌轮廓、扩挖隧道断面等；

（2）提高围岩性能，如对围岩进行注浆、增设锚杆等；

（3）改变衬砌性能，如增加衬砌强度、阻尼、调整衬砌刚度等；

（4）设置减震措施，如设置减震层、减震缝等，见表 1-6。

隧道及地下工程抗减震措施特点[29-31,92,185-187]　　　　　　　　表 1-6

途径	抗减震方法	具体措施及优缺点
优化隧道断面	优化衬砌轮廓	修改为圆形或者近圆形断面，改善了受力条件，提高抗震能力，但加大了开挖断面
	扩挖设计	扩大的隧道断面尺寸保证隧道断面的净空面积，在衬砌破坏时可以在不拆除原衬砌的情况下进行补强，但扩挖尺寸难以确定，增大断面跨度，降低稳定性
提高围岩性能	注浆	对隧道周边一定范围内的围岩进行注浆加固，改善围岩条件，但遇大震或巨震时抗震能力有限
	增设锚杆	在隧道环向施作一定径向锚杆，改善围岩条件，但遇大震或巨震时抗震能力有限
提高衬砌性能	增加强度	采用钢纤维混凝土
	增加阻尼	采用聚合物混凝土粘贴大阻尼材料，使其成为复合结构
	调整刚度	调整厚度或采用钢筋混凝土，喷锚网支护或钢纤维喷射混凝土
设置减隔震装置	设置减震层	在衬砌和围岩间设置板式减震层，在衬砌和围岩间压注减震材料
	设置减震缝（铰接设计）	减小隧道节段长度，节段间采用柔性连接，破坏集中在连接部位或结构的局部，而不会导致结构整体性破坏，但增加了施工难度

目前穿越活动带隧道最为常用的抗减震措施主要包括：加固围岩、设置减震层、设置变形缝（柔性接头）、隧道扩挖等。

1）加固围岩

围岩注浆加固可以提高围岩的强度和抗震性能，也可以减小因围岩条件差异造成隧道结构不均匀的地震变形。高波等[188-191]对围岩处理提出了全环间隔注浆、全环接触注浆和局部注浆三种加固方式，并针对三种注浆加固形式进行了隧道结构的抗震性能对比分析，获得了不同地质条件下三种加固方式的动力响应规律，认为采取全环间隔围岩注浆加固措施可以有效提高隧道结构的抗震性能，如图1-12所示。

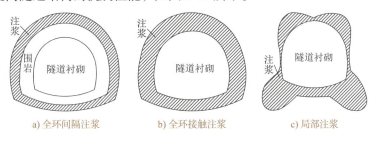

图 1-12　隧道注浆加固示意图

2）设置减震层

设置减震层的方法最初主要在爆炸防御工程中应用，日本建设省将其借鉴至隧道与地下工程中，并且通过振动台试验，研究了衬砌周围设置减震层的有效性[192]。试验结果表明：沿隧道纵向及横向激震时，在地层变化处设置减震层，则有减震层比无减震层隧道结构的应力减少了30%[193]。隧道与地下结构设置减震层是通过在围岩和隧道衬砌结构之间设置某种材料或改变衬砌外侧一定范围内的围岩力学属性，并对这些材料的刚度进行适当调整，能够达到减小隧道衬砌结构动力响应的目的。设置减震层可使原有的衬砌-围岩系统变为衬砌-减震层-围岩系统，通过减震层将衬砌与围岩介质隔开，从而减小或改变地震波对结构作用的强度和方式[59,71,80]，如图1-13所示。

3）设置变形缝（柔性接头）

设置变形缝（柔性接头）可减小隧道节段长度，错动时使得破坏集中在连接部位或隧道结构的局部，而不会导致整体性破坏。一方面可以使隧道结构适应断裂带产生的变形，另一方面可以使地震破坏局部化[44,62,82,194]，如图1-14所示。

图 1-13　隧道减震层示意图

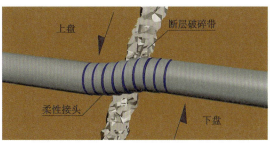

图 1-14　隧道柔性接头示意图

4）隧道扩挖

隧道结构扩挖断面设计是根据地震引起断层的可能最大错位量，决定扩大隧道断面尺寸。地震后，扩大的隧道断面可以保证断面的净空面积，满足隧道结构的各种不均匀变形，为后续修复提供冗余空间[195]。超挖量主要依据地震烈度、围岩条件和隧道断面等多种因素综合确定[196-198]。超挖设计属于被动设计理念，假定隧道断面在强震作用下沿断层错动面发生永久变形为前提[199]，如图1-15所示。

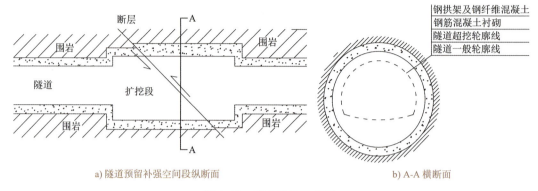

a) 隧道预留补强空间段纵断面　　　　　　b) A-A 横断面

图 1-15　隧道扩挖示意图

相关研究已针对穿越活动断裂带段隧道提出了多种设防措施，但隧道震害调查[19,24,70,81,200,201]及模型试验结果[47,60,63,202]表明，既有设防措施主要适用于"厘米级""分米级"的断裂带错动，难以适应米级的断裂带错动，因此需要进一步开展穿越活动断裂带隧道韧性结构研究。

1.3　穿越活动断裂带隧道抗减震技术研究的关键问题

本书针对穿越活动断裂带抗减震技术研究现状，结合团队近二十年来的主要研究成果，重点对以下五个关键问题展开论述。

（1）穿越活动断裂带隧道震害特征及机理

穿越活动断裂带隧道同时受到断层错动作用和地震动作用，活动断裂带位错变形大且错动位置具有随机性，近断层地震动具有速度脉冲效应等特性，隧道力学响应规律及损伤破坏特征复杂。通过现场调查得到穿越活动断裂带隧道的震害特征，采用数值模拟方法分析研究了错动-地震动作用下穿越活动断裂带隧道结构纵向和横向分区破坏特征及错震联合作用机制。

（2）穿越活动断裂带隧道错动变形计算及地震动输入方法

穿越活动断裂带隧道受错动-地震动联合作用，给穿越活动断裂带隧道设计提供错动变形及地震动输入参数，明确了活动断裂带地层三向错动变形及地震动加速度、速度和位移频谱特性，提出了活动断裂带地层三向错动变形模式及计算方法，并给出了地震波输入调整系数及输入方法。

（3）穿越活动断裂带隧道抗震设计计算方法

穿越活动断裂带隧道震害特征及震害机理复杂，拟静力法、反应位移法等常规抗震设计方法无法满足抗震要求，需提出便于工程设计，且适用于高烈度地区、断层活动性质复杂、位错量大的隧道抗震设计方法。为此构建了基于活动断裂带地层三向错动变形的隧道-地层相互作用计算模型，建立了穿越活动断裂带隧道纵向和横向变形计算方法。

（4）穿越活动断裂带隧道抗震设防分区

穿越活动断裂带段隧道的破坏程度、特征与断层距密切相关，断层附近一定范围内隧道发生衬砌垮塌、错断、错台等震害。随着断层距的增大，隧道震害程度逐渐减小，主要发生衬砌开裂、剥落等震害。为此提出了三区段分区设防方法，并给出了各区段设防范围计算方法。

（5）穿越活动断裂带隧道韧性结构

采用现有纵向铰接设计、加固围岩、设置减震层等抗错断结构形式时，隧道可抵抗的断层错动极限位移约为 0.2～0.3m，因此需要研发一种能抵抗断层大尺度位错的新型隧道结构。为此提出了"外衬错断，中间层吸能，内衬抗震"的隧道三层韧性结构形式，分析研究了错震联合作用下隧道三层韧性结构的力学特征，建立了外衬、中间层和内衬的结构设计计算方法，提出了外衬、中间层和内衬的设计参数。

第 2 章
穿越活动断裂带隧道破坏及设防分区特征

大量震害实例表明，在错动变形及地震动作用下，穿越活动断裂带隧道纵向和横向发生不同程度的破坏，且沿着隧道纵向具有明显的分区特征。为了探明穿越活动断裂带隧道纵向和横向破坏特征，本章通过分析错动、地震动及错动-地震动联合作用下穿越活动断裂带隧道纵向和横向破坏特征及影响因素，提出隧道纵向设防三区段，即核心段、强烈影响段和一般影响段。

2.1 穿越活动断裂带隧道震害类型及分级

通过 5·12 汶川地震震区现场隧道震害调查，震区隧道震害分为拱部衬砌结构震害和隧道底部震害两类，共 14 种形式[24]。

拱部衬砌结构震害有 9 种：A 衬砌开裂（裂纹清晰，有一定走向）、B 衬砌开裂（不能确定裂纹方向，呈片状或网状）、C 混凝土剥落、D 衬砌错台、E 混凝土掉块、F 二次衬砌垮塌、G 隧道垮塌、I 施工缝开裂、J 衬砌渗水，如图 2-1～图 2-5 所示。

隧道底部震害有 5 种：K 路面开裂（裂纹清晰，有一定走向）、L 路面开裂（不能确定裂纹方向，呈片状或网状）、M 仰拱错台、N 仰拱隆起、P 路面渗水，如图 2-6～图 2-10 所示。

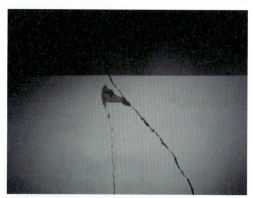

图 2-1　龙洞子隧道衬砌斜裂缝

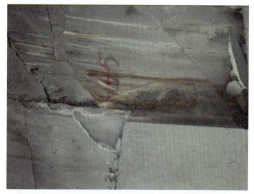

图 2-2　龙溪隧道衬砌裂缝纵横交错

图 2-3　友谊隧道混凝土剥落、主筋裸露

图 2-4　酒家垭隧道衬砌掉块悬挂

图 2-5　友谊隧道衬砌斜向开裂密布并渗水

图 2-6　龙溪隧道路面纵向开裂

图 2-7　友谊隧道路面裂缝满布、横向开裂加剧

图 2-8　龙溪隧道仰拱错台

图 2-9　龙溪隧道仰拱填充隆起、碎裂

图 2-10　白云顶隧道路面开裂渗水

根据相关研究成果[24]，隧道震害主要可以分为5个等级，见表2-1。

隧道震害评估分级表[24]　　　　　　　　　表 2-1

评定分级	主要震害情况
S	情况正常（无异常情况）
B	施工缝开裂；二次衬砌有少量离散裂缝，但缝宽度小于1mm；现阶段对行人（车）不会有影响，但应进行监测或观测
1A	二次衬砌有少量离散裂缝，但裂缝较深，宽度大于1mm；结构存在破坏，可能会危及行人（车）安全，应准备采取对策措施

续上表

评定分级	主要震害情况
2A	二次衬砌裂缝较多，纵横交织呈网状；或者虽然裂缝较少，但裂缝为纵斜向，且延展长、宽度大、深入衬砌内部，甚至为贯通裂缝；结构存在较严重破坏，将会危及行人（车）安全，应尽早采取对策措施
3A	二次衬砌混凝土纵向连续剥落、掉块、钢筋弯曲外露、洞室整体坍塌；结构存在严重破坏，已危及行人（车）安全，必须立即采取紧急对策措施

根据隧道震害类型及表 2-1，进一步将隧道震害程度分为严重破坏、中度破坏及轻度破坏 3 类，见表 2-2。

隧道震害程度分级表　　　　　　　　　　　　　　　　　　　表 2-2

震害程度	隧道震害描述
轻度破坏	A 衬砌网状开裂且无明显裂纹走向；J 衬砌渗水；L 路面开裂；P 路面渗水
中度破坏	B 衬砌明显开裂且裂纹走向清晰；C 混凝土剥落；D 衬砌错台；M 仰拱错台；E 混凝土掉块
严重破坏	G 隧道垮塌；F 衬砌垮塌；N 仰拱隆起

2.2　错动作用下穿越活动断裂带隧道破坏特征

2.2.1　错动作用下隧道破坏特征及范围

目前，穿越活动断裂带隧道的常用抗错断措施为设置变形缝和减小衬砌节段长度[29,30]。为此，调研了国内外所开展的相关模型试验结果，分析了未设置、设置变形缝条件下隧道的破坏特征及范围。

1）未设置变形缝

未设置变形缝条件下，断裂带错动下隧道破坏特征及范围统计见表 2-3。

断裂带错动下隧道破坏特征统计（未设置变形缝）　　　　　表 2-3

序号	文献	断裂带类型	断裂带宽度(m)	倾角(°)	交角(°)	隧道直径(m)	隧道埋深(m)	围岩等级	最大错动量(m)	破坏范围(m)	破坏特征
1	[203]	走滑断层	0.7	76	90	10.5	16	V	1.5	23	衬砌开裂、错断
2	[204]		30	90	90	9.6	30	V	2	32	衬砌开裂、错断
3	[62]		10	90	90	10	20	V	5	40	衬砌开裂、错断、垮塌
4	[205]	正断层	—	60	90	7.5	12	V	1.75	38	衬砌开裂、剥落、错断、隧底隆起
5	[42]		20	45	90	11.5	30	V	5	52	衬砌开裂、垮塌
6	[50]		20	60	90	11.5	30	V	5	46	衬砌开裂、垮塌
7	[49]		20	75	90	11.5	30	V	5	40	衬砌开裂、错断
8	[205]	逆断层	—	60	90	7.5	12	V	1.5	40	衬砌开裂、错断、隧底隆起

续上表

序号	文献	断裂带类型	断裂带宽度（m）	倾角（°）	交角（°）	隧道直径（m）	隧道埋深（m）	围岩等级	最大错动量（m）	破坏范围（m）	破坏特征
9	[44,45]	逆断层	20	75	90	11.5	30	V	3.6	35	衬砌开裂、错断、垮塌
10	[206]		37	60	90	12	24	V	4.5	45	衬砌开裂、错断、垮塌

注：以上数据均已根据试验相似比换算为实际尺寸。

由表 2-3 可知：走滑断层、逆断层及正断层错动下，隧道结构破坏特征主要包括衬砌开裂、错断、垮塌及隧底隆起等，且破坏范围主要集中在断裂带两侧 23～52m 范围内。此外，不同工况下，隧道破坏范围差异较大。结合相关研究成果[207-211]可知，错动作用下穿越活动断裂带隧道破坏特征的主要影响因素包括断裂带错动量、断裂带类型、断裂带宽度、断裂带倾角、隧道-断裂带交角及隧道结构刚度等。未设置变形缝条件下，断裂带错动下隧道典型破坏特征如图 2-11 所示。

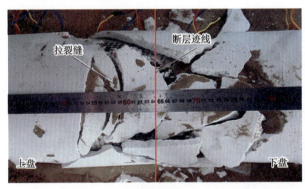

a) 衬砌垮塌[45]   b) 隧底隆起[202]

图 2-11 断裂带错动下隧道典型破坏特征（未设置变形缝）

基于模型试验[42,44,45,49,50,62,203-206]中所绘制的隧道震害分布图，统计得出未设置变形缝条件下的隧道震害范围见表 2-4。

断裂带错动下隧道震害范围（未设置变形缝）   表 2-4

序号	文献	断裂带类型	破坏范围（m）		
			严重破坏	中度破坏	轻度破坏
1	[203]	走滑断层	13	5	5
2	[204]		16	12	4
3	[62]		19	14	7
4	[205]	正断层	20	9	9
5	[42]		26	16	10
6	[50]		23	19	4
7	[49]		21	11	8
8	[205]	逆断层	24	7	9
9	[44,45]		21	9	5

续上表

序号	文献	断裂带类型	破坏范围（m）		
			严重破坏	中度破坏	轻度破坏
10	[206]	逆断层	25	16	4
平均破坏范围（m）			21	12	7

注：以上数据均已根据试验相似比换算为实际尺寸。

根据表 2-4 可知：未设置变形缝时，断裂带错动作用下隧道结构严重破坏、中度破坏及轻度破坏范围分别为 13～26m、5～19m 及 4～10m，平均破坏范围分别为 21m、12m 及 7m。

2）设置变形缝

设置变形缝条件下，断裂带错动下隧道破坏特征及范围统计见表 2-5。

断裂带错动下隧道破坏特征统计（设置变形缝） 表 2-5

序号	文献	断裂带类型	断裂带宽度（m）	倾角（°）	交角（°）	隧道直径（m）	隧道埋深（m）	围岩等级	最大错动量（m）	破坏范围（m）	变形缝间距（m）	变形缝宽度（m）	破坏类型
1	[63]	走滑断层	10	90	90	10	20	V	5	22	10	2	衬砌开裂、错台
2	[205]	正断层	—	60	90	7.5	12	V	1.75	24	9	0.2	衬砌开裂、错台
3	[46]		20	60	90	11.5	30	V	5	29	5	0.5	衬砌开裂、错台
4	[212]		16	69	90	12	30	V	3.2	42	6	0.3	衬砌开裂、错台、隧底隆起
5	[206]	逆断层	37	60	90	12	24	V	4.5	36	4	—	衬砌开裂、错台
6	[205]		—	60	90	7.5	12	V	1.5	30	9	0.2	衬砌开裂、错台
7	[202]		30	80	90	12	—	V	2.25	36	12	0.05	衬砌开裂、剥落、错台、隧底隆起
8	[44,45,47,48]		20m	75	90	11.5	30	V	3.6	29	5	0.5	衬砌开裂、错台

注：以上数据均已根据试验相似比换算为实际尺寸。

由表 2-5 可知：设置变形缝时，断裂带错动下隧道结构并未发生衬砌错断、垮塌等震害，主要破坏特征有衬砌严重开裂、错台及隧底隆起等，且破坏范围主要集中在断裂带两侧 30～42m 范围内。设置变形缝条件下，断裂带错动下隧道典型破坏特征如图 2-12 所示。

a) 衬砌错台[44]　　　　　　b) 衬砌开裂、隧底隆起[213]

图 2-12　断裂带错动下隧道典型破坏特征（设置变形缝）

由图 2-12 可知：设置变形缝后，隧道节段能通过发生刚体变形吸收断裂带错动量，减小隧道内力，使得隧道破坏程度明显减小，防止出现衬砌错断、垮塌等严重震害，但也不可避免地会产生严重开裂、错台、隧底隆起等震害。由此可见，设防措施也是影响隧道破坏特征的主要因素。

根据设置、未设置变形缝条件下隧道破坏特征可知：活动断裂带往往具有一定的宽度，发生地震时断层面可能发生在断层宽度内的任意位置，使得变形缝无法正对断层面[图 2-13a)]，导致隧道发生严重开裂、错台及隧底隆起等震害。因此认为设置变形缝难以解决穿越活动断裂带隧道抗错断问题[图 2-13b)]。

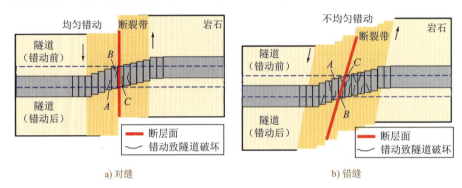

图 2-13 变形缝与断层面关系示意图

基于模型试验[42,44,45,49,50,62,203-206]中所绘制的隧道震害分布图，统计得出设置变形缝条件下的隧道震害范围见表 2-6。

断裂带错动下隧道震害范围（设置变形缝） 表 2-6

序号	文献	断裂带类型	破坏范围（m）		
			严重破坏	中度破坏	轻度破坏
1	[63]	走滑断层	2	17	3
2	[205]	正断层	3	19	2
3	[46]		5	19	5
4	[212]		2	32	8
5	[206]	逆断层	3	26	7
6	[205]		4	20	6
7	[202]		3	25	8
8	[44,45,47,48]		3	21	5
平均破坏范围（m）			3	22	6

注：以上数据均已根据试验相似比换算为实际尺寸。

根据表 2-6 可知：设置变形缝时，断裂带错动作用下隧道结构严重破坏、中度破坏及轻度破坏范围分别为 2~5m、17~32m 及 2~8m，平均破坏范围分别为 3m、22m 及 6m。

根据表 2-4、表 2-6 得出，在断裂带错动作用下，设置、未设置变形缝条件下隧道的破坏范围，见表 2-7。

断裂带错动下隧道破坏范围（设置、未设置变形缝）　　表 2-7

设防措施	总破坏范围（m）	平均破坏范围（m）		
		严重破坏	中度破坏	轻度破坏
无	40	21	12	7
变形缝	32	3	22	6

注：以上数据均已根据试验相似比换算为实际尺寸。

由表 2-7 可知：断裂带错动下，未设置变形缝时，隧道破坏范围主要集中在断裂带两侧约 40m 范围内，设置变形缝后，隧道破坏范围主要集中在断裂带两侧约 32m 范围内，破坏范围减小 20%。其中，未设置变形缝时，隧道严重破坏、中度破坏及轻度破坏范围分别为 21m、12m 及 7m；设置变形缝后，隧道严重破坏、中度破坏及轻度破坏范围分别为 3m、22m 及 6m。由此可见，设置变形缝后，隧道严重震害范围显著减小，主要震害类型为中度破坏及轻度破坏。

为了进一步明确不同断裂带类型条件下隧道的破坏机制，基于以上模型试验结果分别对正断层、逆断层及走滑断层条件下隧道纵向和横向破坏模式进行分析。为便于理论分析，沿断层面建立坐标系 $OXYZ$，其中水平向（X 轴）平行于断层面走向，纵向（Y 轴）平行于隧道轴线（由上盘指向下盘），竖向（Z 轴）垂直于水平面向上，如图 2-14 所示。

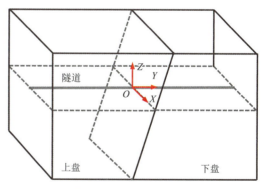

图 2-14　穿越活动断裂带隧道坐标系示意图

2.2.2　走滑断层错动作用下隧道破坏模式

（1）隧道纵向破坏模式

走滑断层错动下，隧道纵向变形特征如图 2-15 所示。

由图 2-15 可知，走滑断层错动下，隧道水平向变形曲线整体呈 "S" 形，随着断层距的增大，隧道变形量增大，当断层距超过一定范围后隧道变形量基本不再变化。

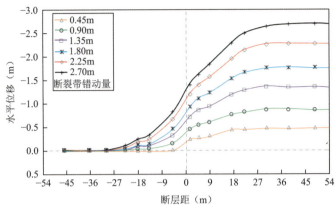

图 2-15　走滑断层错动下隧道水平向变形曲线[214]

根据相关模型试验结果可知[62,63,203,204]，走滑断层错动下隧道纵向主要发生两种破坏：断层面处的剪切破坏、断层面两侧的拉（压）破坏。其中，由于走滑断层错动作用下，上下盘产生水平向相对位移，在断层面处发生剪应力集中现象，导致断层面处的隧道衬砌发生剪切破坏，产生斜向裂缝，如图 2-16、图 2-17 所示。

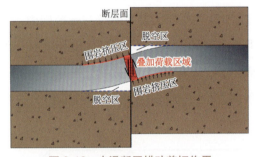

图 2-16　走滑断层错动剪切作用　　　图 2-17　走滑断层错动下隧道剪切破坏[61]

走滑断层错动下，隧道衬砌发生"S"形变形，上盘隧道右拱肩、右拱腰、右拱脚和下盘左拱肩、左拱腰、左拱脚发生拉弯破坏，上盘隧道左拱肩、左拱腰、左拱脚和下盘右拱肩、右拱腰、右拱脚发生拉弯破坏，产生环向裂缝，如图 2-18、图 2-19 所示。

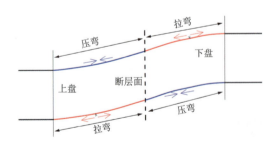
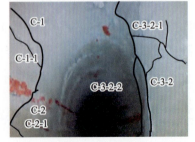

图 2-18　走滑断层错动下隧道纵向弯曲变形　　图 2-19　走滑断层错动下隧道拉（压）弯破坏[63]

（2）隧道横向破坏模式

走滑断层错动过程中，地层对隧道产生水平向的挤压作用，导致隧道横向发生椭圆化变形，如图 2-20 所示。

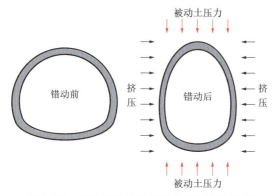

图 2-20　走滑断层错动下隧道横向变形特征

根据相关模型试验结果可知[62,63,203,204]，走滑断层错动下，上盘隧道右拱腰部位外侧主要是由于纵向拉弯作用产生的环向开裂破坏，隧道左拱腰部位内侧主要是由于围岩与衬砌间的挤压作用造成的受拉纵向开裂破坏，隧道左拱肩及左拱脚部位则主要是由于断裂带强制位移作用造成的剪切环向开裂破坏，如图 2-21 所示。

走滑断层错动下，下盘隧道左拱肩、左拱腰、左拱脚部位外侧主要是由于纵向拉弯作用产生的环向开裂破坏，隧道右拱腰部位内侧主要是由于围岩与衬砌间的挤压作用造成的受拉纵向开裂破坏，隧道右拱肩部位则主要是由于断裂带强制位移作用造成的剪切环向开裂破坏，如图 2-22 所示。

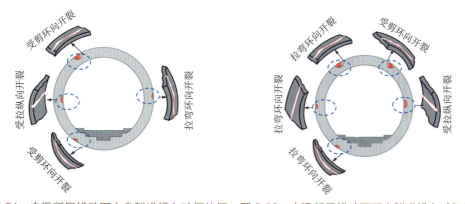

图 2-21　走滑断层错动下上盘隧道横向破坏特征　图 2-22　走滑断层错动下下盘隧道横向破坏特征

2.2.3　正断层错动作用下隧道破坏模式

（1）隧道纵向破坏模式

正断层错动下，隧道纵向变形特征如图 2-23 所示。

由图 2-23 可知，正断层错动下，隧道纵向变形曲线整体呈"S"形，随着断层距的增大，隧道变形量增大，当断层距超过一定范围后隧道变形量基本不再变化。

根据相关模型试验结果可知[42,46,49,50,205,212]，正断层错动下隧道纵向主要发生两种破坏形式：断层面处的剪切破坏、断层面两侧的拉（压）破坏。其中，由于正断层错动下，上下盘产生竖向相对位移，在断层面处发生剪应力集中现象，导致断层面处的隧道衬砌发生剪切破坏，产生斜向裂缝，如图2-24所示。

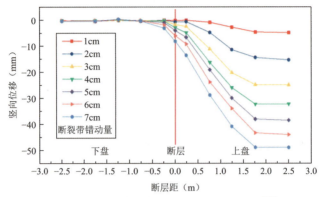

图2-23 正断层错动下隧道竖向变形曲线[205]

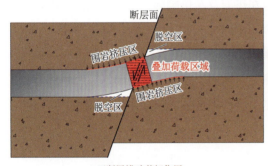

a) 正断层错动剪切作用

b) 正断层错动下隧道剪切破坏[205]

图2-24 正断层错动剪切作用及隧道破坏特征

正断层错动下，隧道衬砌发生"S"形变形，上盘隧道仰拱、左右拱脚及下盘隧道拱顶、左右拱肩发生纵向拉弯破坏，下盘隧道拱顶、左右拱肩及下盘隧道仰拱、左右拱脚发生纵向压弯破坏，如图2-25、图2-26所示。

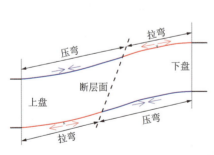

图2-25 正断层错动下隧道弯曲变形　　图2-26 正断层错动下隧道拉（压）弯破坏[63]

（2）隧道横向破坏模式

正断层错动过程中，地层对隧道产生竖向的挤压作用，导致隧道产生水平向椭圆化变形，如图2-27所示。

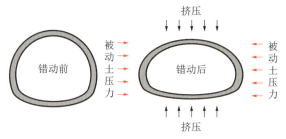

图 2-27 正断层错动下隧道横向变形特征

正断层错动下，上盘隧道仰拱、右拱脚、右拱腰及左拱脚部位外侧主要是由于纵向拉弯作用产生的环向开裂破坏，隧道拱顶部位内侧主要是由于围岩与衬砌间的挤压作用造成的受拉纵向开裂破坏，隧道右拱肩及左拱肩部位则主要是由于断裂带强制位移作用造成的剪切环向开裂破坏，如图 2-28 所示。

正断层错动下，下盘隧道拱顶、右拱肩、左拱肩、左拱腰部位外侧主要是由于纵向拉弯作用产生的环向开裂破坏，隧道仰拱部位内侧主要是由于围岩与衬砌间的挤压作用造成的受拉纵向开裂破坏，隧道右拱脚、左拱脚部位则主要是由于断裂带强制位移作用造成的剪切环向开裂破坏，如图 2-29 所示。

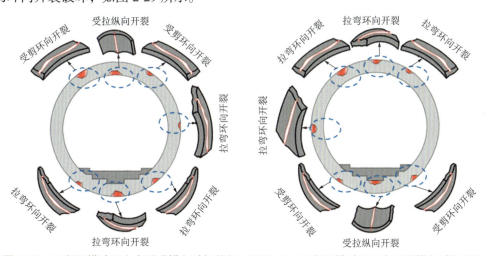

图 2-28 正断层错动下上盘隧道横向破坏特征　　图 2-29 正断层错动下下盘隧道横向破坏特征

2.2.4 逆断层错动作用下隧道破坏模式

（1）隧道纵向破坏模式

逆断层错动下，隧道纵向变形特征如图 2-30 所示。

根据相关模型试验结果可知[44,45,47,48,202,205,206]：逆断层错动下隧道结构纵向主要发生断层面处的剪切破坏、断层面两侧的拉（压）破坏两种破坏形式。由于逆断层错动下上下盘产生相对位移，在断层面处发生剪应力集中现象，导致断层面处的隧道衬砌发生剪切破坏，产生斜向裂缝，如图 2-31、图 2-32 所示。

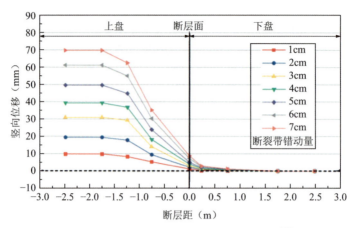

图 2-30　逆断层错动下隧道竖向变形曲线[205]

图 2-31　逆断层错动剪切作用

图 2-32　逆断层错动下隧道剪切破坏[205]

逆断层错动下，隧道衬砌发生"S"形变形，上盘隧道拱顶、左右拱肩及下盘隧道仰拱、左右拱脚发生纵向拉弯破坏，下盘隧道拱顶、左右拱肩及下盘隧道仰拱、左右拱脚发生纵向压弯破坏，如图2-33所示。

（2）隧道横向破坏模式

逆断层错动下，地层对隧道产生竖向的挤压作用，导致隧道产生水平向椭圆化变形，如图2-34所示。

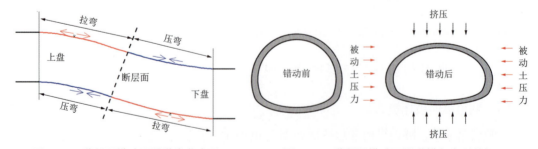

图 2-33　逆断层错动下隧道弯曲变形　　　图 2-34　逆断层错动下隧道横向变形特征

逆断层错动下，上盘隧道拱顶部位外侧主要是由于纵向拉弯作用产生的环向开裂破坏，隧道仰拱部位内侧主要是由于围岩与衬砌间的挤压作用造成的受拉纵向开裂破坏，隧道右拱肩及左拱肩部位则主要是由于断裂带强制位移作用造成的剪切环向开裂破坏，如图2-35所示。

逆断层错动下，下盘隧道仰拱部位外侧主要是由于纵向拉弯作用产生的环向开裂破坏，隧道拱顶部位内侧主要是由于围岩与衬砌间的挤压作用造成的受拉纵向开裂破坏，隧道右拱脚、左拱脚部位则主要是由于断裂带强制位移作用造成的剪切环向开裂破坏，如图 2-36 所示。

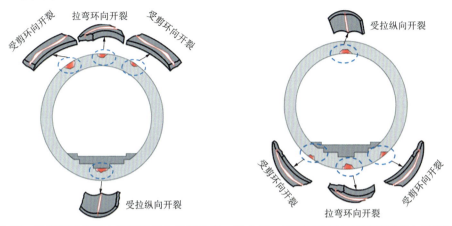

图 2-35　逆断层错动下上盘隧道横向破坏特征　　图 2-36　逆断层错动下下盘隧道横向破坏特征

2.3　地震动作用下穿越活动断裂带隧道破坏特征

紫坪铺隧道是都汶高速公路重点控制工程之一，该隧道穿越 F10、F11、F12、F13 断裂带，见表 2-8。

紫坪铺隧道所穿越的断裂带特征　　　　表 2-8

断裂带名称	断裂带类型	断裂带岩性	隧道埋深（m）
F10	逆断层	以泥岩为主夹砂岩，受构造影响很严重，岩体挤压强烈，节理裂隙发育，破碎，岩体呈碎石状结构或块碎状镶嵌结构	540
F11		岩性以灰色、深灰色泥岩夹炭质泥岩为主，断层带及褶曲轴部地带，岩层受强烈挤压，节理裂隙发育，岩体破碎，呈角碎状松散结构或块碎状镶嵌结构	281
F12		岩性为泥岩及砂岩，受构造影响很严重，岩层受挤压揉皱明显，节理裂隙发育，断层带为糜棱岩及碎裂岩，岩体破碎，稳定性差，围岩呈碎石状压碎结构或角碎状松散结构	285
F13		岩体破碎，裂隙发育稳定性差。围岩呈碎石状压碎结构或角碎状松散结构	156

由表 2-8 可知，紫坪铺隧道与断裂带相交位置的埋深为 156~540m，均为深埋。5·12 汶川地震中，紫坪铺隧道所穿越的 F10、F11、F12、F13 断裂带（均为龙门山断裂带支断裂）均未发生错动，主要受到强地震动作用，隧址区地震烈度为 10 度。紫坪铺隧道震害主要发生在 F10 断裂带附近，震害分布如图 2-37 所示。

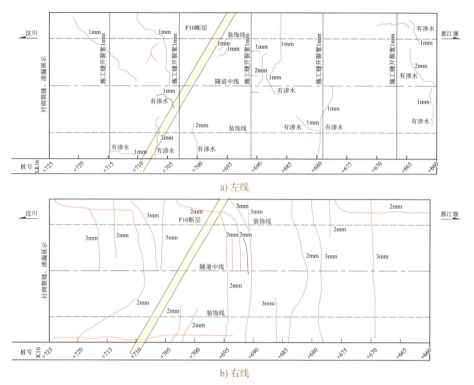

图 2-37　F10 断裂带附近紫坪铺隧道震害分布

紫坪铺隧道主要发生衬砌开裂、衬砌掉块、衬砌渗水、施工缝开裂及路面开裂等震害，如图 2-38 所示。

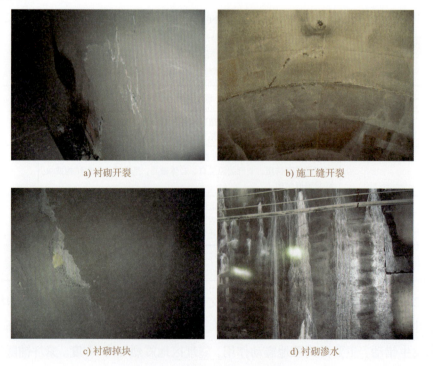

图 2-38　紫坪铺隧道典型震害

根据震害调查结果，得出紫坪铺隧道震害程度及范围见表2-9。

紫坪铺隧道震害程度及范围[24]   表2-9

隧道名称	破坏范围（m）		
	严重破坏	中度破坏	轻度破坏
紫坪铺隧道	0	1262	187

由图2-37、图2-38及表2-8可知：紫坪铺隧道震害基本位于断裂带两侧，范围约为1400m，且随着断层距的增大隧道震害程度逐渐降低，主要发生中度破坏及轻度破坏，未发生严重震害。由此可见，地震动作用下，穿越活动断裂带深埋隧道依然会发生破坏，需要进行抗震设防。同时，结合相关研究成果[70,211,215-218]可知，地震动作用下穿越活动断裂带隧道破坏特征的主要影响因素包括：地震烈度、断裂带宽度、断裂带倾角、隧道结构刚度及设防措施等。

2.4 错动-地震动联合作用下穿越活动断裂带隧道破坏特征

2.4.1 国内外隧道震害统计

错动-地震动联合作用下穿越活动断裂带隧道震害统计见表2-10。

错动-地震动联合作用下穿越活动断裂带隧道震害统计[19,24,70,81,200,201]   表2-10

序号	地震名称	隧道名称	断裂带名称	震级	错动量（m）	震害特征
1	5·12汶川地震	酒家垭隧道	F1	8.0	3.4（最大）	衬砌开裂、衬砌错台、二次衬砌垮塌、路面开裂、仰拱错台、仰拱隆起
2	5·12汶川地震	酒家垭隧道	F4	8.0	3.4（最大）	
3	5·12汶川地震	友谊隧道	F1	8.0	3.4（最大）	拱部衬砌开裂、拱部混凝土掉块、拱部施工缝开裂、拱部衬砌渗水、隧道底部仰拱错台、隧道底部路面渗水
4	5·12汶川地震	龙洞子隧道	F5	8.0	3.4	拱部衬砌开裂、拱部衬砌错台、拱部二次衬砌垮塌、拱部施工缝开裂、隧道底部路面开裂、隧道底部仰拱错台
5	5·12汶川地震	龙溪隧道	F8	8.0	3.4	衬砌错断、衬砌垮塌、轨下结构隆起、衬砌开裂、衬砌剥落、轨下结构开裂
6	1·8门源地震	大梁隧道	冷龙岭	6.9	3	衬砌错断、衬砌垮塌、轨下结构隆起、衬砌开裂、衬砌剥落、轨下结构开裂
7	集集地震	三义一号隧道	车笼埔	7.6	4	衬砌开裂、掉块、错断
8	关东大地震	南无谷隧道	—	8.1	—	衬砌错断
9	北伊豆地震	丹那隧道		7.3	水平向2.4、竖向0.6	衬砌错断、垮塌
10	伊豆大岛近海地震	稻取隧道	—	6.4	—	衬砌开裂、垮塌

续上表

序号	地震名称	隧道名称	断裂带名称	震级	错动量（m）	震害特征
11	鸟取县西部地震	某隧洞	—	7.3	0.2	衬砌错断
12	长野县西部地震	与盐矢田仁川导流隧洞		6.7	—	衬砌错断
13	岩手县内陆北部地震	葛根田 2 号输水隧洞		6.1		衬砌垮塌
14	旧金山大地震	莱特 1 号隧道	圣安地列	7.9	2.4	衬砌开裂、错断
15	旧金山大地震	博尔德山排水隧道	圣安地列	7.9	2.4	衬砌开裂、错断
16	克恩县地震	某隧道	白狼	7.5	1.22	衬砌错断
17	阿拉斯加大地震	某隧道		8.5	—	衬砌开裂、垮塌
18	费尔南多地震	圣费尔南多隧道	希尔玛	6.6	水平向1.9、竖向2.3	衬砌开裂、垮塌
19	伊尔皮尼亚地震	帕翁塞利隧洞		6.9		衬砌错断
20	韦尔科姆地震	某隧道		4.6	0.4	衬砌开裂、垮塌
21	曼吉尔-鲁德巴地震	曼吉勒隧道		7.3	—	衬砌错断

由表 2-10 可知：在错动-地震动联合作用下，穿越活动断裂带隧道不可避免地将发生衬砌垮塌、错断及隧底隆起等严重震害。为了进一步明确活动断裂带错动-震动联合作用下隧道破坏特征，对 1·8 门源地震、5·12 汶川地震隧道震害特征进行进一步分析。

2.4.2 1·8 门源地震隧道震害统计

2022 年 1 月 8 日青海省门源县发生 Ms6.9 级地震，最大烈度 9 度，发震断裂为青藏高原北东缘祁连—海原断裂中西段的冷龙岭断裂带，具有左旋走滑性质，最大错动量约为 3.1m。兰新高铁大梁隧道穿越活动断裂带段震害严重，该隧道与冷龙岭断裂带位置关系如图 2-39 所示。

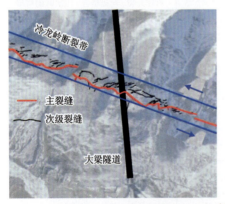

图 2-39 大梁隧道与冷龙岭断裂带位置关系[19]

根据 1·8 门源地震大梁隧道震害调查结果[19,20,213]得出大梁隧道震害分布，如图 2-40 所示。

由图 2-40 可知：错震联合作用下，大梁隧道震害的纵向分布具有明显的空间特征。其中，断层面附近隧道震害最为严重，随着断层距的增大，隧道震害程度逐渐降低。经现场震害调查得出大梁隧道严重破坏范围约为 350m，中度破坏范围约为1800m，轻度破坏范围约为4413m。详细情况如下。

（1）活动断裂带附近 350m 范围内隧道破坏严重。该段轨下结构整体破坏，具体表现为隆起严重（20~70cm），轨道变形；断层面位置处衬砌环向剪切破坏，拱部大面积脱落，大量钢筋变形、断裂、外漏，拱顶电力设备损坏，隧道结构在断层面处发生 1.5~1.8m 错断（范围约21m），衬砌裂缝宽为30～80cm，如图2-41所示。

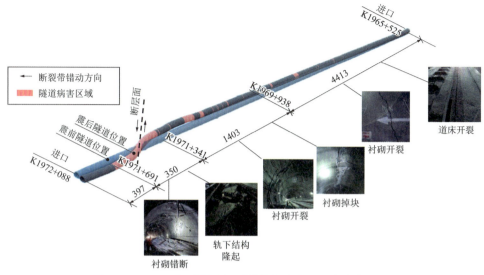

图2-40　1·8门源地震大梁隧道震害分布（尺寸单位：m）

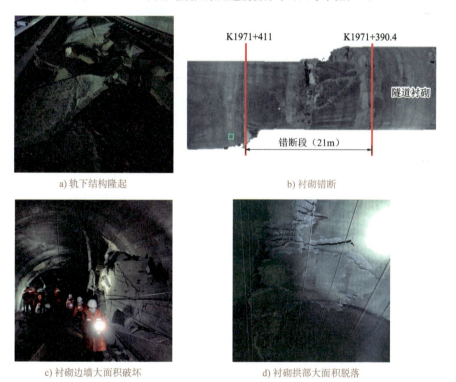

图2-41　大梁隧道严重破坏段

（2）活动断裂带小里程方向（即进口方向）1403m及大里程方向（即出口方向）397m范围内隧道中度破坏。该段衬砌剥落掉块段共计10处，每处长度1.5～10m不等，掉块面积0.5～15m²不等，部分位置钢筋外漏、变形弯曲；衬砌开裂受损严重段共计14处，包括斜向和环向贯通裂缝、多道平行或交错呈网状裂缝，如图2-42所示。

a) 衬砌剥落掉块　　　　　　　　b) 衬砌环向开裂

图 2-42　大梁隧道中度破坏段

（3）在此范围之外隧道发生轻微破坏，主要包括轨下结构开裂、边墙开裂（以环向裂缝为主）、渗漏水、水沟破坏和附属洞室开裂等震害，如图 2-43 所示。

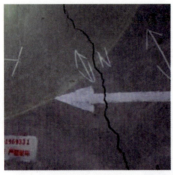 

a) 衬砌边墙开裂　　　　　　　　b) 道床开裂

图 2-43　大梁隧道轻度破坏段

根据以上震害调查结果可知，错动-地震动联合作用下，大梁隧道震害主要集中在断裂带两侧一定范围内。其中，断裂带错动导致断裂带两侧约 350m 隧道发生衬砌错断、垮塌、轨下结构隆起等严重破坏，强震导致断层两侧约 1800m 范围内的隧道发生衬砌开裂、剥落、掉块等中度破坏，总的影响范围约 2150m。

2.4.3　5·12 汶川地震隧道震害统计

5·12 汶川地震发震断层为逆断兼走滑断层，有 5 座隧道穿越活动断裂带，分别是友谊隧道、白云顶隧道、龙洞子隧道、龙溪隧道和酒家垭隧道，震害调查结果见表 2-11。

5·12 汶川地震穿越活动断裂带隧道震害调查表[24]　　　　表 2-11

隧道名称	设计烈度	实际烈度	隧道长度（m）	震害特征
龙溪隧道	7	11	3691	衬砌开裂、混凝土剥落、衬砌错台、混凝土掉块、隧道垮塌、施工缝开裂、衬砌渗水、路面开裂、仰拱错台、仰拱隆起
白云顶隧道	7	10	406	衬砌开裂、拱部衬砌错台、拱部衬砌垮塌、拱部施工缝开裂、隧道底部路面开裂、隧道底部仰拱错台

续上表

隧道名称	设计烈度	实际烈度	隧道长度（m）	震害特征
龙洞子隧道	7	11	1070	衬砌开裂、衬砌错台、二次衬砌垮塌、路面开裂、仰拱错台、仰拱隆起
酒家垭隧道	7	9	2282	衬砌开裂、拱部混凝土掉块、隧道垮塌、拱部施工缝开裂、拱部衬砌渗水、隧道底部仰拱错台、隧道底部路面渗水
友谊隧道	7	10	950	拱部衬砌开裂、拱部衬砌错台、拱部衬砌垮塌、拱部施工缝开裂、拱部衬砌渗水

由表 2-11 可知，错动-地震动联合作用下，穿越活动断裂带隧道震害兼具错动作用、地震动作用下的隧道震害特征，主要包括衬砌开裂、衬砌错台、衬砌错断、衬砌垮塌及仰拱隆起等。

5·12 汶川地震穿越活动断裂带隧道典型震害如图 2-44 所示。

a) 友谊隧道混凝土剥落、主筋裸露

b) 龙溪隧道仰拱隆起

c) 酒家垭隧道垮塌

d) 龙溪隧道垮塌

图 2-44 5·12 汶川地震穿越活动断裂带隧道典型震害图

通过震害展示图和调查表，统计出断层破碎带各隧道震害类型（长度、比例），见表 2-12。

断层破碎带各隧道震害类型统计 表 2-12

隧道名称	震害类型																	
	A		B		C		D		E		F		G		I			
	长度(m)	比例(%)	长度(m)	比例(%)	长度(m)	比例(%)	长度(m)	比例(%)	长度(m)	比例(%)	长度(m)	比例(%)	长度(m)	比例(%)	长度(m)	比例(%)		
龙溪隧道	68	11.4	140	23.5	81	13.6	30	5.0	0	0.0	305	51.3	0	0.0	0	0.0		

续上表

隧道名称	震害类型																
	A		B		C		D		E		F		G		I	
	长度(m)	比例(%)	长度(m)	比例(%)	长度(m)	比例(%)	长度(m)	比例(%)	长度(m)	比例(%)	长度(m)	比例(%)	长度(m)	比例(%)	长度(m)	比例(%)
龙洞子隧道	82	26.6	60	19.5	0	0.0	4	1.3	0	0.0	47	15.3	0	0.0	0	0.0
白云顶隧道	0	0.0	0	0.0	0	0.0	0	0.0	0	0.0	14	48.3	0	0.0	4	13.8
友谊隧道	0	0.0	0	0.0	0	0.0	0	0.0	0	0.0	50	100.0	0	0.0	0	0.0
酒家垭隧道	30	20.7	35	24.1	0	0.0	0	0.0	24	16.6	0	0.0	0	0.0	5	3.4

隧道名称	震害类型													
	J		K		L		M		N		P		Z	
	长度(m)	比例(%)	长度(m)	比例(%)	长度(m)	比例(%)	长度(m)	比例(%)	长度(m)	比例(%)	长度(m)	比例(%)	长度(m)	比例(%)
龙溪隧道	0	0.0	0	0.0	0	0.0	0	0.0	0	0.0	0	0.0	595	100.0
龙洞子隧道	0	0.0	86	27.9	68	22.1	69	22.4	68	22.1	0	0.0	213	69.2
白云顶隧道	0	0.0	0	0.0	29	100.0	29	100.0	0	0.0	0	0.0	29	100.0
友谊隧道	0	0.0	0	0.0	0	0.0	0	0.0	0	0.0	0	0.0	50	100.0
酒家垭隧道	59	40.7	0	0.0	0	0.0	10	6.9	0	0.0	10	6.9	143	98.6

注：1. 拱部衬砌结构震害类型：A 衬砌开裂（裂纹清晰，有一定走向）；B 衬砌开裂（不能确定裂纹方向，呈片状或网状）；C 混凝土剥落；D 衬砌错台；E 混凝土掉块；F 二次衬砌垮塌；G 隧道垮塌；I 施工缝开裂；J 衬砌渗水。
2. 隧道底部震害类型：K 路面开裂（裂纹清晰，有一定走向）；L 路面开裂（不能确定裂纹方向，呈片状或网状）；M 仰拱错台；N 仰拱隆起；P 路面渗水；Z 综合震害。

（1）上下盘围岩为Ⅲ级隧道震害统计

断层破碎带两侧上下盘围岩为Ⅲ级隧道震害统计见表2-13，震害比例直方图如图2-45所示。

上下盘围岩为Ⅲ级隧道震害统计   表2-13

震害类型	A	B	F	K	L
震害长度（m）	30	25	25	31	32
震害比例	29.41%	24.51%	24.51%	30.39%	31.37%
震害类型	I	M	N	Z	
震害长度（m）	26	33	32	88	
震害比例	25.49%	32.35%	31.37%	86.27%	

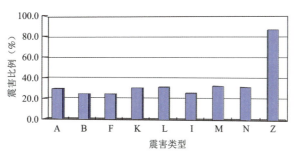

图 2-45 上下盘围岩为Ⅲ级隧道震害统计直方图

由表 2-13 及图 2-45 可知：断层破碎带两侧上下盘围岩为Ⅲ级隧道各种震害比例相差不大，均大于 20%。综合震害长度为 88m，占统计长度的 86.27%。

隧道出现最严重的破坏是二次衬砌垮塌（F），长度比例为 24.51%；没有出现隧道垮塌（G）。可见，在此种情况下，隧道围岩和初期支护是稳定的，但二次衬砌需要加强。

（2）上下盘围岩为Ⅳ级隧道震害统计

断层破碎带两侧上下盘围岩为Ⅳ级隧道震害统计见表 2-14，震害比例直方图如图 2-46 所示。

上下盘围岩为Ⅳ级隧道震害统计   表 2-14

震害类型	A	B	C	D	E	F	G
震害长度	106	149	66	15	15	238	45
震害比例	19.06%	26.80%	11.87%	2.70%	2.70%	42.81%	8.09%
震害类型	I	J	K	M	P	Z	
震害长度	6	45	34	10	10	554	
震害比例	1.08%	8.09%	6.12%	1.80%	1.80%	99.64%	

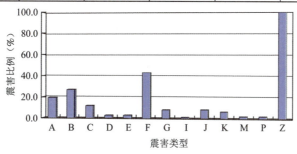

图 2-46 上下盘围岩为Ⅳ级隧道震害统计直方图

由表 2-14 及图 2-46 可知：上下盘围岩为Ⅳ级隧道震害以二次衬砌垮塌为主，占到了 42.81%；A 衬砌开裂（裂纹清晰，有一定走向）和 B 衬砌开裂（不能确定裂纹方向，呈片状或网状）次之，分别占到 19.06% 和 26.80%；其他震害类型较少。综合震害长度为 554m，占统计长度的 99.64%。

隧道出现的最严重破坏是隧道垮塌（G），长度比例为 8.09%。二次衬砌垮塌（F），长度比例为 42.81%。可见，在此情况下，隧道围岩和初期支护出现了破坏。

（3）上下盘围岩为V级隧道震害统计

断层破碎带两侧上下盘围岩为V级隧道震害统计见表2-15，震害比例直方图如图2-47所示。

上下盘围岩为V级隧道震害统计　　　　表2-15

震害类型	A	B	C	D	E	F	G
震害长度	234	110	21	19	8	153	261
震害比例	22.01%	10.35%	1.98%	1.79%	0.75%	14.49%	24.55%
震害类型	I	J	K	L	M	N	Z
震害长度	25	57	71	94	94	50	864
震害比例	2.35%	5.36%	6.68%	8.84%	8.84%	4.70%	81.28%

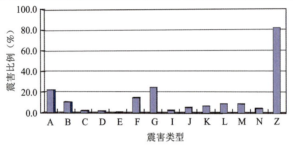

图2-47　上下盘围岩为V级隧道震害统计直方图

由表2-15及图2-47可知：上下盘围岩为V级隧道震害以A衬砌开裂（裂纹清晰，有一定走向）和隧道垮塌为主，分别占22.01%和24.55%；二次衬砌垮塌次之，占14.49%；其他震害类型较少。综合震害长度为864m，占统计长度的81.28%。

上下盘围岩为V级的隧道衬砌一般为钢筋混凝土结构，但是，在强震作用下，仍有占统计长度为24.55%的隧道发生了垮塌，二次衬砌垮塌占统计长度的14.49%。可见，在此情况下，隧道围岩和初期支护出现了严重破坏。

（4）断层破碎带段隧道结构震害统计

断层破碎带段隧道结构震害综合统计结果见表2-16，震害比例直方图如图2-48所示。

断层破碎带段隧道结构震害综合统计　　　　表2-16

震害类型	A	B	C	D	E
震害长度（m）	370	245	87	34	23
震害比例	20.64%	13.66%	4.85%	1.90%	1.28%
震害类型	F	G	I	J	K
震害长度（m）	529	306	53	102	136
震害比例	29.50%	17.07%	2.96%	5.69%	7.59%
震害类型	L	M	N	P	Z
震害长度（m）	107	98	118	10	1506
震害比例	5.97%	5.47%	6.58%	0.56%	87.51%

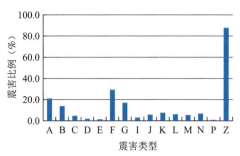

图 2-48 断层破碎带段隧道结构震害综合统计直方图

由表 2-16 及图 2-48 可知：断层破碎带段隧道结构震害以二次衬砌垮塌（F）为主，占到了 29.5%；衬砌开裂（A）（裂纹清晰，有一定走向）和隧道垮塌（G）次之，分别占到了 20.64% 和 17.07%；路面开裂（L）（不能确定裂纹方向，呈片状或网状）再次之，占 13.66%；其他震害类型较少。综合震害长度为 1506m，占统计长度的 87.51%。

根据现场震害调查[24]，得出 5·12 汶川地震穿越活动断裂带 5 座隧道震害程度及范围统计结果见表 2-17。

穿越活动断裂带隧道破坏范围[24]　　　　　　　　表 2-17

隧道名称	隧道长度（m）	破坏范围		
		严重破坏范围（m）	中度破坏范围（m）	轻度破坏范围（m）
龙溪隧道	3691	200	2171	479
白云顶隧道	406	29	109	108
龙洞子隧道	1070	68	378	136
酒家垭隧道	2282	85	505	505
友谊隧道	950	50	137	12

由表 2-17 可知，错动-地震动联合作用下，5·12 汶川地震穿越活动断裂带隧道严重破坏、中度破坏及轻度破坏范围分别为 50~200m、137~2171m 及 12~505m。

选取长度接近的隧道对错动作用、地震动作用及错动-地震动联合作用下的破坏范围进行综合对比，见表 2-18。

穿越活动断裂带隧道破坏范围对比　　　　　　　　表 2-18

作用类型	隧道名称	破坏范围（m）		
		严重破坏	中度破坏	中度破坏
错动作用	模型试验	21	12	7
地震动作用	紫坪铺隧道（5·12 汶川地震）	0	1262	187
错动-地震动联合作用	龙溪隧道（5·12 汶川地震）	200	2171	479
	大梁隧道（1·8 门源地震）	350	1800	4413

由表 2-18 可知，与错动、地震动作用相比，错动-地震动联合作用下隧道破坏范围明

显增大，表明错震联合作用下隧道震害更为严重。此外，错震联合作用下，隧道严重破坏范围约为断裂带两侧 350m，中度破坏范围约为严重破坏区两侧 2200m，轻度破坏区约为断裂带两侧 4400m。

根据以上分析可知，错动-地震动联合作用下，穿越活动断裂带隧道震害具有以下特征。

（1）隧道震害具有明显的空间分布特征，震害主要集中在断裂带及其两侧一定范围内，随着断层距的增大，隧道震害程度逐渐降低。

（2）错动作用下，隧道受拉（压）、弯、剪共同作用。其中，隧道沿纵向在断层面处发生剪切破坏，产生斜向裂缝，在断层面两侧一定范围内发生拉（压）破坏，产生环向裂缝；隧道横向在断层面两侧一定范围内发生拉（压）破坏，产生环向裂缝及纵向裂缝。

（3）以 1·8 门源地震、5·12 汶川地震为例，断裂带及两侧隧道产生衬砌错断、垮塌、错台及隧底隆起等严重震害，随着断层距的增大，震害程度逐渐降低，发生衬砌开裂、衬砌掉块等中度、轻度震害。

（4）隧道震害主要影响因素包括：断裂带错动量、地震烈度、断裂带类型、断裂带宽度、断裂带倾角、隧道-断裂带交角、隧道结构刚度及设防措施等。

（5）与错动、地震动作用相比，错动-地震动联合作用下隧道的破坏程度更为严重。

2.5 穿越活动断裂带隧道设防分区特征

根据以上震害调查及理论分析，按照破坏程度（严重破坏、中度破坏及轻度破坏）以及破坏因素，将穿越活动断裂带隧道划分为三个区段，即核心段、强烈影响段及一般影响段，如图 2-49 所示。

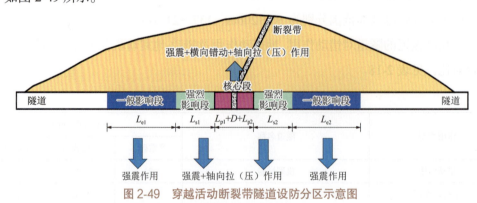

图 2-49 穿越活动断裂带隧道设防分区示意图

穿越活动断裂带隧道核心段、强烈影响段及一般影响段特征分别如下：

（1）核心段（$L_{p1} + D + L_{p2}$）。隧道在此区段受到强震＋横向错动＋轴向拉（压）作用，发生隧道垮塌、仰拱隆起等严重震害。实际工程中穿越活动断裂带隧道往往采用节段式衬砌，此时轴向拉（压）作用可通过设置变形缝抵消，因此主要承受强震+横向错动作用。

（2）强烈影响段（$L_{s1} + L_{s2}$）。隧道在此区段受到强震+轴向拉（压）作用，发生衬砌开裂（有明显裂纹走向）、混凝土剥落、衬砌错台、仰拱错台、混凝土掉块等中度震害。震动作用段的轴向拉（压）作用也可通过设置变形缝抵消，主要承受强地震动作用。

（3）一般影响段（$L_{e1} + L_{e2}$）。隧道在此区段受到强震作用，发生衬砌开裂（无明显裂纹走向）、衬砌渗水、路面开裂、路面渗水等轻度震害现象。

第 3 章
穿越活动断裂带隧道设防分区范围

本章采用资料调研、理论分析和数值模拟等方法,分析断层错动-地震动联合作用下隧道变形及损伤破坏特征,并结合隧道震害案例,给出穿越活动断裂带隧道设防范围。其中核心段设防分区范围通过资料调研、理论分析和数值模拟联合给出,强烈影响段和一般影响段设防分区范围主要通过资料调研给出。

3.1 穿越活动断裂带隧道核心段设防分区范围

3.1.1 基于数值计算的设防分区范围

1)断裂带断层错动作用下隧道核心段设防分区范围

(1)走滑断层

①隧道变形特征。

走滑断层错动下(计算参数及模型见 6.2.4 节),隧道水平向、竖向及纵向变形特征(取横断面 8 测点平均值)如图 3-1 所示。

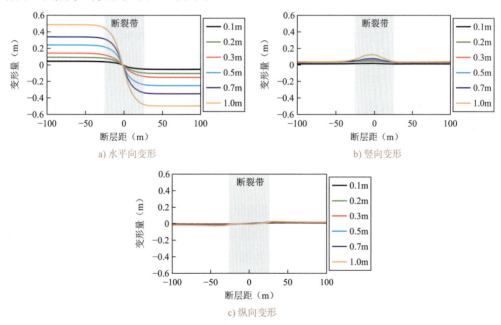

图 3-1 走滑断层错动下隧道变形特征

由图 3-1 可知,走滑断层错动下,隧道变形沿断层面对称,主要发生水平向变形,而纵向变形及竖向变形较小。隧道水平向变形呈"S"形,随着断层距的增加,变形量逐渐增大然后趋于收敛。

②隧道剪切破坏特征。

走滑断层错动下,隧道剪切应变特征(取横断面 8 测点平均值)如图 3-2 所示。

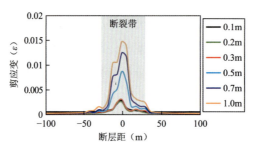

图 3-2　走滑断层错动下隧道剪应变特征

由图 3-2 可知,走滑断层错动下,剪应变峰值位于断层面处,随着断层距的增大,剪应变逐渐减小,当断层距超过 30m 后趋于收敛。

走滑断层错动下,隧道拱顶、右拱腰、仰拱、左拱腰剪应变特征如图 3-3 所示。

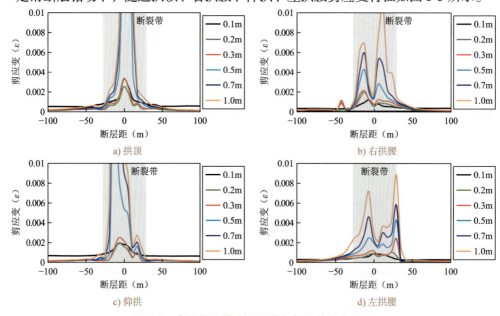

图 3-3　走滑断层错动下隧道各部位剪应变特征

由图 3-3 可知,隧道各部位剪应变峰值均位于断层面附近,表明隧道在断层面附近承受较大剪应力。以剪应变 $257\mu\varepsilon$ 为控制值,当错动量小于 0.2m 时,隧道各部位未产生剪切破坏,当错动量大于 0.3m 时,隧道横断面各部位均发生剪切破坏。

③隧道拉伸破坏特征。

走滑断层错动下,隧道拉损伤特征(取横断面 8 测点平均值)如图 3-4 所示。

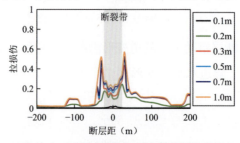

图 3-4　走滑断层错动下隧道拉损伤特征

由图 3-4 可知，走滑断层错动下，随着断层距的增大，拉损伤逐渐增大并在断裂带附近达到峰值，随后逐渐减小，当断层距超过 50m 后趋于收敛。

隧道拱顶、右拱腰、仰拱、左拱腰拉损伤特征如图 3-5 所示。

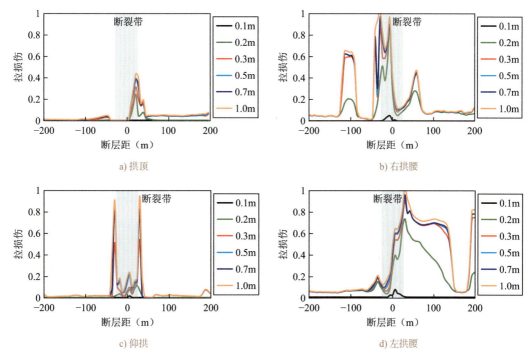

图 3-5 走滑断层错动下隧道各部位拉损伤特征

由图 3-5 可知，以拉损伤 0.79 为控制值，当错动量小于 0.1m 时，隧道各部位未产生拉伸破坏，当错动量大于 0.2m 时，隧道各部位拉损伤均出现陡增并产生破坏。

④隧道压缩破坏特征。

走滑断层错动下，隧道压损伤特征（取横断面 8 测点平均值）如图 3-6 所示。

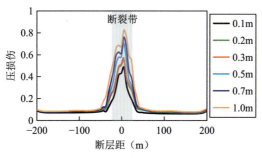

图 3-6 走滑断层错动下隧道压损伤特征

由图 3-6 可知，走滑断层错动下，随着断层距的增大，压损伤逐渐增大并在断层面附近达到峰值，随后逐渐减小，当断层距超过 50m 后趋于收敛。

隧道拱顶、右拱腰、仰拱、左拱腰压损伤特征如图 3-7 所示。

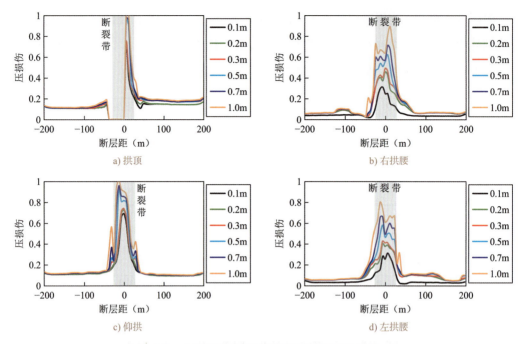

图 3-7 走滑断层错动下隧道各部位压损伤特征

由图 3-7 可知，隧道各部位拉损伤峰值均位于断层面附近，以压损伤 0.65 为控制值，当错动量小于 0.1m 时，隧道各部位未产生压缩破坏，当错动量大于 0.2m 时，隧道各部位均出现破坏。

⑤隧道设防范围。

根据以上计算结果，走滑断层错动下隧道设防范围见表 3-1。

走滑断层错动下隧道设防范围统计　　　　表 3-1

错动量 (m)	破坏范围（m）			
	剪切破坏	拉伸破坏	压缩破坏	合计
0.1	0	0	0	0
0.2	0	5	0	5
0.3	5	10	0	15
0.5	30	22	15	67
0.7	42	35	27	104
1.0	60	43	40	143

（2）正断层

①隧道变形特征。

正断层错动下，隧道水平向、竖向及纵向变形特征（取横断面 8 测点平均值）如图 3-8 所示。

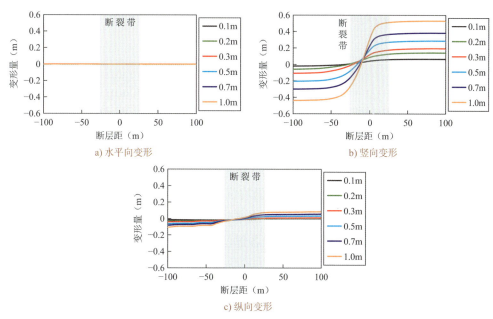

图 3-8 正断层错动下隧道变形特征

由图 3-8 可知，正断层错动下，隧道变形沿断层面对称，主要发生竖向变形，而纵向变形及水平向变形较小。隧道竖向变形呈"S"形，随着断层距的增加，变形量逐渐增大然后趋于收敛。

②隧道剪切破坏特征。

正断层错动下，隧道剪切应变特征（取横断面 8 测点平均值）如图 3-9 所示。

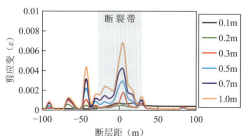

图 3-9 正断层错动下隧道剪应变特征

由图 3-9 可知，正断层错动下，剪应变峰值位于断层面处，随着断层距的增大，剪应变逐渐减小，当断层距超过 50m 后趋于收敛。

正断层错动下，隧道拱顶、右拱腰、仰拱、左拱腰剪应变特征如图 3-10 所示。

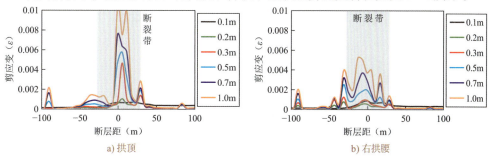

图 3-10

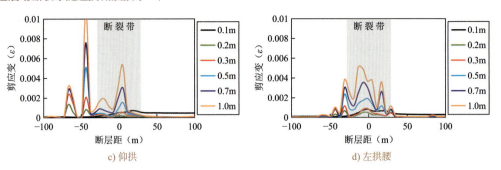

c) 仰拱　　　　　　　　　　　　　d) 左拱腰

图 3-10　正断层错动下隧道各部位剪应变特征

由图 3-10 可知，隧道各部位剪应变峰值均位于断层面附近，表明隧道在断层面附近承受较大剪应变。以剪应变 $257\mu\varepsilon$ 为控制值，当错动量小于 0.3m 时，隧道各部位未产生剪切破坏，当错动量大于 0.3m 时，隧道横断面各部位均发生剪切破坏。

③隧道拉伸破坏特征。

正断层错动下，隧道拉损伤特征（取横断面 8 测点平均值）如图 3-11 所示。

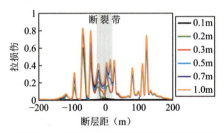

图 3-11　正断层错动下隧道拉损伤特征

由图 3-11 可知，正断层错动下，随着断层距的增大，拉损伤逐渐增大并在断裂带附近达到峰值，随后逐渐减小，当断层距超过 120m 后趋于收敛。

隧道拱顶、右拱腰、仰拱、左拱腰拉损伤特征如图 3-12 所示。

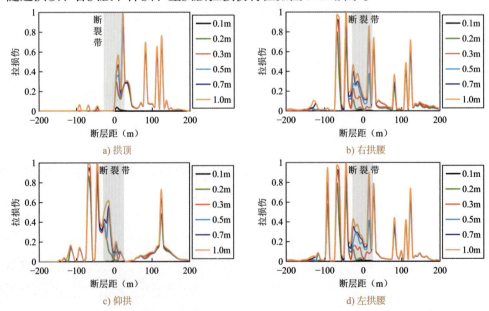

a) 拱顶　　　　　　　　　　　　　b) 右拱腰

c) 仰拱　　　　　　　　　　　　　d) 左拱腰

图 3-12　正断层错动下隧道各部位拉损伤特征

由图 3-12 可知，隧道各部位剪应变峰值均位于断裂带附近，以拉损伤 0.79 作为控制值，当错动量小于 0.1m 时，隧道各部位未产生拉伸破坏，当错动量大于 0.2m 时，隧道各部位拉损伤均出现陡增并产生破坏。

④隧道压缩破坏特征。

正断层错动下，隧道压损伤特征（取横断面 8 测点平均值）如图 3-13 所示。

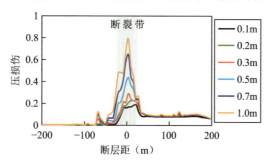

图 3-13　正断层错动下隧道压损伤特征

由图 3-13 可知，正断层错动下，随着断层距的增大，压损伤逐渐增大并在断层面附近达到峰值，随后逐渐减小，当断层距超过 70m 后趋于收敛。

隧道拱顶、右拱腰、仰拱、左拱腰压损伤特征如图 3-14 所示。

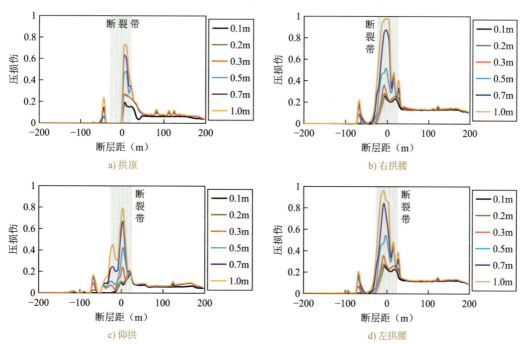

图 3-14　正断层错动下隧道各部位压损伤特征

由图 3-14 可知，隧道各部位拉损伤峰值均位于断层面附近。以压损伤 0.65 作为控制值，当错动量小于 0.7m 时，隧道各部位未产生压缩破坏，当错动量大于 0.7m 时，隧道各部位均出现压缩破坏。

⑤隧道设防范围。

根据以上计算结果,正断层错动下,隧道设防范围见表3-2。

正断层错动下隧道设防范围统计 表3-2

错动量 (m)	破坏范围（m）			
	剪切破坏	拉伸破坏	压缩破坏	合计
0.1	0	0	0	0
0.2	0	15	0	15
0.3	12	29	0	41
0.5	28	35	12	75
0.7	41	44	26	111
1.0	55	59	38	152

（3）逆断层

①隧道变形特征。

逆断层错动下,隧道水平向、竖向、纵向变形特征（取横断面8测点平均值）如图3-15所示。

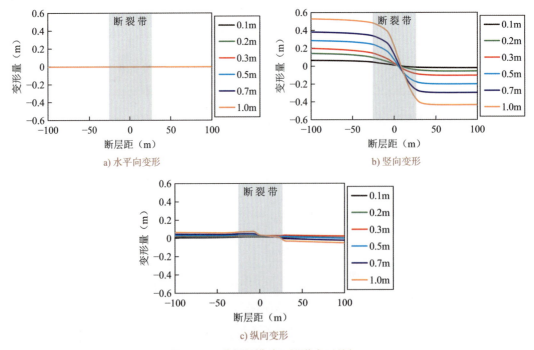

a) 水平向变形

b) 竖向变形

c) 纵向变形

图 3-15 逆断层错动下隧道变形特征

由图3-15可知,逆断层错动下,隧道变形沿断层面对称,主要发生竖向变形,而纵向变形及水平向变形较小。隧道水平向变形呈"S"形,随着断层距的增加,变形量逐渐增大然后趋于收敛。

②隧道剪切破坏特征。

逆断层错动下,隧道剪切应变特征(取横断面8测点平均值)如图3-16所示。

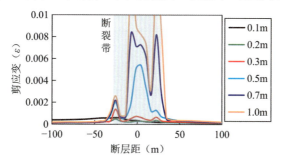

图3-16 逆断层错动下隧道剪应变特征

由图3-16可知,逆断层错动下,剪应变峰值位于断层面处,随着断层距的增大,剪应变逐渐减小,当断层距超过40m后趋于收敛。

逆断层错动下,隧道拱顶、右拱腰、仰拱、左拱腰剪应变特征如图3-17所示。

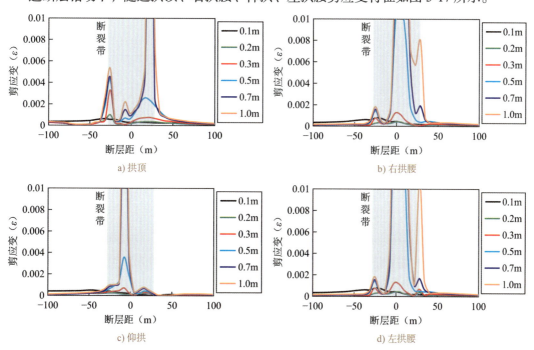

图3-17 逆断层错动下隧道各部位剪应变特征

由图3-17可知,隧道各部位剪应变峰值均位于断层面附近,表明隧道在断层面附近承受较大剪应变。以剪应变$257\mu\varepsilon$为控制值,当错动量小于0.2m时,隧道各部位未产生剪切破坏,当错动量大于0.2m时,隧道横断面各部位均发生剪切破坏。

③隧道拉伸破坏特征。

逆断层错动下,隧道拉损伤特征(取横断面8测点平均值)如图3-18所示。

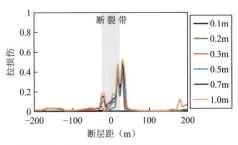

图 3-18 逆断层错动下隧道拉损伤特征

由图 3-18 可知,逆断层错动下,随着断层距的增大,拉损伤逐渐增大并在断裂带附近达到峰值,随后逐渐减小,当断层距超过 50m 后趋于收敛。

逆断层错动下,隧道拱顶、右拱腰、仰拱、左拱腰拉损伤特征如图 3-19 所示。

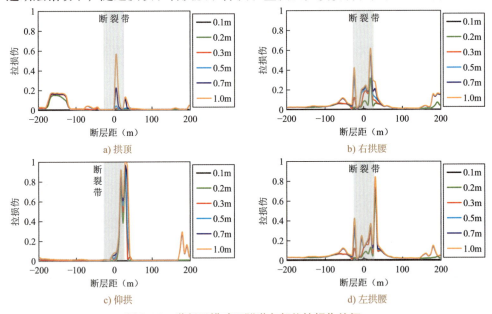

a) 拱顶　　　　　　　　　　　　b) 右拱腰

c) 仰拱　　　　　　　　　　　　d) 左拱腰

图 3-19 逆断层错动下隧道各部位拉损伤特征

由图 3-19 可知,隧道各部位剪应变峰值均位于断裂带附近,以拉损伤 0.79 为控制值,以 0.3 作为拉损伤的临界值,当错动量小于 0.1m 时,隧道各部位未产生拉伸破坏,当错动量大于 0.1m 时,隧道各部位拉损伤均出现陡增并产生破坏。

④隧道压缩破坏特征。

逆断层错动下,隧道压损伤特征(取横断面 8 测点平均值)如图 3-20 所示。

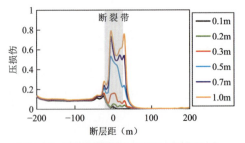

图 3-20 逆断层错动下隧道压损伤特征

由图 3-20 可知，逆断层错动下，随着断层距的增大，压损伤逐渐增大并在断层面附近达到峰值，随后逐渐减小，当断层距超过 80m 后趋于收敛。

逆断层错动下，隧道拱顶、右拱腰、仰拱、左拱腰压损伤特征如图 3-21 所示。

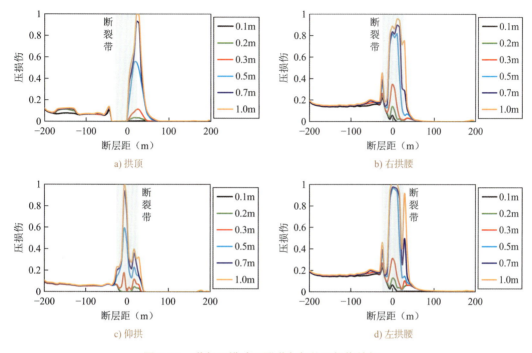

图 3-21 逆断层错动下隧道各部位压损伤特征

由图 3-21 可知，隧道各部位拉损伤峰值均位于断层面附近，以压损伤 0.65 作为控制值，当错动量小于 0.5m 时，隧道拱顶、仰拱发生破坏，当错动量大于 0.5m 时，隧道各部位均出现破坏。

⑤隧道设防范围。

根据以上计算结果，逆断层错动下，隧道设防范围见表 3-3。

逆断层错动下隧道设防范围统计　　　　　　　表 3-3

错动量 (m)	破坏范围（m）			
	剪切破坏	拉伸破坏	压缩破坏	合计
0.1	0	0	0	0
0.2	0	8	0	8
0.3	0	17	0	17
0.5	12	32	7	51
0.7	28	44	17	89
1.0	39	59	28	126

2）断裂带断层错动-地震动联合作用下隧道损伤破坏机理

（1）走滑断层

①隧道变形特征。

走滑断层错动-地震动联合作用下，隧道水平向、竖向及纵向变形特征（取横断面 8 测点平均值）如图 3-22 所示。

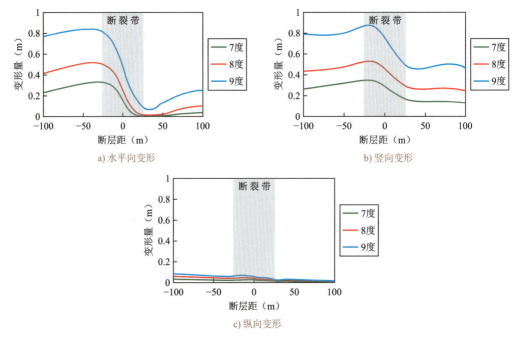

图 3-22 走滑断层错动-地震动联合作用下隧道变形特征

由图 3-22 可知，走滑断层错动-地震动联合作用下，隧道变形沿断层面对称，主要发生水平向及竖向变形，而纵向变形及竖向变形较小，隧道水平向变形及竖向变形均呈"S"形。

②隧道剪切破坏特征。

走滑断层错动-地震动联合作用下，隧道剪切应变特征（取横断面 8 测点平均值）如图 3-23 所示。

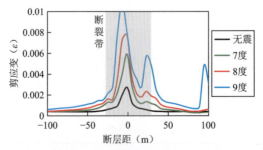

图 3-23 走滑断层错动-地震动联合作用下隧道剪应变特征

由图 3-23 可知，走滑断层错动-地震动联合作用下，剪应变峰值位于断层面处，随着断层距的增大，剪应变逐渐减小，当断层距超过 50m 后趋于收敛。

走滑断层错动-地震动联合作用下，隧道拱顶、右拱腰、仰拱、左拱腰剪应变特征如图 3-24 所示。

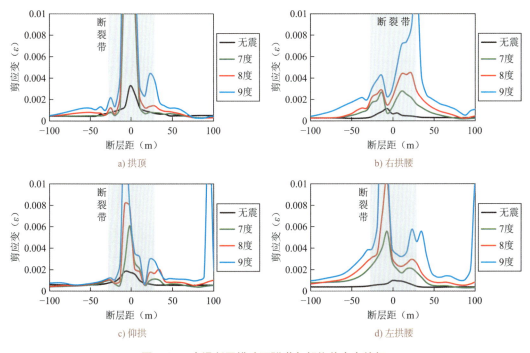

图 3-24　走滑断层错动下隧道各部位剪应变特征

由图 3-24 可知，隧道各部位剪应变峰值均位于断层面附近，表明隧道在断层面附近承受较大剪应变。以剪应变 $257\mu\varepsilon$ 为控制值，当地震烈度大于等于 7 度后各部位均发生破坏，且破坏范围及程度随着地震烈度的增加而增大。

③隧道拉伸破坏特征。

走滑断层错动-地震动联合作用下，隧道拉损伤特征（取横断面 8 测点平均值）如图 3-25 所示。

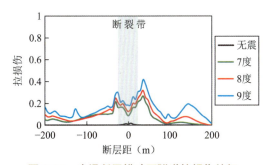

图 3-25　走滑断层错动下隧道拉损伤特征

由图 3-25 可知，走滑断层错动-地震动联合作用下，随着断层距的增大，拉损伤逐渐增大并在断裂带附近达到峰值，随后逐渐减小，当断层距超过 50m 后趋于收敛。

走滑断层错动-地震动联合作用下，隧道拱顶、右拱腰、仰拱、左拱腰拉损伤特征如图 3-26 所示。

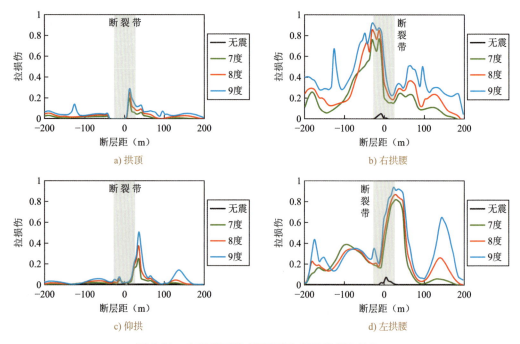

图 3-26　走滑断层错动下隧道各部位拉损伤特征

由图 3-26 可知，隧道各部位剪应变峰值均位于断裂带附近，以拉损伤 0.79 作为控制值，当地震烈度大于等于 8 度后各部位均发生破坏，且破坏范围及程度随着地震烈度的增加而增大。

④隧道压缩破坏特征。

走滑断层错动-地震动联合作用下，隧道压损伤特征（取横断面 8 测点平均值）如图 3-27 所示。

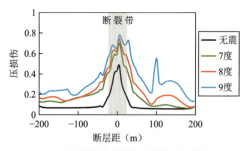

图 3-27　走滑断层错动下隧道压损伤特征

由图 3-27 可知，逆断层错动下，随着断层距的增大，压损伤逐渐增大并在断层面附近达到峰值，随后逐渐减小，当断层距超过 50m 后趋于收敛。

走滑断层错动-地震动联合作用下，隧道拱顶、右拱腰、仰拱、左拱腰压损伤特征如图 3-28 所示。

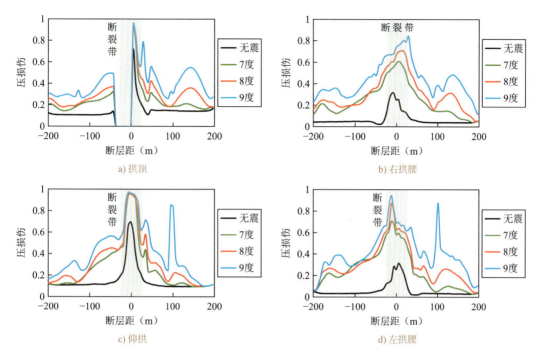

图 3-28 走滑断层错动下隧道各部位压损伤特征

由图 3-28 可知，隧道各部位拉损伤峰值均位于断层面附近，以压损伤 0.65 作为控制值，当地震烈度大于等于 7 度后各部位均发生破坏，且破坏范围及程度随着地震烈度的增加而增大。

⑤隧道设防范围。

根据以上计算结果，走滑断层错动-地震动作用下隧道设防范围见表 3-4。

走滑断层错动-地震动作用下隧道设防范围统计　　　　表 3-4

错动量（m）	地震烈度	破坏范围（m）			
		剪切破坏	拉伸破坏	压缩破坏	合计
0.1m	7	12	0	17	29
	8	27	15	36	78
	9	39	29	55	123

由表 3-4 可知，在错动量 0.1m 走滑断层错动-地震动联合作用下，当地震烈度大于等于 7 度后，隧道发生破坏，且破坏范围随着地震烈度的增加而增大。

（2）正断层

①隧道变形特征。

正断层错动-地震动联合作用下，隧道水平向、竖向及纵向变形特征（取横断面 8 测点平均值）如图 3-29 所示。

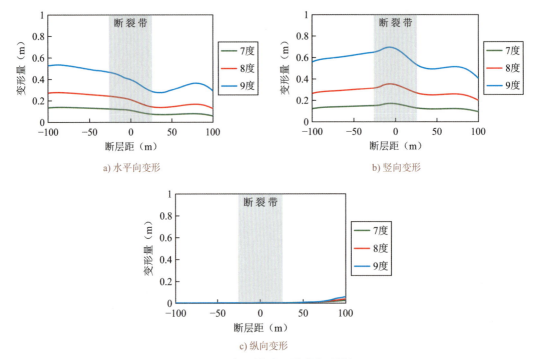

图 3-29 正断层错动下隧道变形特征

由图 3-29 可知，正断层错动-地震动联合作用下，隧道变形沿断层面对称，主要发生水平向及竖向变形，而纵向变形及竖向变形较小，隧道水平向变形及竖向变形均呈"S"形。

②隧道剪切破坏特征。

正断层错动-地震动联合作用下，隧道剪切应变特征（取横断面 8 测点平均值）如图 3-30 所示。

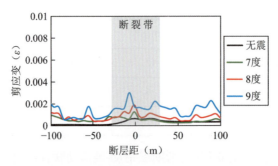

图 3-30 正断层错动下隧道剪应变特征

由图 3-30 可知，正断层错动-地震动联合作用下，剪应变峰值位于断层面处，随着断层距的增大，剪应变逐渐减小，当断层距超过 50m 后趋于收敛。

正断层错动-地震动联合作用下，隧道拱顶、右拱腰、仰拱、左拱腰剪应变特征如图 3-31 所示。

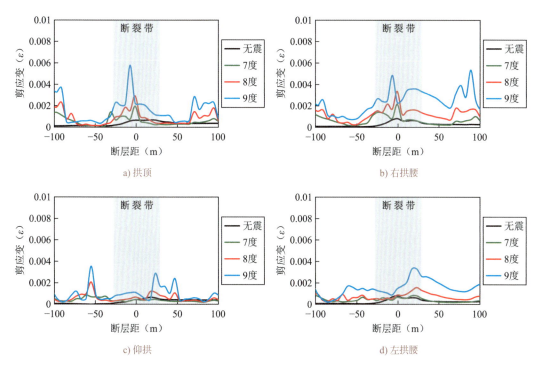

图 3-31 正断层错动下隧道各部位剪应变特征

由图 3-31 可知，隧道各部位剪应变峰值均位于断层面附近，表明隧道在断层面附近承受较大剪应变。以剪应变 $257\mu\varepsilon$ 为控制值，当地震烈度大于等于 8 度后各部位均发生破坏，且破坏范围及程度随着地震烈度的增加而增大。

③隧道拉伸破坏特征。

正断层错动-地震动联合作用下，隧道拉损伤特征（取横断面 8 测点平均值）如图 3-32 所示。

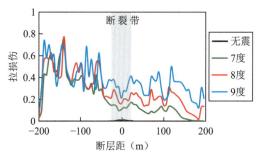

图 3-32 正断层错动下隧道拉损伤特征

由图 3-32 可知，正断层错动-地震动联合作用下，随着断层距的增大，拉损伤逐渐增大并在断裂带附近达到峰值。

正断层错动-地震动联合作用下，隧道拱顶、右拱腰、仰拱、左拱腰拉损伤特征如图 3-33 所示。

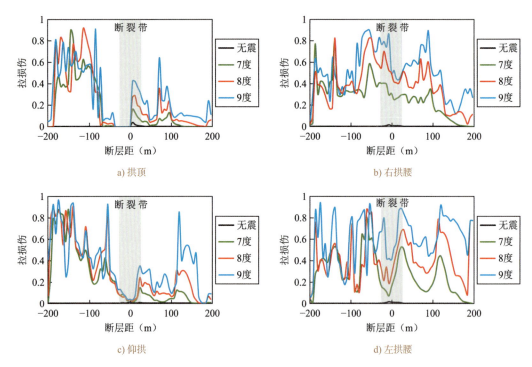

图 3-33 正断层错动下隧道各部位拉损伤特征

由图 3-33 可知，隧道各部位剪应变峰值均位于断裂带附近，以拉损伤 0.79 作为控制值，当地震烈度大于等于 7 度后各部位均发生破坏，且破坏范围及程度随着地震烈度的增加而增大。

④隧道压缩破坏特征。

正断层错动-地震动联合作用下，隧道压损伤特征（取横断面 8 测点平均值）如图 3-34 所示。

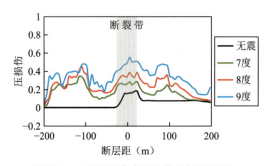

图 3-34 正断层错动下隧道压损伤特征

由图 3-34 可知，逆断层错动下，随着断层距的增大，压损伤逐渐增大并在断层面附近达到峰值，随后逐渐减小，当断层距超过 100m 后趋于收敛。

正断层错动-地震动联合作用下，隧道拱顶、右拱腰、仰拱、左拱腰压损伤特征如图 3-35 所示。

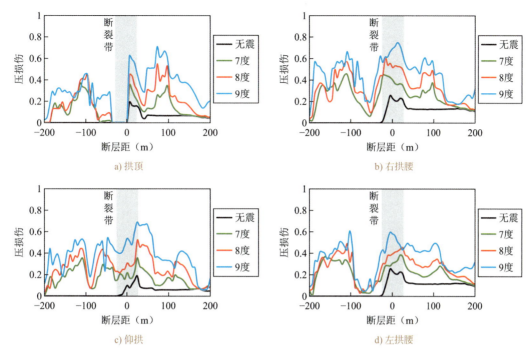

图 3-35 正断层错动下隧道各部位压损伤特征

由图 3-35 可知，隧道各部位拉损伤峰值均位于断层面附近，以压损伤 0.65 作为控制值，当地震烈度大于等于 9 度后各部位均发生破坏，且破坏范围及程度随着地震烈度的增加而增大。

⑤隧道设防范围。

根据以上计算结果，正断层错动-地震动作用下，隧道设防范围见表 3-5。

正断层错动-地震动作用下隧道设防范围统计　　表 3-5

错动量 (m)	地震烈度	破坏范围（m）			
		剪切破坏	拉伸破坏	压缩破坏	合计
0.1m	7	8	0	12	20
	8	18	12	32	62
	9	32	24	50	106

由表 3-5 可知，在错动量 0.1m 正断层错动-地震动联合作用下，当地震烈度大于等于 7 度后，隧道发生破坏，且破坏范围随着地震烈度的增加而增大。

（3）逆断层

①隧道变形特征。

逆断层错动-地震动联合作用下，隧道水平向、竖向及纵向变形特征（取横断面 8 测点平均值）如图 3-36 所示。

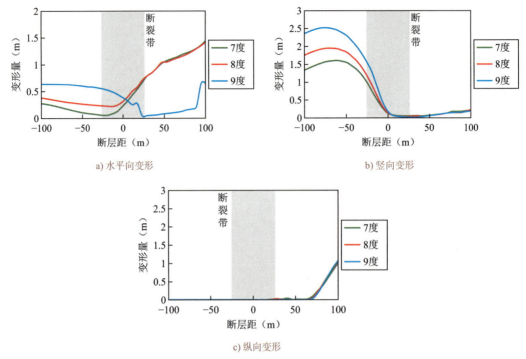

图 3-36 逆断层错动下隧道变形特征

由图 3-36 可知，逆断层错动-地震动联合作用下，隧道变形沿断层面对称，主要发生水平向及竖向变形，而纵向变形及竖向变形较小，隧道水平向变形及竖向变形均呈"S"形。

②隧道剪切破坏特征。

逆断层错动-地震动联合作用下，隧道剪切应变特征（取横断面 8 测点平均值）如图 3-37 所示。

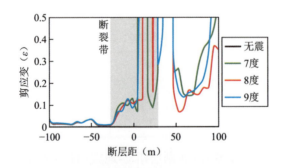

图 3-37 逆断层错动下隧道剪应变特征

由图 3-37 可知，逆断层错动-地震动联合作用下，剪应变峰值位于断层面处，随着断层距的增大，剪应变逐渐减小，当断层距超过 50m 后趋于收敛。

逆断层错动-地震动联合作用下，隧道拱顶、右拱腰、仰拱、左拱腰剪应变特征如图 3-38 所示。

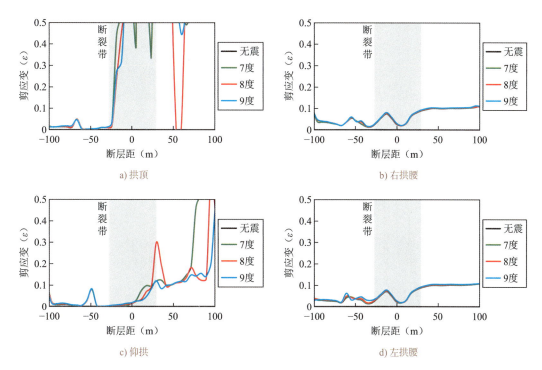

图 3-38 逆断层错动下隧道各部位剪应变特征

由图 3-38 可知，隧道各部位剪应变峰值均位于断层面附近，表明隧道在断层面附近承受较大剪应变。以剪应变 $257\mu\varepsilon$ 为控制值，当地震烈度大于等于 7 度后各部位均发生破坏，且破坏范围及程度随着地震烈度的增加而增大。

③隧道拉伸破坏特征。

逆断层错动-地震动联合作用下，隧道拉损伤特征（取横断面 8 测点平均值）如图 3-39 所示。

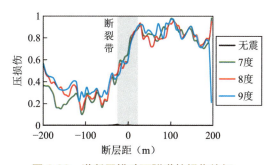

图 3-39 逆断层错动下隧道拉损伤特征

由图 3-39 可知，逆断层错动-地震动联合作用下，随着断层距的增大，拉损伤逐渐增大并在断裂带附近达到峰值，随后逐渐减小，当断层距超过 100m 后趋于收敛。

逆断层错动-地震动联合作用下，隧道拱顶、右拱腰、仰拱、左拱腰拉损伤特征如图 3-40 所示。

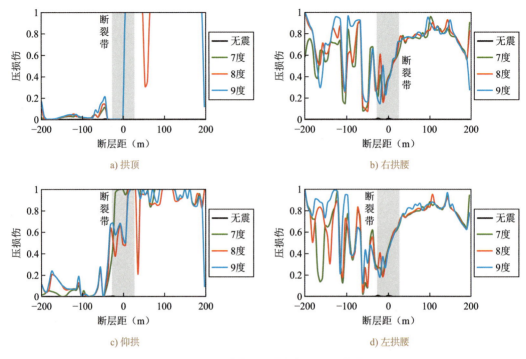

图 3-40 逆断层错动下隧道各部位拉损伤特征

由图 3-40 可知，隧道各部位剪应变峰值均位于断裂带附近，以拉损伤 0.79 作为控制值，当地震烈度大于等于 7 度后各部位均发生破坏，且破坏范围及程度随着地震烈度的增加而增大。

④隧道压缩破坏特征。

逆断层错动-地震动联合作用下，隧道压损伤特征（取横断面 8 测点平均值）如图 3-41 所示。

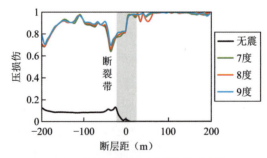

图 3-41 逆断层错动下隧道压损伤特征

由图 3-41 可知，逆断层错动下，随着断层距的增大，压损伤逐渐增大并在断层面附近达到峰值，随后逐渐减小，当断层距超过 100m 后趋于收敛。

逆断层错动-地震动联合作用下，隧道拱顶、右拱腰、仰拱、左拱腰压损伤特征如图 3-42 所示。

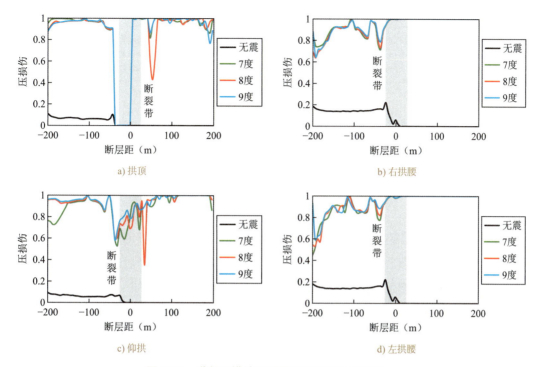

图 3-42 逆断层错动下隧道各部位压损伤特征

由图 3-42 可知，隧道各部位拉损伤峰值均位于断层面附近，以压损伤 0.65 作为控制值，当地震烈度大于等于 7 度后各部位均发生破坏，且破坏范围及程度随着地震烈度的增加而增大。

⑤隧道设防范围。

根据以上计算结果，逆断层错动-地震动作用下，隧道设防范围见表 3-6。

逆断层错动-地震动作用下隧道设防范围统计　　表 3-6

错动量 (m)	地震烈度	破坏范围（m）			
		剪切破坏	拉伸破坏	压缩破坏	合计
0.1m	7	23	0	25	48
	8	34	36	34	104
	9	65	45	53	163

由表 3-6 可知，在错动量 0.1m 逆断层错动-地震动联合作用下，当地震烈度大于等于 7 度后，隧道发生破坏，且破坏范围随着地震烈度的增加而增大。

3.1.2　基于震害调查的设防分区范围

根据现场震害调查，得出 1·8 门源地震、5·12 汶川地震穿越活动断裂带 6 座隧道核心段长度统计结果见表 3-7。

穿越活动断裂带隧道核心段长度　　表 3-7

隧道名称	地震烈度	埋深（m）	断裂带倾角（°）	断裂带宽度（m）	核心段长度（m）
大梁隧道	9	200	84	280	350
龙溪隧道	11	230	82	10	200
白云顶隧道	10	25	42	—	29
龙洞子隧道	11	15	—	10	68
酒家垭隧道	9	141	57	64	85
友谊隧道				0.5	50

由表 3-7 可知，在错动-地震动联合作用下，穿越活动断裂带隧道的核心段长度变化较大，经统计分析得出核心段（$L_{p1}+D+L_{p2}$，其中 L_{p1} 和 L_{p2} 分别为断层面两侧的错震联合作用段长度，D 为断裂带宽度）集中在断裂带及断裂带边缘向外侧延伸 11～200m 范围内。实际工程中，为安全考虑，可分别对两侧范围进行计算，最终取大值。

3.1.3　基于地层变形范围统计的设防分区范围

基于活动断裂带地层变形范围统计（见 4.2 节），得出穿越活动断裂带隧道核心段长度（$L_{p1}+D+L_{p2}$）计算公式为：

$$L_{p1}+D+L_{p2}=\max\left(\frac{11.09 u_{\text{竖向 max}}^{0.44}}{\sin\beta},\frac{5.04 u_{\text{水平 max}}^{0.24}}{\sin\beta}\right)\times 2 + D \tag{3-1}$$

式中：$u_{\text{竖向 max}}$、$u_{\text{水平 max}}$——断层在竖向、水平向的最大位错量，m；

　　　　β——隧道-断层交角，（°）；

　　　　D——断裂带宽度，m。

与模型试验进行对比，断层与隧道交角为 76°，断层倾角为 76°，正断 1m，走滑 3m，位错试验后节段衬砌结构整体位错变形如图 3-43 所示。

a）位错后衬砌结构整体位错变位图

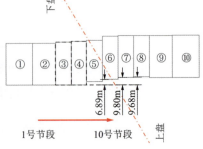
b）位错后衬砌结构整体位错变位素描示意

图 3-43　位错后衬砌结构整体位错变形

静力位错试验后二次衬砌节段裂缝纵向分布如图 3-44 所示。

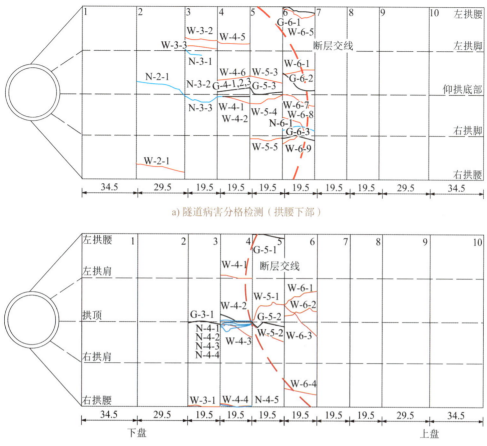

a) 隧道病害分格检测（拱腰下部）

b) 隧道病害分格检测（拱腰上部）

图 3-44　隧道裂缝分布图（尺寸单位：cm）

蓝线-衬砌内部裂缝；红线-衬砌外部裂缝；黑线-内外侧贯穿重叠裂缝

根据图 3-44 可知，节段 2 上的裂缝长度为 29.5cm，数量为 2 条；节段 3～6 上的裂缝长度均为 19.5cm，数量为 37 条，所有裂缝均为贯穿裂缝。在正断 1m 和左旋 3m 后，出现贯通裂缝的严重震害段长度约 78cm，按照几何相似比 1∶30 换算后，核心段长度 $L_{p1}+L_{p2}$ 约为 23.4m，这一数值与理论计算方法所得 22.86m 吻合较好。

3.2　穿越活动断裂带隧道强烈及一般影响段设防分区范围

分别调研了国内的 1·8 门源地震，以及土耳其、美国等国家的隧道震害范围。

（1）1·8 门源地震大梁隧道震害范围

1·8 门源地震大梁隧道洞身主体结构地震破坏情况统计见表 3-8。

大梁隧道洞身主体结构地震破坏情况统计　　　　　表 3-8

序号	运营里程范围	长度（m）	原设防烈度	调整后烈度	震害数量
1	K1965+538～K1967+418	1880	7	8	73 处
2	K1967+418～K1968+308	890	7	9	21 处
3	K1968+308～K1968+808	500	7	9	9 处
4	K1968+808～K1969+938	1130	7	9	35 处
5	K1969+938～K1971+188	1250	7	9	133 处
6	K1971+188～K1972+088	900	7	9	63 处

从表 3-8 可以看出，大梁隧道出现严重震害的段落主要集中在 K1969+938～K1971+188 和 K1971+188～K1972+088 区段，极严重破坏段长度 900m，严重影响段长度为 1250m，总的范围达到 2150m。

（2）国外其他地震隧道（洞）震害统计

土耳其 Bolu 隧道是一座长 3km 的双洞高速公路隧道，轴线穿越 Zekidagi 和 Bakacak 活动断层。Zekidagi 断层与隧道轴线接近正交，影响范围为 25～30m。Bakacak 断层与隧道轴线呈 40°相交，影响范围约 100m。

伊朗 Koohrang-III 输水隧洞长 23.4km，直径 4m，沿线至少穿越了 4 条断裂带。最大断裂带名为 Zarab 断裂，隧洞受其影响段长约 300m。

美国旧金山 Claremont 输水隧洞中，Hayward 断裂带与隧洞轴线呈近垂直相交，且该断裂带还存在次级断裂带，隧洞受其影响段长约 280m。

综合 1·8 门源地震及国内外其他工程的调研结果，经统计分析得出强烈影响段及一般影响段（L_s+L_e，L_{s1} 和 L_{s2} 分别为强烈影响段和一般影响段长度）集中在错动-地震动联合作用段向外侧延伸 100～600m 范围内。实际工程中，为安全考虑，可分别对两侧范围进行计算，最终取大值。

第4章
活动断裂带地层错动变形特征及计算方法

为给穿越活动断裂带隧道设计提供错动变形输入参数，本章采用资料调研及理论分析等方法，基于45组活动断裂带地层变形实测数据，明确了活动断裂带地层三向错动变形特性，提出了活动断裂带地层三向错动变形模式及计算方法。

4.1 活动断裂带地层错动变形特征

4.1.1 模型试验

文献[219]在黏土地层中开展了正、逆断层错动离心模型试验（80g），错动量约2.2m，断层倾角为60°，试验结果如图4-1所示。

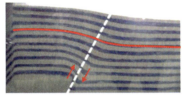

a) 正断层错动下地层变形　　　　　　b) 逆断层错动下地层变形

c) 正断层错动下地表裂缝　　　　　　d) 逆断层错动下地表裂缝

图 4-1　正、逆断层错动下地层竖向变形及裂缝分布[219]

由图4-1可知，正、逆断层错动下，地层变形模式呈"S"形，且随着断层距的增大曲线斜率逐渐减小，最终趋于平缓。其中，正断层错动引起的地层变形范围约为53m，逆断层错动引起的地层变形范围约为64m，逆断层的影响范围比正断层的影响范围更广。

文献[60]开展了走滑断层错动下隧道及地层力学响应模型试验，错动量为50mm（原型状态下为2m）试验结果如图4-2所示。

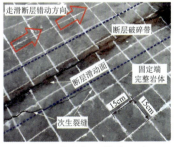

由图4-2可知，地层在断层滑动面两侧的位移出现明显的不连续性，在断层破碎带内部以及断层破碎带与固定端地层的交界面处有明显的次生裂缝产生，裂缝由箱体前端部延伸至中间位置处，其中裂缝最宽处约为5mm。

图 4-2　走滑断层错动下地层水平向变形模式[60]

4.1.2 理论分析

目前，国内外学者采用弹性理论、晶体理论等方法，提出了多种断裂带错动下地层变形计算模型。其中，Okada[87,90]所提出的计算模型应用最为广泛。该模型中断层长度为L、断层宽度为W、断层底部深度为C、断层倾角为δ、断层错动矢量为U（U_1、U_2、U_3），如图4-3所示。

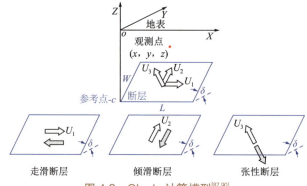

图4-3 Okada计算模型[87,90]

以1·8门源地震发震断层F5断层为例，分析地层变形规律，根据相关参考文献，计算参数见表4-1。

1·8门源地震F5断层计算参数　　表4-1

断层类型	断层长度（km）	断层宽度（km）	断层深度（km）	断层倾角（°）	错动矢量（m）	拉梅常数λ、μ
左旋走滑	25	10	5	84	3,0,0	0.25

F5断层错动下地层竖向（Z向）、水平向（X向）、纵向变形（Y向）如图4-4所示。

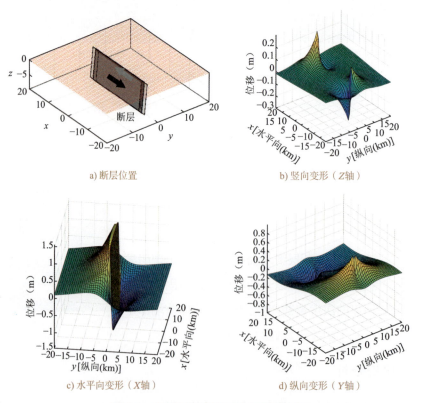

图4-4 走滑断层错动下地层变形特征

大梁隧道穿越 F5 断层，隧道最大埋深为 800m，隧道与断层的交角为 70°，如图 4-5 所示。

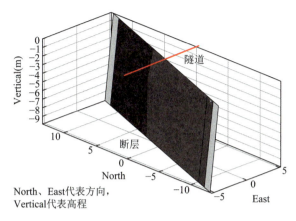

图 4-5 F5 断层与大梁隧道位置关系

F5 断层错动下隧道所在位置地层变形如图 4-6 所示。

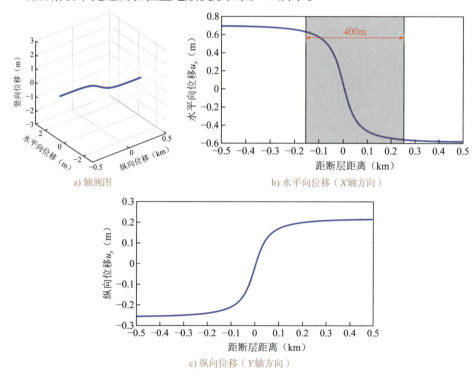

图 4-6 F5 断层错动下大梁隧道变形模式

由图 4-6 可知，断裂带错动下地层产生了水平向及纵向变形，变形模式为"S"形，其中断层面附近 400m 范围内变形显著，与现场调研所得 350m 严重震害范围接近。

4.1.3 现场测试

调研得到断裂带错动下地层变形实测曲线 45 条，主要来自 5·11 新疆塔什库尔干地震、2·12于田地震、11·14昆仑山地震、5·12汶川地震。其中包括逆断层、逆断兼右旋走滑断层两种断裂带类型，见表4-2。

断裂带错动作用下地层变形数据统计　　　　　　　　　　　　　　表4-2

断裂带类型	数据量（组）	变形方向	地震名称	震级	最大变形量（m）
正断层	6	竖向u_z	新疆塔什库尔干地震[220,221]	7.0	1.0～15.68
	2		于田地震[222]	7.3	1.2～2.3
	2		昆仑山地震[223]	8.1	0.77～4.5
逆断兼右旋走滑断层	26	竖向u_z	5.12汶川地震[184,224-227]	8.0	0.99～10.02
	9	水平向u_x	5.22玛多地震[228] 唐山地震[229]		0.78～8.9

逆断层错动下地层竖向变形如图4-7所示。

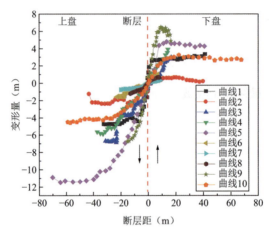

图4-7　逆断层错动下地层竖向变形u_z

由图4-7可知，逆断层错动下，地层竖向变形在断层面处曲线斜率最大，随着断层距y增大变形曲线斜率逐渐减小，地层变形量随着断层距的增加而逐渐增大，最终趋于收敛。

逆断兼右旋走滑断层错动下地层竖向变形如图4-8所示。

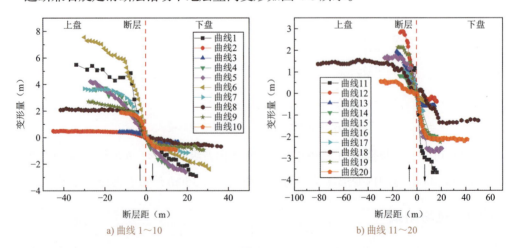

a) 曲线1～10　　　　　　　　　　　b) 曲线11～20

图　4-8

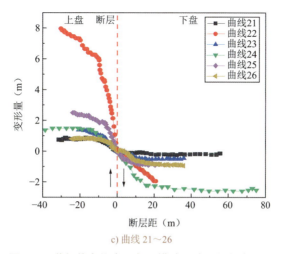

c) 曲线21~26

图 4-8 逆断兼右旋走滑断层错动下地层竖向变形 u_z

由图 4-8 可知，逆断兼右旋走滑断层错动下，由逆断层分量所导致的地层竖向变形在断层面处曲线斜率最大，随着断层距 y 增大，变形曲线斜率逐渐减小，地层变形量随着断层距的增加而逐渐增大，最终趋于收敛。

逆断兼右旋走滑断层错动下地层水平向变形如图 4-9 所示。

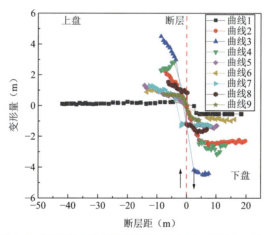

图 4-9 逆断兼右旋走滑断层错动下地层水平向变形 u_x

由图 4-9 可知，逆断兼右旋走滑断层错动下，由走滑断层分量所导致的地层水平向变形在断层面处曲线斜率最大，随着断层距 y 增大变形曲线斜率逐渐减小，地层变形量随着断层距的增加而逐渐增大，最终趋于收敛。

由图 4-7~图 4-9 可知，断裂带错动下，地层变形呈"S"形，随着断层距的增大，地层变形先增大，然后逐渐收敛，曲线形式主要由变形范围和最大错动量两个参数决定。

采用搜集的断裂带地层变形曲线拟合断裂带地层变形计算公式。其中正断层实测曲线10条，逆断层实测曲线26条，走滑断层实测曲线9条。选取正断层实测曲线1~9、逆断层实测曲线1~25及走滑断层实测曲线1~8拟合计算公式，选取正断层实测曲线10、逆断层实测曲线 26 及走滑断层实测曲线 9 对所得到的计算公式进行验证。各实测曲线具体信息见附录。

4.2 活动断裂带错动作用下地层变形范围计算方法

4.2.1 竖直方向（正/逆断层）变形范围计算方法

分别提取正断层和逆断层实测数据中的最大错动量及实测变形范围，见表 4-3 和表 4-4。

正断层最大错动量及实测变形范围　　　　表 4-3

序号	上盘		下盘	
	错动量（m）	变形范围（m）	错动量（m）	变形范围（m）
1	−4.73	−22	3.4	5
2	−2.32	−15	0.71	12
3	−6.84	−22	3.02	16
4	−5.86	−32	3.96	14
5	−11.42	−40	4.83	8
6	−1.56	−18	1.12	5
7	−0.73	−15	0.33	9
8	−1.17	−13	0.72	7
9	−6.71	−14.83	6.50	15
10	−4.53	−25	3.31	20

逆断层最大错动量及实测变形范围　　　　表 4-4

序号	上盘		下盘	
	错动量（m）	变形范围（m）	错动量（m）	变形范围（m）
1	5.53	−20	−2.87	22
2	0.53	−10	−0.46	7
3	0.45	−7	−0.41	6
4	3.82	−20	−2.17	11
5	4.24	−25	−2.60	15
6	7.57	−30	−2.39	31
7	3.69	−18	−1.15	17
8	2.20	−8	−0.66	17
9	2.74	−28	−0.94	5
10	1.92	−12	−0.93	8
11	1.28	−7	−3.65	16
12	2.88	−13	−0.40	5
13	1.97	−16	−0.59	5
14	0.82	−10	−2.04	13

续上表

序号	上盘		下盘	
	错动量（m）	变形范围（m）	错动量（m）	变形范围（m）
15	1.73	−14	−2.69	13
16	0.31	−4	−0.50	9.5
17	1.09	−11	−0.83	5
18	1.55	−16	−1.38	15
19	2.14	−13	−2.25	15
20	0.58	−13	−2.20	15
21	0.89	−10	−0.22	5
22	7.98	−30	−1.94	20
23	1.39	−20	−0.53	10
24	1.49	−13	−2.59	20
25	2.50	−20	−0.91	10
26	0.85	−10	−0.94	10

将正断层和逆断层的最大错动量和实测变形范围取绝对值，然后拟合得到竖直方向变形范围i和最大错动量之间的关系，如图4-10所示。

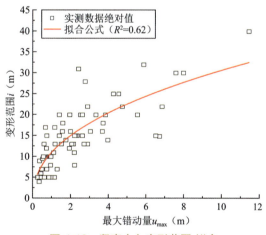

图4-10 竖直方向变形范围i拟合

拟合公式为：

$$i_{1z} = 11.09 u_{1z\max}^{0.44} \tag{4-1}$$

$$i_{2z} = 11.09 u_{2z\max}^{0.44} \tag{4-2}$$

式中：i_{1z}——活动断裂带竖向上盘地层变形范围，m；

i_{2z}——活动断裂带竖向下盘地层变形范围，m；

$u_{1z\max}$——活动断裂带竖向上盘最大错动量，m；

$u_{2z\max}$——活动断裂带竖向下盘最大错动量，m。

4.2.2 水平方向（走滑断层）变形范围计算方法

提取走滑断层实测数据中的最大错动量及实测变形范围见表4-5。

走滑断层最大错动量及实测变形范围　　表4-5

序号	上盘		下盘	
	错动量（m）	变形范围（m）	错动量（m）	变形范围（m）
1	0.26	−4	−0.52	5
2	2.39	−8	−2.53	5
3	4.51	−9	−4.49	5
4	2.85	−5	−3.17	6
5	1.33	−8	−1.4	5
6	1	−10	−0.9	6
7	1.1	−8	−1.2	5
8	1.4	−5	−1.6	5
9	0.74	−4	−0.93	4

将走滑断层的最大错动量和实测变形范围取绝对值，然后拟合得到水平方向变形范围i和最大错动量之间的关系，如图4-11所示。

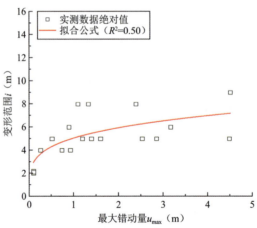

图4-11　竖直方向变形范围i拟合

拟合公式为：

$$i_{1x} = 5.04 u_{1x\max}^{0.24} \tag{4-3}$$

$$i_{2x} = 5.04 u_{2x\max}^{0.24} \tag{4-4}$$

式中：i_{1x}——活动断裂带水平向上盘地层变形范围，m；

i_{2x}——活动断裂带水平向下盘地层变形范围，m；

$u_{1x\max}$——活动断裂带水平向上盘最大错动量，m；

$u_{2x\max}$——活动断裂带水平向下盘最大错动量，m。

4.3 活动断裂带错动作用下地层三向变形计算方法

结合地层变形曲线的影响因素及特征，确定本次拟合的原则为：保证拟合曲线能达到最大错动量；保证拟合曲线能表示出地层变形范围；保证拟合曲线与拟合数据具有较高的相关系数。

4.3.1 地层变形实测数据归一化

为了便于拟合，将调研所得数据分别减去对应的上盘最大变形量$u_{1\max}$和下盘最大变形量$u_{2\max}$，以符合实际。同时由于各测线所处地理位置、地形条件不同，数据存在一定的离散性，因此需要对数据进行归一化处理。上盘和下盘分开归一化，其中，变形量u采用上下盘最大变形量$u_{1\max}$和$u_{2\max}$进行归一化，断层距y采用上下盘最大变形范围$i_{1\max}$和$i_{2\max}$进行归一化。定义地层最大变形量$u_{1\max}$和$u_{2\max}$与最大变形范围$i_{1\max}$和$i_{2\max}$示意如图 4-12 所示。

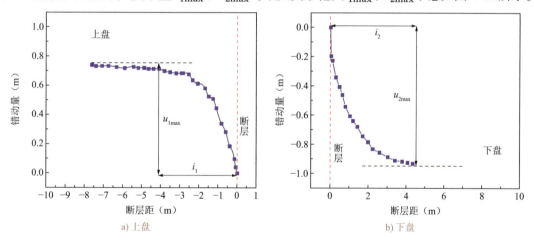

图 4-12 地层最大变形量与最大变形范围示意图

采用最大变形量$u_{\max}$、最大变形范围$i_{\max}$对地层变形u_z、断层距y进行归一化，得到归一化变形量$\bar{u}_z$、$\bar{y}$：

$$\bar{u}_{1z} = \frac{u_{1z}}{u_{1z\max}} \tag{4-5}$$

$$\bar{u}_{2z} = \frac{u_{2z}}{u_{2z\max}} \tag{4-6}$$

$$\bar{y}_1 = \frac{y}{i_{1z}} \tag{4-7}$$

$$\bar{y}_2 = \frac{y}{i_{2z}} \tag{4-8}$$

式中：$\bar{u}_{1z}$——断层距为y处的归一化后上盘地层变形，m；

$\bar{u}_{2z}$——断层距为y处的归一化后下盘地层变形，m；

u_{1z}——断层距为y处的上盘地层变形，m；

u_{2z}——断层距为y处的下盘地层变形，m；

$\bar{y}_1$——归一化后上盘断层距，m；

$\bar{y}_2$——归一化后下盘断层距，m；

y——断层距，m。

归一化后，最大错动量发生在断层面处，随着断层距y的增大，地层变形逐渐减小，且斜率逐渐减小；当断层距超过最大变形范围后，地层变形达到最小值，此后基本不变，如图 4-13 所示。

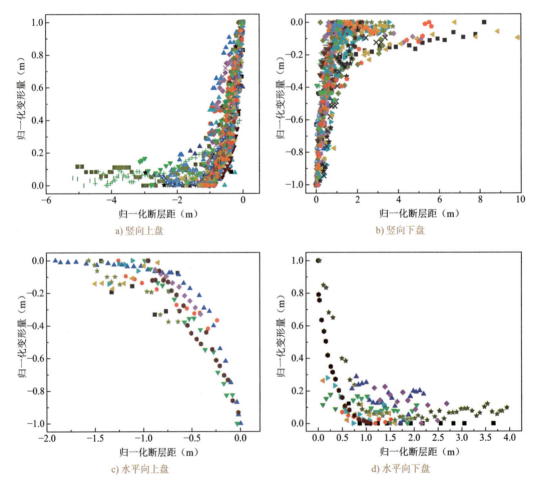

图 4-13 归一化数据

4.3.2 错动作用下地层竖向变形计算方法

对归一化后的上盘实测地层竖向变形数据，选取 3 种函数形式进行拟合，拟合结果见图 4-14 和表 4-6。

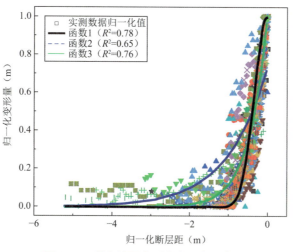

图 4-14 竖向地层变形上盘拟合示意图

拟合函数对比　　　　　　　　　　　　　　　　　表 4-6

序号	函数形式	相关系数
1	$\bar{u}_z = e^{\frac{-\bar{y}^2}{0.19}}$	0.78
2	$\bar{u}_z = e^{y-0.33}$	0.65
3	$\bar{u}_z = 0.97 \times 8.92^y$	0.76

根据表 4-6 选取相关系数最高的函数 1 作为竖向上盘归一化地层变形公式：

$$\bar{u}_{1z} = e^{\frac{-\bar{y}_\text{上}^2}{0.19}} \tag{4-9}$$

对归一化地层变形公式的最大错动量和变形范围进行换算，得到上盘地层竖向变形公式：

$$u_{1z} = \pm u_{1z\max}\left(e^{-\frac{y^2}{0.19 i_{1z}^2}}\right) \tag{4-10}$$

式中，±表示当活动断裂带类型为正断层时取+，为逆断层时取−。

将所得到的实际拟合公式计算值与实测地层变形曲线对比，如图 4-15、图 4-16 所示，拟合公式计算值与实测值吻合较好。

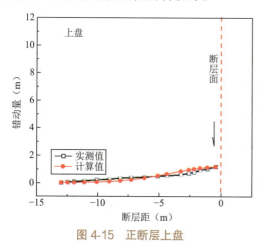

图 4-15　正断层上盘　　　　　　　图 4-16　逆断层上盘

同理，对下盘归一化后的实测地层竖向变形数据进行拟合，如图 4-17 所示。

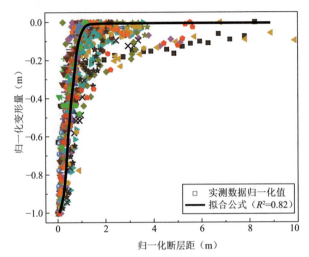

图 4-17　竖向地层变形下盘拟合示意图

根据图 4-17 得到下盘归一化公式：

$$\bar{u}_{2z} = -e^{\frac{-\bar{y}_2^2}{0.31}} \tag{4-11}$$

通过换算得到下盘地层竖向变形公式：

$$u_{2z} = \pm u_{2z\max}\left(e^{-\frac{y^2}{0.31 i_{2z}^2}}\right) \tag{4-12}$$

式中，±表示当活动断裂带类型为正断层时取+，为逆断层时取−。

将所得到的实际拟合公式计算值与实测地层变形曲线对比，如图 4-18、图 4-19 所示，拟合公式计算值与实测值吻合较好。

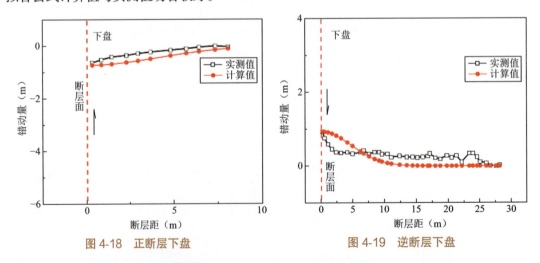

图 4-18　正断层下盘　　　　　　图 4-19　逆断层下盘

4.3.3　错动作用下地层水平向变形计算方法

对归一化后的上盘实测地层水平向变形数据进行拟合，如图 4-20 所示。

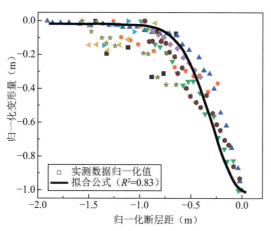

图 4-20　水平向地层变形上盘拟合示意图

根据图 4-20 得到上盘归一化公式：

$$\bar{u}_{1x} = -e^{\frac{-\bar{y}_1^2}{0.18}} \quad (4\text{-}13)$$

换算得到上盘地层水平向变形公式：

$$u_{1x} = \pm u_{1x\max}\left(e^{-\frac{y^2}{0.18 i_{1x}^2}}\right) \quad (4\text{-}14)$$

式中，±表示当活动断裂带类型为左旋走滑断层时取+，为右旋走滑断层时取−。

将所得到的实际拟合公式计算值与实测地层变形曲线对比，如图 4-21 所示，拟合公式计算值与实测值吻合较好。

对归一化后的实测下盘地层水平向变形数据进行拟合如图 4-22 所示。

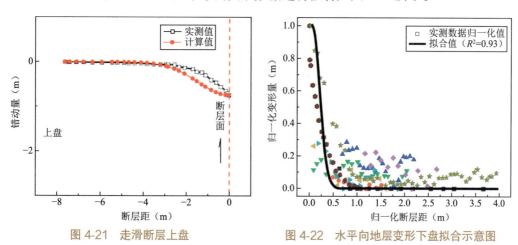

图 4-21　走滑断层上盘　　　　图 4-22　水平向地层变形下盘拟合示意图

根据图 4-22 得到下盘归一化公式：

$$\bar{u}_{2x} = e^{\frac{-\bar{y}_2^2}{0.05}} \quad (4\text{-}15)$$

换算得到实际水平向上盘地层变形公式：

$$u_{2x} = \pm u_{2x\max}\left(e^{-\frac{y^2}{0.05 i_{2x}^2}}\right) \tag{4-16}$$

式中，±表示当活动断裂带类型为左旋走滑断层时取+，为右旋走滑断层时取−。

将所得到的实际拟合公式计算值与实测地层变形曲线对比，如图 4-23 所示，拟合公式计算值与实测值吻合较好。

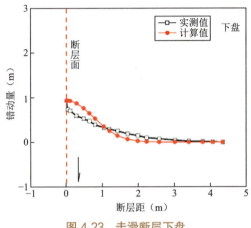

图 4-23 走滑断层下盘

4.3.4 错动作用下地层纵向变形计算方法

在活动断裂带发生错动后，调查人员所获得的地层变形竖向和水平向的实测调研数据往往较为翔实，而对于纵向变形曲线数据由于其测量的困难，实际记录的纵向地层变形曲线数据几乎没有，通常是根据断裂带类型、断层倾角等参数确定出总的纵向伸长量或缩短量，见表 4-7。

5·12 汶川地震同震变形统计   表 4-7

观测点	水平向变形（m）	竖向变形（m）	断层倾角（°）	纵向变形（m）
小鱼洞西	2.15	1.36	37	1.84
小鱼洞东	2.71	1.51	32	2.44
清平	2.58	3.70	61	2.01
白鹿中心学校	1.63	2.00	51	1.63

根据表 4-7 可知，断层面处纵向位移缩短或拉伸的量，与断层的倾角和垂直方向上的位移有关，断层面处活动断裂带纵向地层变形与竖向地层变形的比值为断层倾角的正切值（以上盘为例说明）：

$$u_{1y\max} = \frac{u_{1z\max}}{\tan\alpha} \tag{4-17}$$

式中：α——活动断裂带的倾角，（°）；

$u_{1y\max}$——活动断裂带上盘纵向最大错动量,m。

当断层距超过竖向变形范围外时,纵向地层变形为 0。因此可得到活动断裂带纵向地层变形计算公式为:

$$u_{1y} = \pm \frac{u_{1z\max}}{\tan \alpha}\left(-\frac{1}{i_{1z}}y - 1\right) \quad (4\text{-}18)$$

$$u_{2y} = \pm \frac{u_{2z\max}}{\tan \alpha}\left(-\frac{1}{i_{2z}}y - 1\right) \quad (4\text{-}19)$$

式中:u_{1y}——断层距为 y 时的纵向上盘地层变形;

u_{2y}——断层距为 y 时的纵向下盘地层变形。

式中,±表示活动断裂带类型为正断层时取+,为逆断层时取−。

以逆断层上盘为例,地层纵向位移曲线如图 4-24 所示。

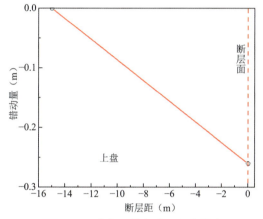

图 4-24 逆断层纵向地层位移曲线

综上,断层错断下地层变形计算公式见表 4-8。

断层错断下地层变形计算公式 表 4-8

变形方向	上盘	下盘	备注
水平向 u_x	$u_{1x} = \pm u_{1x\max}\left(-\mathrm{e}^{-\frac{y^2}{0.18 i_{1x}^2}}\right)$	$u_{2x} = \pm u_{2x\max}\left(-\mathrm{e}^{-\frac{y^2}{0.05 i_{2x}^2}}\right)$	左旋取+,右旋取−
竖向 u_z	$u_{1z} = \pm u_{1z\max}\left(-\mathrm{e}^{-\frac{y^2}{0.19 i_{1z}^2}}\right)$	$u_{2z} = \pm u_{2z\max}\left(-\mathrm{e}^{-\frac{y^2}{0.31 i_{2z}^2}}\right)$	正断层取+,逆断层取−
纵向 u_y	$u_{1y} = \pm \dfrac{u_{1z\max}}{\tan \alpha}\left(-\dfrac{1}{i_{1z}}y - 1\right)$	$u_{2y} = \pm \dfrac{u_{2z\max}}{\tan \alpha}\left(-\dfrac{1}{i_{2z}}y + 1\right)$	

第 5 章
活动断裂带近断层地震动特征及输入方法

与远场地震动相比，活动断裂带近断层地震动因具有速度脉冲、竖向地震动效应等特性，对隧道结构作用机理更为复杂，破坏更为严重，其中具有速度脉冲的近断层地震动是造成结构破坏的重要原因。本章采用资料调研及理论分析等方法，基于60余组地震动数据，探明近断层脉冲地震动和非脉冲地震动的频谱特性的特性，建立活动断裂带地震动输入方法。

5.1 近断层地震动脉冲特性

基于太平洋地震工程研究中心（Pacific Earthquake Engineering Research，PEER）地震动数据库选取强震下（震级大于5.5）断层距20km内的近断层脉冲型地震动29条和非脉冲型地震动30条，包含了来自中国、日本、伊朗、美国、意大利等国家多个强震记录，见表5-1。

选取的近断层地震动记录　　　　　　　表5-1

地震动类型	序号	地震事件	震级	断层距（km）	地震动类型	序号	地震事件	震级	断层距（km）
脉冲型	1	Tabas Iran	7.35	2.05	非脉冲型	30	Parkfield	6.19	17.64
	2	Irpinia Italy-01	6.90	8.18		31	San Fernando	6.61	19.63
	3	Westmorland	5.90	16.66		32	San Fernando	6.61	19.30
	4	Superstition Hills-02	6.54	0.95		33	Fruili Italy-03	5.50	11.98
	5	Loma Prieta	6.93	10.97		34	Tabas Iran	7.35	13.94
	6	Loma Prieta	6.93	12.82		35	CoyoteLake	5.74	19.70
	7	Cape Mendocino	7.01	8.18		36	Norcia Italy	5.90	13.28
	8	Northridge-01	6.69	5.43		37	Parkfield	6.53	15.19
	9	Northridge-01	6.69	7.26		38	Imperial Valley-06	6.53	12.69
	10	Kocaeli Turkey	7.51	13.49		39	Livermore-01	5.80	15.13
	11	Denali Alaska	7.90	2.74		40	Mammoth Lakes-01	6.06	15.46
	12	Cape Mendocino	7.01	18.31		41	Irpinia Italy-01	6.90	9.55
	13	Parkfield-02,CA	6.00	2.85		42	Corinth Greece	6.60	10.27
	14	Niigata Japan	6.63	8.93		43	Westmorland	5.90	19.26
	15	Montenegro	7.10	6.98		44	Coalinga-05	5.77	19.37
	16	Montenegro	7.10	5.76		45	New Zealand-01	5.50	11.42
	17	L'Aquila Italy	6.30	5.38		46	Morgan Hill	6.19	8.84
	18	Chuetsu-oki Japan	6.80	11.94		47	Palm Springs	6.06	13.02
	19	Darfield New Zealand	7.00	1.22		48	Chalfant Valley-01	5.77	14.24
	20	Chi-Chi	7.62	9.76		49	Whittier Narrows-01	5.99	15.13
	21	Chi-Chi	7.62	9.62		50	Chi-Chi	6.69	12.39
	22	Chi-Chi	7.62	9.94		51	Chi-Chi	6.69	9.44
	23	Chi-Chi	7.62	3.76		52	San Fernando	6.69	19.1
	24	Chi-Chi	7.62	7.64		53	Northridge	6.06	12.56
	25	Chi-Chi	7.62	0		54	Northridge	6.53	10.45
	26	Chi-Chi	7.62	5.95		55	Northridge	6.53	12.56
	27	Chi-Chi	7.62	9.78		56	Mammoth Lakes	6.53	12.69
	28	Chi-Chi	7.62	0.57		57	Imperial Valley	7.62	9.76
	29	Chi-Chi	7.62	0		58	Imperial Valley	7.62	9.62
						59	Imperial Valley	7.62	9.94

通过对所选地震波的加速度和速度进行处理，绘制加速度和速度时程曲线。限于篇幅，仅展示6条近断层地震动加速度和速度时程曲线，其中脉冲型和非脉冲型各3条，如图5-1、图5-2所示。

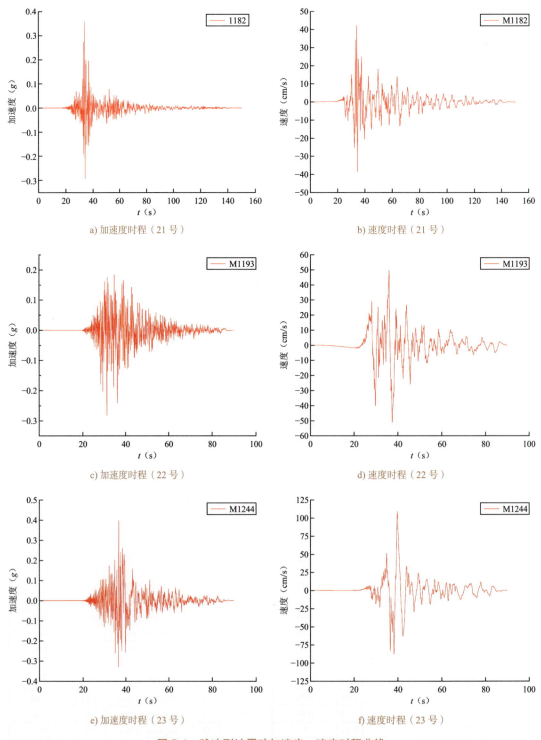

图 5-1 脉冲型地震动加速度、速度时程曲线

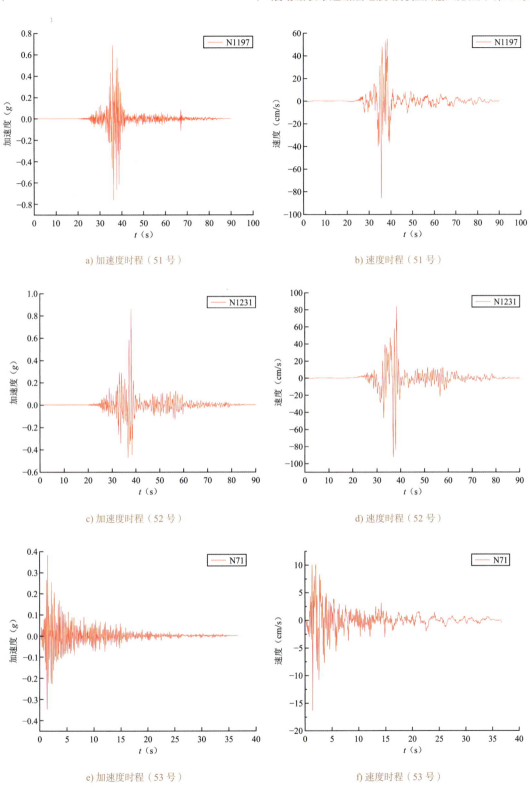

图 5-2 非脉冲型地震动加速度、速度时程曲线

地震动类型、断层距及震级之间的关系如图 5-3 所示。

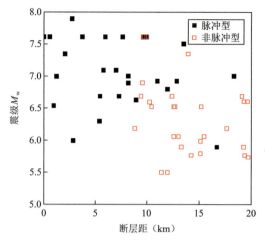

图 5-3 地震动类型、断层距及震级关系示意图

由图 5-3 可知，脉冲型地震动主要分布于距断裂带 0～10km 范围内，在此范围之外，地震动主要为非脉冲型。由于穿越活动断裂带隧道震害主要集中在断裂带两侧 4km 范围内，因此在进行穿越活动断裂带隧道地震动响应分析时，应输入脉冲型地震动。

5.2 近断层地震波频谱特性

为了进一步明确近断层地震动的频谱特性，根据表 5-1 选取地震震级较为接近的 10 条脉冲型（20～29 号地震）、非脉冲型地震动（30～59 号地震动），分析地震动加速度、速度及位移频谱特性。

5.2.1 地震动加速度频谱分析

近断层脉冲型地震动和近断层非脉冲型地震动的加速度频谱曲线如图 5-4 所示。

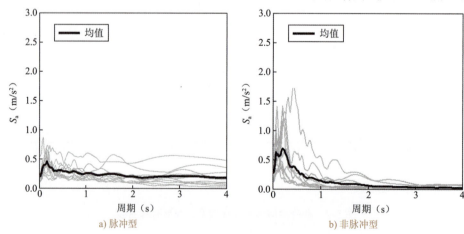

a) 脉冲型　　　　　　　　　　　b) 非脉冲型

图 5-4

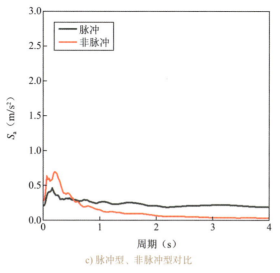

c) 脉冲型、非脉冲型对比

图 5-4 地震动加速度频谱曲线

由图 5-4 可知，频谱峰值均集中在 0~1.5s 周期段，在此周期段内加速度频谱峰值较为集中，包含了大部分地震动能量，在周期值 1.5s 以后加速度频谱幅值明显降低；近断层非脉冲加速度频谱在周期值 1.5s 呈现逐渐减小趋势并趋近于 0，而近断层脉冲型地震动在周期值 1.5s 后仍包含一定数量的幅值，由此说明，近断层脉冲型地震动会使长周期段（一般在 1.5s 以后）的加速度频谱放大，因此，脉冲型地震动对工程结构的作用机理更为复杂，破坏更为严重。

5.2.2 地震动速度频谱分析

近断层脉冲型地震动和近断层非脉冲型地震动的速度频谱曲线如图 5-5 所示。

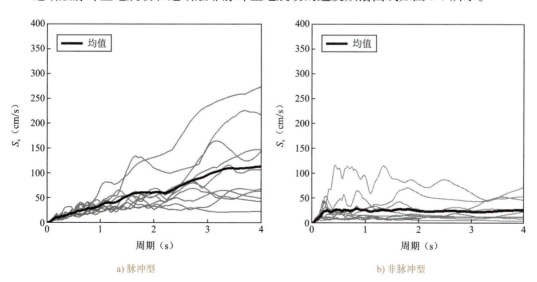

a) 脉冲型　　　　　　　　　　　　b) 非脉冲型

图 5-5

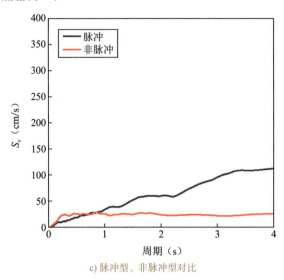

c) 脉冲型、非脉冲型对比

图 5-5 地震动速度频谱曲线

由图 5-5 可知，近断层脉冲型地震动速度频谱与近断层非脉冲型地震动速度频谱具有明显的差异，前者速度频谱峰值分布于 0～4s 周期段，并随周期增加峰值在增大，后者随周期增加峰值基本不变。总体上，近断层脉冲型地震动速度频谱峰值明显大于近断层非脉冲型地震动速度频谱峰值。

5.2.3 地震动位移频谱分析

近断层脉冲型地震动和近断层非脉冲型地震动的位移频谱曲线如图 5-6 所示。

由图 5-6 可知，近断层脉冲型地震动位移频谱峰值总体上大于非脉冲型地震动位移频谱峰值；其中近断层脉冲型地震动的位移频谱峰值随周期增大而不断增大；对于非脉冲位移频谱，地震动峰值随周期增大基本不变。

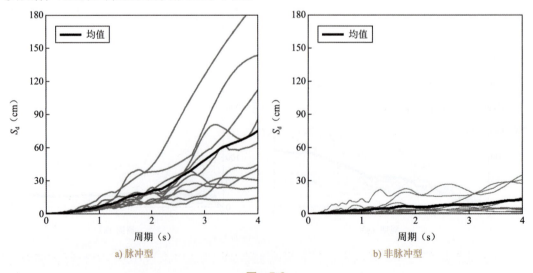

a) 脉冲型　　　　　　　　　　　　b) 非脉冲型

图 5-6

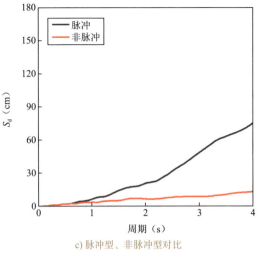

c) 脉冲型、非脉冲型对比

图 5-6　地震动位移频谱曲线

5.2.4　地震动峰值参数比较

不同断层距条件下近断层地震动频谱有效峰值加速度（EPA）、有效峰值速度（EPV）如图 5-7 所示。

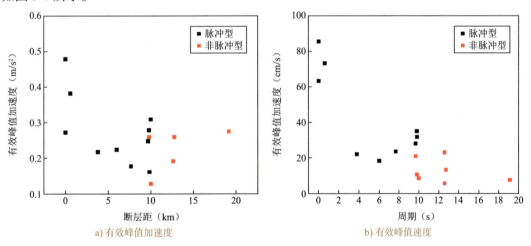

a) 有效峰值加速度　　　　　　　　　b) 有效峰值速度

图 5-7　不同断层距下地震动频谱峰值

由图 5-7 可知，随着断层距的增大，近断层地震动频谱峰值加速度、速度均显著减小，加速度、速度峰值均位于断裂带附近，导致断裂带附近隧道震害严重。

5.3　活动断裂带近断层地震动输入方法

对于地震荷载的规定我国现行相关规范主要是针对水平向地震动，在进行抗震设计时，往往缺乏工程所在地的地震动记录，即使台站收集到了大量的地震波，但今后活动断裂带引起的地面运动，也可能与以往的记录存在差异。此外，近断层地震动具有显著的竖向分量，现行相关规范虽考虑了竖向分量的影响，但众多近断层震害所收集到的地震动记录表明该取值偏小。基于此，本节通过上述所选取近断层地震动记录，通过对比分析近断层地震动水平与垂直向分量，研究水平向与垂直向的相关性，基于水平向给出垂直向地震波输入的调整系数，最后给出近断层地震波的输入方法。

5.3.1 活动断裂带近断层竖向与水平向地震动参数比值分析

根据 2.4.2 节中所选取的 20 条近断层地震动数据，采用 SeismoSignal 软件得出近断层脉冲型地震动和近断层非脉冲型地震动的水平向、竖向加速度频谱均值曲线，如图 5-8 所示。

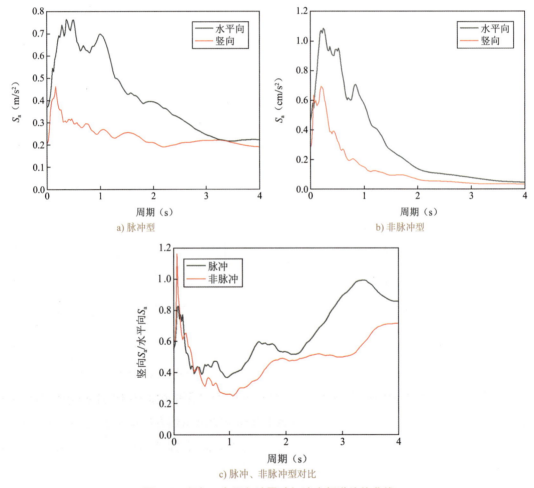

图 5-8 竖向、水平向地震动加速度频谱均值曲线

由图 5-8 可知，近断层脉冲型地震动与非脉冲型地震动的水平向加速度频谱均值均大于竖向。其中，近断层脉冲型地震动竖向、水平向加速度频谱比值为 0.4～1.0，近断层非脉冲型地震动竖向、水平向加速度频谱比值为 0.25～1.17。在 0～0.4s 周期段内，非脉冲型

地震动竖向、水平向加速度频谱比值大于脉冲型地震动，在周期 0.4s 之后，脉冲型地震动竖向、水平向加速度频谱比值大于非脉冲型地震动。

近断层脉冲型地震动和近断层非脉冲型地震动的水平向、竖向速度频谱均值曲线如图 5-9 所示。

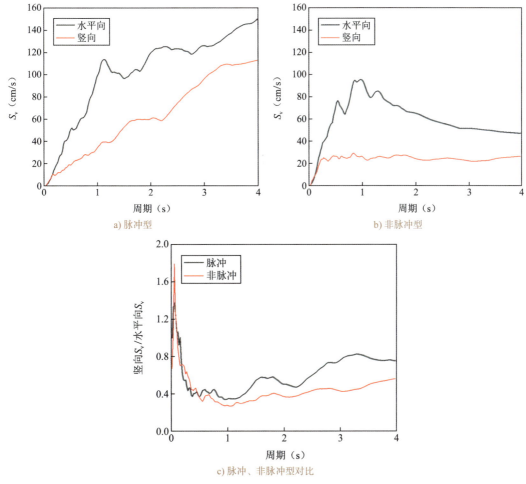

图 5-9　竖向、水平向地震动速度频谱均值曲线

由图 5-9 可知，近断层脉冲型地震动与非脉冲型地震动的水平向速度频谱均值均大于竖向。其中，近断层脉冲型地震动竖向、水平向速度频谱比值为 0.4~1.4，近断层非脉冲型地震动竖向、水平向速度频谱比值为 0.28~1.8。在 0~0.5s 周期段内，非脉冲型地震动竖向、水平向速度频谱比值大于脉冲型地震动，在周期 0.5s 之后，脉冲型地震动竖向、水平向速度频谱比值大于非脉冲型地震动。

近断层脉冲型地震动和近断层非脉冲型地震动的水平向、竖向位移频谱均值曲线如图 5-10 所示。

由图 5-10 可知，近断层脉冲型地震动与非脉冲型地震动的水平向位移频谱均值均大于竖向。其中，近断层脉冲型地震动竖向、水平向位移频谱比值为 0.24~4.2，近断层非脉冲型地震动竖向、水平向位移频谱比值为 0.26～1.2。在 0～0.5s 周期段内，非脉冲型地震动竖向、水平向位移频谱比值大于脉冲型地震动，在周期 0.5s 之后，脉冲型地震动竖向、水平向位移频谱比值大于非脉冲型。

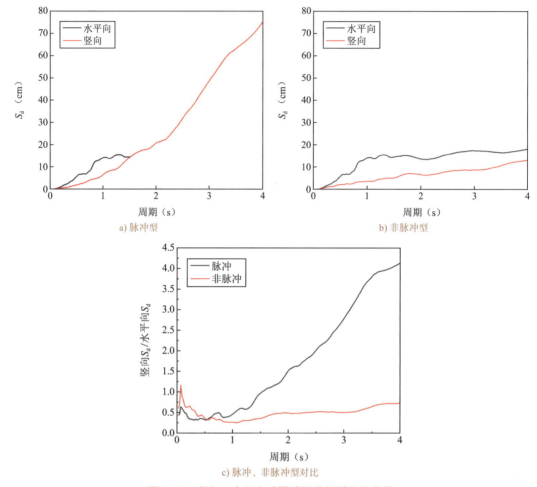

图 5-10 竖向、水平向地震动位移频谱均值曲线

由图 5-8～图 5-10 可知，近断层水平向地震动频谱均值均大于竖向，且脉冲型地震动竖向、水平向频谱均值总体上大于非脉冲型地震动。因此，应针对近断层脉冲型、非脉冲型地震动分别确定合理的竖向地震动输入参数。

5.3.2 地震动水平与垂直分量相关性

我国相关现行规范考虑了竖向地震动的作用，规定竖向地震动按照水平地震动的一定比例进行取值，《建筑抗震设计规范（附条文说明）（2016 年版）》（GB 50011—2010）规定竖向分量按照水平向分量的 65% 取值；《公路隧道抗震设计规范》（JTG 2232—2019）中规定竖向峰值加速度 A_v 根据水平向峰值加速度 A_h 按照下式确定。

$$A_v = K_v \cdot A_h \tag{5-1}$$

式中：K_v——A_v与A_h的比值，通过表5-2确定。

规范中 K_v 的取值　　　　　表5-2

A_h（g）	≤0.05	0.10	0.15	0.20	0.30	≥0.40
K_v	0.65	0.70	0.70	0.75	0.85	1.00

由表5-2可知，竖向与水平向分量的比值为0.65～1.0，文献[87]对竖向与水平向分量的比值的研究表明，竖向与水平向分量的比值一般在1/2～2/3。规范中未考虑近断层脉冲型地震动对结构的影响，由上述研究可知，无论是脉冲型还是非脉冲型地震动频谱的比值都可能超过1，现有规范中对于竖向地震动的取值对于脉冲型地震动作用下的结构抗震设计，其安全性难以保证，应根据场地实际情况作出响应的调整。

因此，首先计算所选近断层地震动的水平向和垂直向峰值加速度、速度、位移及频谱峰值；其次分析所选近断层地震动的水平向和垂直向分量峰值参数之间的相关性；进而确定垂直向和水平向分量比值最优表征参数。计算所选近断层脉冲型、非脉冲型地震动水平向和垂直向分量加速度、速度、位移及频谱峰值，以水平向分量地震动峰值参数为横坐标，垂直向地震动峰值参数为纵坐标，通过线性拟合求得近断层脉冲型和地震动水平向和垂直分量的相关关系如图5-11、图5-12所示。

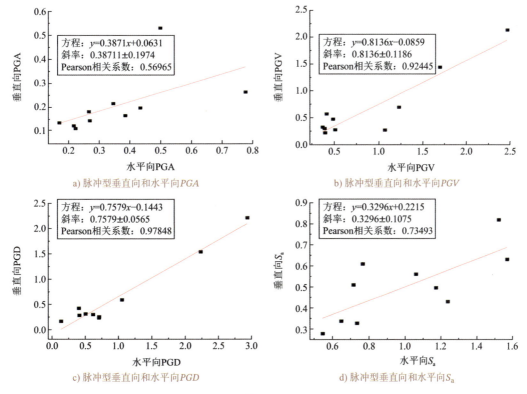

图 5-11

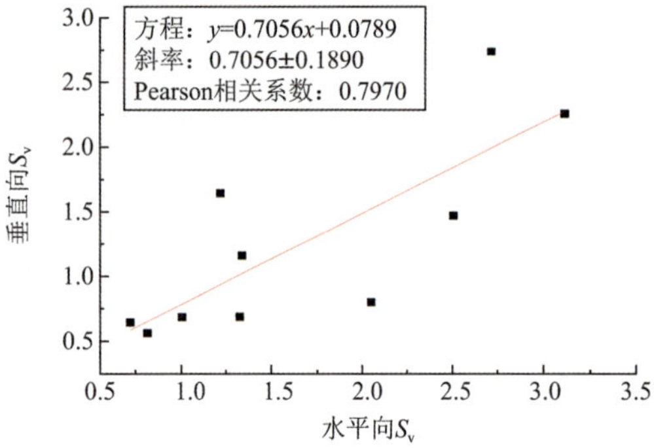

e) 脉冲型垂直向和水平向S_v 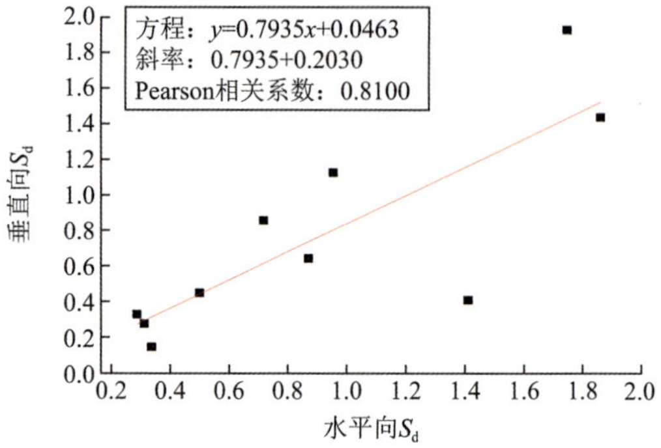 f) 脉冲型垂直向和水平向S_d

图 5-11 脉冲型地震动水平向与垂直向地震动参数相关性

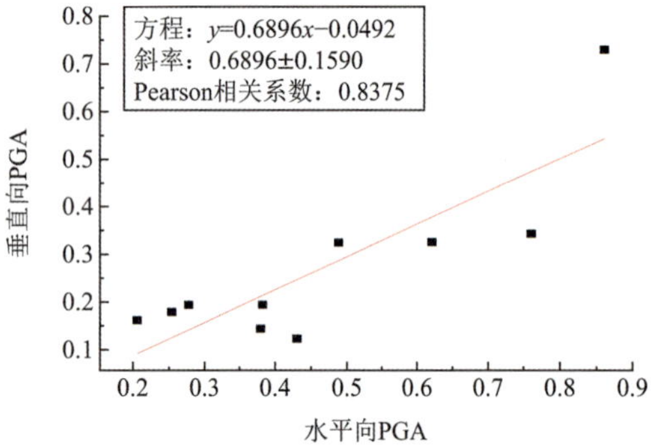

a) 非脉冲型垂直向和水平向 PGA 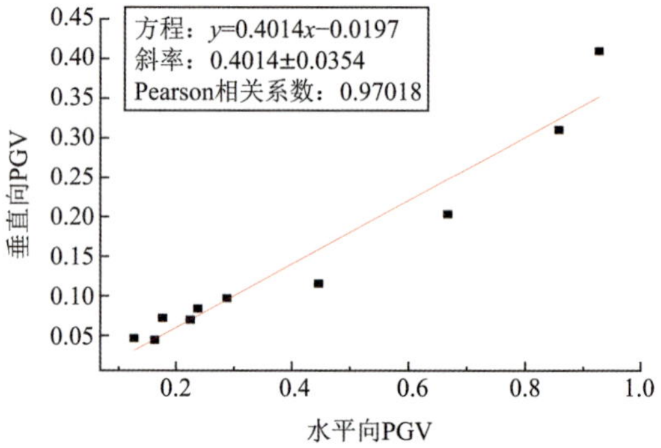 b) 非脉冲型垂直向和水平向 PGV

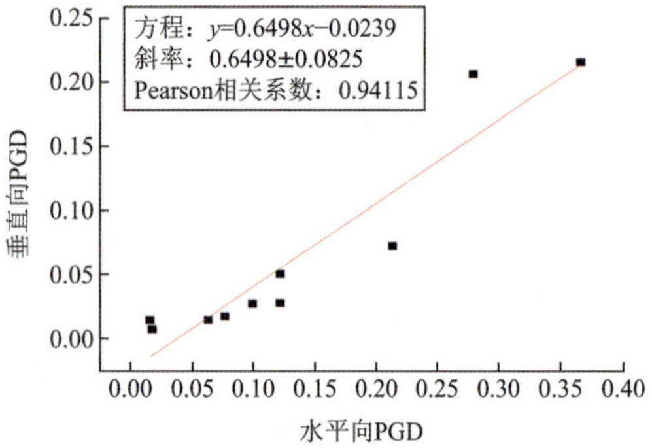

c) 非脉冲型垂直向和水平向 PGD 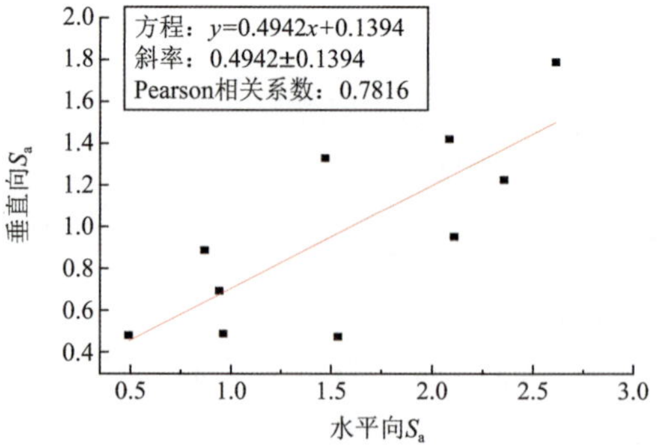 d) 非脉冲型垂直向和水平向S_a

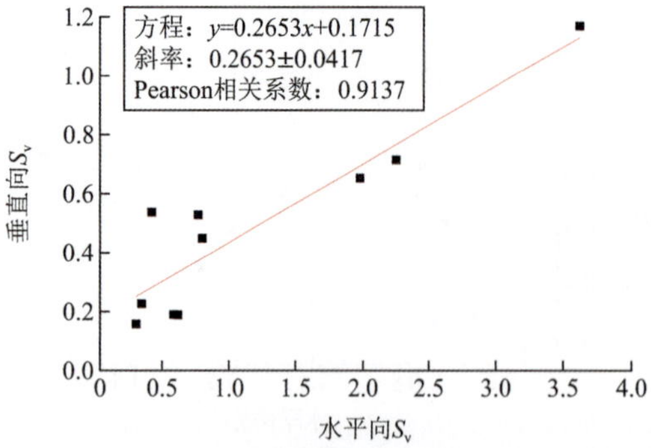

e) 非脉冲型垂直向和水平向S_v 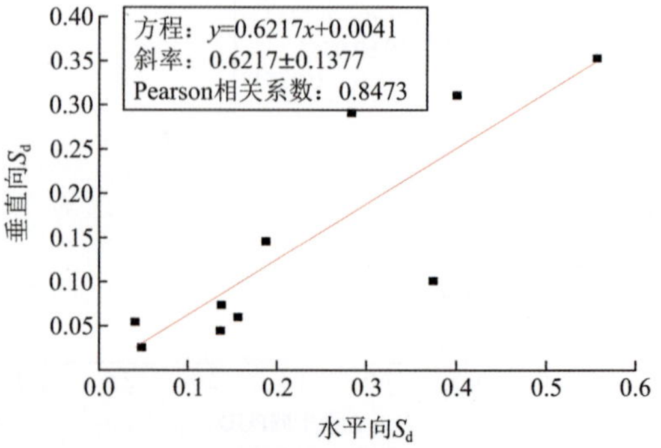 f) 非脉冲型垂直向和水平向S_d

图 5-12 非脉冲型地震动水平向与垂直向地震动参数相关性

图 5-11、图 5-12 中，方程为水平向和垂直向地震动参数和频谱参数相关性拟合方程，斜率为水平向和垂直向分量参数间的比值，Pearson 相关系数为两参数之间的相关性大小，Pearson 相关系数越接近于 1，说明相关性越强。通过计算得到上述近断层脉冲型和非脉冲型地震动水平向峰值加速度所对应的不同地震烈度下垂直向和水平向分量比值，见表 5-3、表 5-4。

近断层脉冲型地震动水平向与垂直向分量比值　　　　表 5-3

地震动序号	水平向PGA	烈度	PGA比	PGV比	PGD比	S_a比	S_v比	S_d比
20	0.18	VII	0.44	0.84	0.68	0.39	0.59	1.18
21	0.36	VIII	0.51	0.92	0.54	0.85	0.87	0.74
22	0.28	VIII	0.65	0.51	0.32	0.77	0.69	0.43
23	0.28	VIII	0.54	0.82	0.43	0.51	0.89	1.14
24	0.24	VIII	0.74	1.30	0.93	0.59	1.35	1.20
25	0.23	VIII	0.42	0.25	0.29	0.46	0.39	0.29
26	0.40	IX	0.48	0.72	0.59	0.59	0.68	0.90
27	0.45	IX	0.60	0.52	0.85	0.57	0.52	0.88
28	0.51	IX	0.33	0.55	0.53	0.43	0.72	0.77
29	0.79	X	1.04	0.85	0.75	0.57	1.01	1.11

近断层非脉冲型地震动水平向与垂直向分量比值　　　　表 5-4

地震动序号	水平向PGA	烈度	PGA比	PGV比	PGD比	S_a比	S_v比	S_d比
50	0.25	VIII	0.71	0.37	0.42	0.74	0.51	0.60
51	0.28	VIII	0.70	0.31	0.27	1.02	0.32	0.56
52	0.21	VIII	0.79	0.41	0.41	0.98	0.65	0.79
53	0.38	IX	0.51	0.27	0.94	0.91	1.27	1.40
54	0.62	IX	0.52	0.34	0.23	0.68	0.56	0.41
55	0.49	IX	0.67	0.31	0.23	0.52	0.33	0.28
56	0.43	IX	0.29	0.35	0.23	0.51	0.31	0.35
57	0.38	IX	0.38	0.26	0.34	0.31	0.69	1.03
58	0.76	X	0.45	0.36	0.74	0.45	0.32	0.78
59	0.86	X	0.85	0.44	0.59	0.69	0.32	0.63

由图 5-11、图 5-12 和表 5-3、表 5-4 可知：

（1）无论是近断层脉冲型地震动还是非脉冲型地震动垂直向分量与水平向分量的比值并不限于1/2~2/3，其比值也可能大于规范[88]中竖向地震动的取值，由此说明，当工程结构处于近断层场地区域内时，按照现有规范进行抗震设计，不足以保证其安全性，应根据实际情况做出调整。

（2）对于脉冲型地震动参数和频谱参数垂直向和水平向相关性中 $PGD > PGV > S_d > S_v > S_a > PGA$，PGD水平向分量和垂直向分量峰值位移 Pearson 相关系数为 0.9785，斜率（垂直向分量和水平向分量综合比值）为 0.7579，可作为近断层脉冲型地震动水平向和垂直向分量比值的最优调整参数。

（3）对于非脉冲型地震动参数和频谱参数垂直向和水平向相关性中 $PGV > PGD > S_v > S_d > PGA > S_a$，PGV水平向分量和垂直向分量峰值位移 Pearson 相关系数为 0.9702，斜率（垂直向分量和水平向分量综合比值）为 0.4014，可作为近断层非脉冲型地震动水平向和垂直向分量比值的最优调整参数。

综上所述，最终得到近断层脉冲型、非脉冲型地震动水平向和垂直向分量比值最优表征参数及综合比值调整系数见表 5-5。

近断层脉冲型、非脉冲型地震动最优表征参数及比值 表 5-5

近断层地震动类型	最优表征参数	垂直分量/水平分量
脉冲波	PGD比值	0.7578
非脉冲波	PGV比值	0.4014

5.3.3 活动断裂带地震动输入方法

通过上述的研究得出近断层脉冲型和非脉冲型地震动的最优调整参数分别为峰值位移（PGD）和峰值速度（PGV），以及得到垂直向和水平向比值的调整系数分别为 0.7578 和 0.4014。鉴于相同条件下近断层脉冲型地震动对结构的响应更强烈，造成的隧道震害更为严重。本节以脉冲型地震动为例，通过下述计算方法实现近断层脉冲型地震动的输入。

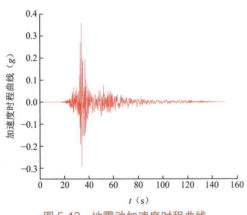

图 5-13 地震动加速度时程曲线

图 5-13 为脉冲型地震动加速度曲线。将时间轴分为 n 等份，取时间间隔为 Δt，每等份的加速度为已知，已有 $\Delta t = 0.004$s 的数据共 37500 个，利用这些数据推算各等分点上的速度和位移值。

假定 Δt 内的加速度曲线为线性，取出 t_i 和 t_{i+1} 的一段折线进行分析，如图 5-14 所示。

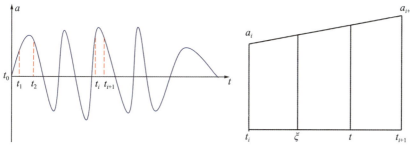

图 5-14 计算简图

图中 t_i 时刻加速度 a_i、速度 v_i 和位移 u_i 为已经知量，t_{i+1} 时刻 a_{i+1} 为已知量，而 v_{i+1} 和 u_{i+1} 为未知量。

在 $\Delta t = t_{i+1} - t_i$，任意时间的加速度 a_t 为：

$$a_t = a_i + \frac{\Delta a_i}{\Delta t}(t - t_i) \tag{5-2}$$

式中，$\Delta a_i = a_{i+1} - a_i$。

由此可求得该时间段内的速度 v_t：

$$v_t = v_i + \int_{t_i}^{t} a_t \, d\xi \tag{5-3}$$

将式(5-2)带入式(5-3)可得：

$$v_t = v_i + a_i(t - t_i) + \frac{\Delta a_i}{2\Delta t}(t - t_i)^2 \tag{5-4}$$

由此，可求得 t_{i+1} 时刻的速度为：

$$v_{i+1} = v_i + \frac{a_i + a_{i+1}}{2} \Delta t \tag{5-5}$$

在 Δt 时间内，任意时刻的位移为：

$$u_t = u_i + \int_{t_i}^{t} v_t \, d\xi \tag{5-6}$$

将式(5-5)带入式(5-6)验算后有：

$$u_t = u_i + v_t(t - t_i) + \frac{a_i}{2}(t - t_i)^2 + \frac{\Delta a_i}{6\Delta t}(t - t_i)^3 \tag{5-7}$$

因而，t_{i+1} 时刻的位移为：

$$u_{i+1} = u_i + v_i \Delta t + \frac{2a_i + a_{i+1}}{2} \Delta t^2 \tag{5-8}$$

假定在 $t_0 = 0$ 时，$a_0 = v_0 = u_0$。

由式(5-7)和式(5-8)进行递推，可得 t_n 时刻的速度和位移为：

$$v_n = \left(\sum_{j=1}^{n-1} a_j + \frac{1}{2} a_n \right) \Delta t \tag{5-9}$$

$$u_n = \left[\sum_{j=1}^{n-1}(n-j)a_j + \frac{1}{6}a_n\right]\Delta t^2 \tag{5-10}$$

根据式(5-9)和式(5-10)即可求得各分点的速度和位移值，因而可得出 M1182 地震动的速度和位移时程，如图 5-15 所示。

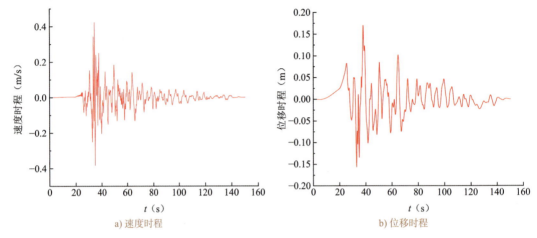

a) 速度时程　　　　　　　　　　　b) 位移时程

图 5-15　速度和位移时程

由上述可得加速度、速度和位移的转换方法。由上述转换可求得地震动的位移时程，再通过该位移时程乘以垂直向和水平向分量比值调整系数（0.7578），即可求得垂直向分量的输入地震动，如图 5-16 所示。

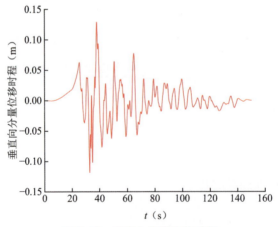

图 5-16　垂直向分量位移时程

SEISMIC AND SHOCK ABSORPTION TECHNOLOGY
OF TUNNELS CROSSING
ACTIVE FAULT ZONES
穿 越 活 动 断 裂 带 隧 道 抗 减 震 技 术

第6章
穿越活动断裂带隧道内力计算方法

本章采用理论推导手段，构建了基于活动断裂带地层三向错动变形的隧道-地层协调变形计算模型和隧道-地层相互作用计算模型，建立了穿越活动断裂带隧道纵向和横向内力计算方法，提出了地震动作用下隧道内力计算方法。基于混凝土损伤本构模型构建了断裂带错动-地震动联合作用下隧道内力计算方法。

6.1 基于弹性本构的穿越活动断裂带隧道内力计算方法

6.1.1 错动作用下穿越活动断裂带隧道纵向变形计算方法

1）隧道-地层协调变形的变形计算方法

（1）隧道与断裂带正交（$\beta_t = 90°$）

隧道与断裂带正交（$\beta_t = 90°$）时，隧道与断裂带位置关系如图 6-1 所示。

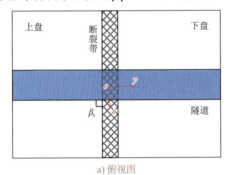
a) 俯视图

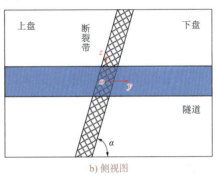
b) 侧视图

图 6-1　隧道与断裂带正交（$\beta_t = 90°$）示意图（β_t 为隧道-断裂带交角，α 为断裂带倾角）

当隧道与断裂带正交时（$\beta_t = 90°$），采用地层变形公式计算隧道水平向变形 u_x、竖向变形 u_z、纵向变形 u_y，见表 4-8。

（2）隧道与断裂带斜交（$0° < \beta_t < 90°$）

隧道与断裂带斜交（$0° < \beta_t < 90°$）时，隧道与断裂带位置关系如图 6-2 所示。

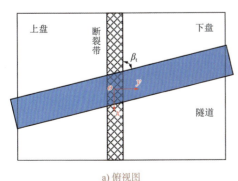
a) 俯视图

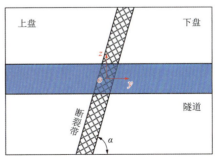
b) 侧视图

图 6-2　隧道与断裂带斜交（$0° < \beta_t < 90°$）示意图

当隧道与断裂带斜交时，隧道与断裂带的位置关系如图 6-3 所示。

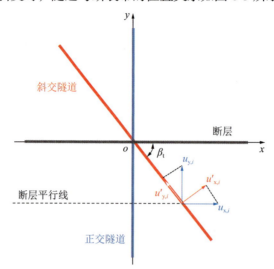

图 6-3　隧道与断裂带斜交条件下位置关系（$0° < \beta_t < 90°$）

根据图 6-3 中的投影几何关系，斜交隧道纵断面变形 u'（u'_x, u'_y, u'_z）计算公式为：

$$\begin{cases} u'_x = u_x \sin\beta_t + u_y \cos\beta_t \\ u'_y = -u_x \cos\beta_t + u_y \sin\beta_t \\ u'_z = u_z \end{cases} \tag{6-1}$$

（3）隧道与断裂带平行（$\beta_t = 0°$）内力计算方法

隧道与断裂带平行（$\beta_t = 0°$）时，隧道与断裂带位置关系如图 6-4 所示。

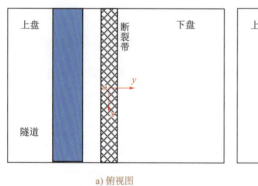
a) 俯视图

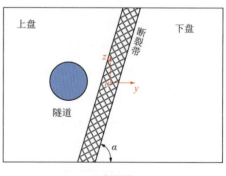
b) 侧视图

图 6-4　隧道与断裂带平行（$\beta_t = 0°$）示意图

当隧道与断裂带平行时，隧道中心处 A 点的断层距为 y_0，沿隧道周边取 n 个特征点，$N_1(x_1, y_1, z_1) \cdots N_i(x_i, y_i, z_i) \cdots N_n(x_n, y_n, z_n)$，如图 6-5 所示。

根据图 6-5 中的几何关系，得出点 $N_i(y_i, z_i)$ 的断层距 y_i 计算公式为：

$$y_i = y_0 - z_i \cot\alpha \tag{6-2}$$

将点 N_i 断层距 y_i 代入隧道变形计算公式[式(6-1)]，求出点 N_i 的变形 u_i（$u_{x,i}, u_{z,i}$）。将各点变形输入变形-结构模型即可求出横断面内力。

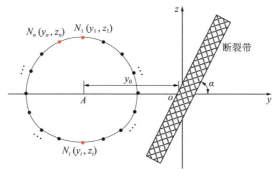

图 6-5 隧道与断裂带平行示意图

2）隧道-地层相互作用的变形计算方法

（1）计算模型概述

穿越活动断裂带隧道如图 6-6 所示，由于断层核部的宽度远小于破碎区的宽度，因此将断层核部简化为断层面。计算模型中，倾滑位移为 Δf_d，走滑位移为 Δf_s，倾角为 α，隧道-断裂带夹角为 β，隧道等效直径为 D [$D=(W+H)/2$，W 为隧道宽度，H 为隧道高度]，隧道衬砌厚度为 t，隧道埋深为 C，断裂带宽度为 W_f（下盘宽度为 W_{ff}，上盘宽度为 W_{fh}，$W_{ff}+W_{fh}=W_f$），隧道长度为 L（位于下盘的隧道长度为 L_f，位于上盘的隧道长度为 L_h，$L_f+L_h=L$），隧道衬砌节段长度为 L_{seg}，对于穿越断层面的衬砌节段，位于上盘的节段长度为 L_{segh}，位于下盘的节段长度为 L_{segf}。坐标原点 O 位于隧道-断层面交点，y_1 轴为隧道轴线，Z 轴竖直向上，X 轴垂直于 Y 轴和 Z 轴。

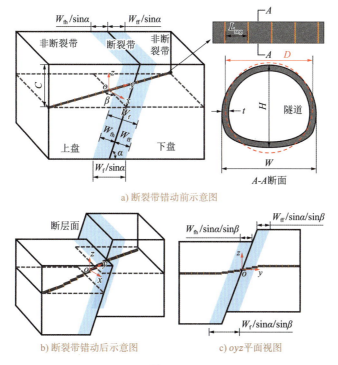

a) 断裂带错动前示意图

b) 断裂带错动后示意图   c) oyz 平面视图

图 6-6

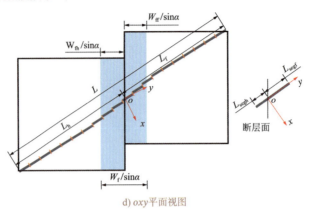

d) oxy 平面视图

图 6-6 穿越活动断裂带隧道示意图

将隧道简化为 Euler–Bernoulli 梁,将地层简化为水平向(x轴)、纵向(y轴)、竖向(z轴)弹簧,其刚度分别为k_x、k_y、k_z,将断裂带错动作用下的地层变形简化为作用于三向弹簧的水平向(x轴)、纵向(y轴)、竖向(z轴)变形Δf_x、Δf_y、Δf_z。在断裂带三向错动Δf_x、Δf_y、Δf_z的作用下,隧道受到水平向(x轴)围岩压力P_x、纵向(y轴)摩擦力P_y、竖向(z轴)围岩压力P_z作用,发生水平向(x轴)、轴向(y轴)、竖向(z轴)变形u_x、u_y、u_z,如图 6-7 所示。

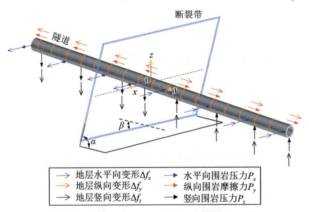

图 6-7 穿越活动断裂带隧道计算模型示意图

根据图 6-6、图 6-7 中所示的隧道与断裂带之间的几何关系,得到 $oxyz$ 坐标系下的地层水平向(x轴)、纵向(y轴)、竖向(z轴)变形Δf_x、Δf_y、Δf_z分别为:

$$\begin{cases} \Delta f_x = \Delta f_1 \sin\beta + \Delta f_2 \cos\beta \\ \Delta f_y = -\Delta f_1 \cos\beta + \Delta f_2 \sin\beta \\ \Delta f_z = \Delta f_3 \end{cases} \tag{6-3}$$

式中:Δf_1、Δf_2、Δf_3——分别为活动断裂带坐标系下的地层水平向(x轴)、纵向(y轴)、竖向(z轴)变形,m,可采用表 4-8 中的公式进行计算。

将穿越斜滑断层隧道计算模型分解为水平向(x轴)、轴向(y轴)、竖向(z轴),梁的受力分析如图 6-8 所示。其中,由于断裂带段及非断裂带段的物理力学参数不同,因此引入变量χ表示断裂带段($\chi = f$)及非断裂带段($\chi = h$)围岩物理力学参数,如断裂带围岩水平向、纵向及竖向反力系数为k_x^f、k_y^f及k_z^f，基岩向、纵向及竖向反力系数为k_x^h、k_y^h及k_z^h。

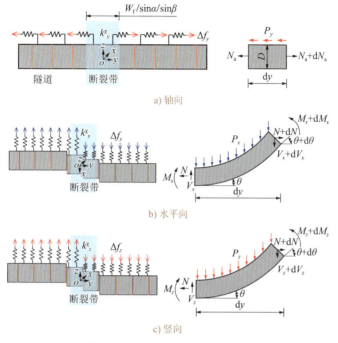

图 6-8　穿越活动断裂带隧道计算模型分解示意图

根据图 6-8 所示的受力分析，结合相关研究成果[183,230]，任一衬砌节段三向变形u_x、u_y、u_z的微分方程为：

$$EA\frac{d^2 u_y}{dy^2} = P_y \tag{6-4}$$

$$EI\frac{d^4 u_x}{dy^4} - N\frac{d^2 u_x}{dy^2} - \frac{dN}{dy}\frac{du_x}{dy} = P_x \tag{6-5}$$

$$EI\frac{d^4 u_z}{dy^4} - N\frac{d^2 u_z}{dy^2} - \frac{dN}{dy}\frac{du_z}{dy} = P_z \tag{6-6}$$

式中：A——隧道衬砌横断面面积，m^2，$A = \pi D^2/4 - \pi(D-2t)^2/4$；

　　　t——衬砌厚度，m；

　　　E——衬砌弹性模量，Pa；

　　　I——衬砌惯性矩，m^4，$I = \pi[D^4 - (D-2t)^4]/64$；

　　　N——隧道轴力，N。

水平向（x轴）、纵向（y轴）、竖向（z轴）围岩压力P_x、P_y、P_z计算公式为：

$$P_x = k_x^\chi \delta_x \tag{6-7}$$

$$P_y = k_y^\chi \delta_y \tag{6-8}$$

$$P_z = k_z^\chi \delta_z \tag{6-9}$$

式中：δ_x、δ_y、δ_z——水平向（x轴）、纵向（y轴）、竖向（z轴）隧道-围岩相对变形，m；

k_x^χ、k_y^χ、k_z^χ——水平向（x轴）、纵向（y轴）、竖向（z轴）围岩反力系数，Pa。

水平向、纵向及竖向围岩反力系数k_x^χ、k_y^χ、k_z^χ计算公式为：

$$k_x^\chi = k_z^\chi = \frac{3.08}{\eta} \frac{E_s}{1-\nu_s^2} \sqrt[8]{\frac{E_s D^4}{EI}} \tag{6-10}$$

$$k_y^\chi = \xi k_z^\chi = \xi k_x^\chi \tag{6-11}$$

$$\eta = \begin{cases} 2.18 & C/D \leqslant 0.5 \\ 1 + \dfrac{D}{1.7C} & C/D > 0.5 \end{cases} \tag{6-12}$$

式中：E_s、ν_s——围岩弹性模量和泊松比；

ξ——围岩纵向反力系数比，根据相关研究可取为0.5[231]。

水平向（x轴）、纵向（y轴）、竖向（z轴）隧道-围岩相对变形δ_x、δ_y、δ_z计算公式分别为：

$$\delta_y = \Delta f_y - u_y \tag{6-13}$$

$$\delta_x = \Delta f_x - u_x \tag{6-14}$$

$$\delta_z = \Delta f_z - u_z \tag{6-15}$$

根据式(6-4)～式(6-15)，隧道节段的水平向（x轴）、竖向（y轴）及轴向（z轴）变形u_x、u_z、u_y微分方程分别为：

$$\frac{EA}{k_y^\chi} \frac{\mathrm{d}^2 u_y}{\mathrm{d}y^2} + u_y = \Delta f_y \tag{6-16}$$

$$\frac{E^\zeta I}{k_x^\chi} \frac{\mathrm{d}^4 u_x}{\mathrm{d}y^4} - \frac{N}{k_x^\chi} \frac{\mathrm{d}^2 u_x}{\mathrm{d}y^2} - \frac{1}{k_x^\chi} \frac{\mathrm{d}N}{\mathrm{d}y} \frac{\mathrm{d}u_x}{\mathrm{d}y} + u_x = \Delta f_x \tag{6-17}$$

$$\frac{E^\zeta I}{k_z^\chi} \frac{\mathrm{d}^4 u_z}{\mathrm{d}y^4} - \frac{N}{k_z^\chi} \frac{\mathrm{d}^2 u_z}{\mathrm{d}y^2} - \frac{1}{k_z^\chi} \frac{\mathrm{d}N}{\mathrm{d}y} \frac{\mathrm{d}u_z}{\mathrm{d}y} + u_z = \Delta f_z \tag{6-18}$$

由于隧道为薄壁的空心结构[183,230]，因此隧道轴力主要包括轴向变形所产生的轴力N_a及大变形所产生的轴力N_b：

$$N = N_a + N_b \tag{6-19}$$

$$N_a = EA \frac{\mathrm{d}u_y}{\mathrm{d}y} \tag{6-20}$$

根据相关研究[180,230]，梁发生大变形所产生的轴力N_b计算公式为：

$$N_b = EA \sqrt{\frac{1}{4}\left(\frac{\mathrm{d}u_x}{\mathrm{d}y}\right)^4 + \frac{1}{4}\left(\frac{\mathrm{d}u_z}{\mathrm{d}y}\right)^4} \tag{6-21}$$

由于断裂带错动作用下的地层变形存在明显的不均匀性，导致难以求出式(6-16)～式(6-18)的解析解，因此采用有限差分法求解式(6-16)～式(6-18)的数值解。以任一衬砌节段为例，将其分为$n+4$份，共$n+5$个节点，其中包括两端各两个虚节点，单元长度为$\Delta = L_{seg}/n$，如图6-9所示。

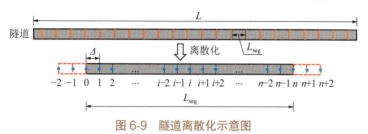

图 6-9 隧道离散化示意图

（2）隧道轴向变形计算方法

根据有限差分法[232]，穿越斜滑断层隧道节段轴向变形 u_y 微分方程式(6-16)的差分形式为：

$$\frac{EA}{k_{y,i}^\chi \Delta^2}(u_{y,i+1} - 2u_{y,i} + u_{y,i-1}) + u_{y,i} = \Delta f_{y,i} \tag{6-22}$$

式中：$u_{y,i}$——节点i处隧道轴向变形，m；

$\Delta f_{y,i}$——节点i处围岩纵向变形，m。

当隧道整体受拉时，各衬砌节段两端的轴力 N_a 为 0，即当 $i=0$ 或 $i=n$ 时，轴力 $N_a = 0$。根据有限差分方程[232]及梁理论[233]得出：

$$N_{a,0} = EA\frac{du_y}{dy} = \frac{EA}{2\Delta}(u_{y,1} - u_{y,-1}) = 0 \tag{6-23}$$

$$N_{a,n} = EA\frac{du_y}{dy} = \frac{EA}{2\Delta}(u_{y,n+1} - u_{y,n-1}) = 0 \tag{6-24}$$

因此，节点 0 和节点 n 的位移为：

$$u_{y,-1} = u_{y,1} \tag{6-25}$$

$$u_{y,n+1} = u_{y,n-1} \tag{6-26}$$

联立式(6-22)～式(6-26)，得出穿越活动断裂带隧道节段轴向变形 u_y 计算公式为：

$$[A]_{(n+1)\times(n+1)}[u_y]_{(n+1)\times 1} = [\Delta f_y]_{(n+1)\times 1} \tag{6-27}$$

式中：

$$[A]_{(n+1)\times(n+1)} = [A_1]_{(n+1)\times(n+1)} + [A_2]_{(n+1)\times(n+1)} \tag{6-28}$$

$$[A_1] = \frac{EA}{2\Delta}\begin{bmatrix} \frac{-2}{k_{y,0}^\chi} & \frac{2}{k_{y,0}^\chi} & 0 & 0 & \cdots & 0 \\ \frac{1}{k_{y,1}^\chi} & \frac{-2}{k_{y,1}^\chi} & \frac{1}{k_{y,1}^\chi} & 0 & \cdots & 0 \\ 0 & \frac{E_2^\zeta}{k_{y,2}^\chi} & \frac{-2}{k_{y,2}^\chi} & \frac{-1}{k_{y,2}^\chi} & \cdots & 0 \\ 0 & 0 & \frac{1}{k_{y,3}^\chi} & \frac{-2}{k_{y,3}^\chi} & \cdots & 0 \\ \cdots & \cdots & \cdots & \cdots & \cdots & \cdots \\ 0 & 0 & 0 & 0 & \cdots & \frac{-2}{k_{y,n}^\chi} \end{bmatrix}_{(n+1)\times(n+1)} \tag{6-29}$$

$$[A_2] = \begin{bmatrix} 1 & 0 & 0 & 0 & \cdots & 0 \\ 0 & 1 & 0 & 0 & \cdots & 0 \\ 0 & 0 & 1 & 0 & \cdots & 0 \\ 0 & 0 & 0 & 1 & \cdots & 0 \\ \cdots & \cdots & \cdots & \cdots & \cdots & \cdots \\ 0 & 0 & 0 & 0 & \cdots & 1 \end{bmatrix}_{(n+1)\times(n+1)} \tag{6-30}$$

$$[u_y] = [u_{y,0} \quad u_{y,1} \quad u_{y,2} \quad \cdots \quad u_{y,i} \quad \cdots \quad u_{y,n}]^T_{n+1} \tag{6-31}$$

$$[\Delta f_y] = [\Delta f_{y,0} \quad \Delta f_{y,1} \quad \Delta f_{y,2} \quad \cdots \quad \Delta f_{y,i} \quad \cdots \quad \Delta f_{y,n}]^T_{n+1} \tag{6-32}$$

（3）隧道水平向及竖向变形计算方法

由于竖向、水平向隧道变形微分方程形式一致，求解过程相同。在此，以竖向变形为例进行说明。根据有限差分法，隧道竖向变形微分方程式(6-18)的有限差分形式为：

$$\frac{EI}{k_{z,i}^{\chi}\Delta^4}(u_{z,i+2} - 4u_{z,i+1} + 6u_{z,i} - 4u_{z,i-1} + u_{z,i-2}) - \frac{N_i}{(k_{z,i}^{\chi}\Delta^2)}(u_{z,i+1} - 2u_{z,i} + u_{z,i-1}) - \frac{1}{4k_{z,i}^{\chi}\Delta^2}(N_{i+1} - N_{i-1})(u_{z,i+1} - u_{z,i-1}) + u_{z,i} = \Delta f_{z,i} \tag{6-33}$$

式中：$u_{z,i}$——i节点隧道竖向变形，m；

$\Delta f_{z,i}$——i节点围岩竖向变形，m。

根据穿越活动断层隧道受力特征，其两端边界条件为：当$i = 0$或n时，竖向弯矩$M_z = 0$，竖向剪力$V_z = 0$。根据有限差分方程及梁理论得出：

$$M_0 = -EI\frac{d^2u_z}{dy^2} = -\frac{EI}{\Delta^2}(u_{z,1} - 2u_{z,0} + u_{z,-1}) = 0 \tag{6-34}$$

$$M_n = -EI\frac{d^2u_z}{dy^2} = -\frac{EI}{\Delta^2}(u_{z,n+1} - 2u_{z,n} + u_{z,n-1}) = 0 \tag{6-35}$$

$$V_0 = -EI\frac{d^3u_z}{dy^3} - N_0\frac{du_z}{dy} = -\frac{EI}{2\Delta^3}(u_{z,2} - 2u_{z,1} + 2u_{z,-1} - u_{z,-2}) = 0 \tag{6-36}$$

$$V_n = -E_n^\zeta I\frac{d^3u_z}{dy^3} - E_n^\zeta\frac{du_z}{dy} = -\frac{E_n^\zeta I}{2\Delta^3}(u_{z,n+2} - 2u_{z,n+1} + 2u_{z,n-1} - u_{z,n-2}) = 0 \tag{6-37}$$

因此，隧道节段节点-2、-1、$n+1$和$n+2$的竖向位移为：

$$u_{z,-2} = 4u_{z,0} - 4u_{z,1} + u_{z,2} \tag{6-38}$$

$$u_{z,-1} = 2u_{z,0} - u_{z,1} \tag{6-39}$$

$$u_{z,n+1} = 2u_{z,n} - u_{z,n-1} \tag{6-40}$$

$$u_{z,n+2} = 4u_{z,n} - 4u_{z,n-1} + u_{z,n-2} \tag{6-41}$$

联立式(6-33)~式(6-41)，得出隧道节段竖向变形u_z计算公式为：

$$[B]_{(n+1)\times(n+1)}[u_z]_{(n+1)\times 1} = [\Delta f_z]_{(n+1)\times 1} \tag{6-42}$$

式中：

$$[B]_{(n+1)\times(n+1)} = [B_1]_{(n+1)\times(n+1)} - [B_2]_{(n+1)\times(n+1)} - [B_3]_{(n+1)\times(n+1)} + [B_4]_{(n+1)\times(n+1)} \tag{6-43}$$

$$[B_1] = \frac{I}{\Delta^4} \begin{bmatrix} \dfrac{2E_0^\zeta}{k_{y,0}^\chi} & \dfrac{-4E_0^\zeta}{k_{y,0}^\chi} & \dfrac{2E_0^\zeta}{k_{y,0}^\chi} & 0 & \cdots & 0 \\ \dfrac{-2E_1^\zeta}{k_{y,1}^\chi} & \dfrac{5E_1^\zeta}{k_{y,1}^\chi} & \dfrac{-4E_1^\zeta}{k_{y,1}^\chi} & \dfrac{E_1^\zeta}{k_{y,1}^\chi} & \cdots & 0 \\ \dfrac{E_2^\zeta}{k_{y,2}^\chi} & \dfrac{-4E_2^\zeta}{k_{y,2}^\chi} & \dfrac{6E_2^\zeta}{k_{y,2}^\chi} & \dfrac{-4E_2^\zeta}{k_{y,2}^\chi} & \cdots & 0 \\ 0 & \dfrac{E_3^\zeta}{k_{y,3}^\chi} & \dfrac{-4E_3^\zeta}{k_{y,3}^\chi} & \dfrac{6E_3^\zeta}{k_{y,3}^\chi} & \cdots & 0 \\ \cdots & \cdots & \cdots & \cdots & \cdots & \cdots \\ 0 & 0 & 0 & 0 & \cdots & \dfrac{2E_n^\zeta}{k_{y,n}^\chi} \end{bmatrix}_{(n+1)\times(n+1)} \quad (6\text{-}44)$$

$$[B_2] = \frac{1}{\Delta^2} \begin{bmatrix} \dfrac{-2N_0}{k_{y,0}^\chi} & \dfrac{2N_0}{k_{y,0}^\chi} & 0 & 0 & \cdots & 0 \\ \dfrac{N_1}{k_{y,1}^\chi} & \dfrac{-2N_1}{k_{y,1}^\chi} & \dfrac{N_1}{k_{y,1}^\chi} & 0 & \cdots & 0 \\ 0 & \dfrac{N_2}{k_{y,2}^\chi} & \dfrac{-2N_2}{k_{y,2}^\chi} & \dfrac{N_2}{k_{y,2}^\chi} & \cdots & 0 \\ 0 & 0 & \dfrac{N_3}{k_{y,3}^\chi} & \dfrac{-2N_3}{k_{y,3}^\chi} & \cdots & 0 \\ \cdots & \cdots & \cdots & \cdots & \cdots & \cdots \\ 0 & 0 & 0 & 0 & \cdots & \dfrac{-2N_n}{k_{y,n}^\chi} \end{bmatrix}_{(n+1)\times(n+1)} \quad (6\text{-}45)$$

$$[B_3] = \frac{1}{4\Delta^2} \begin{bmatrix} 0 & 0 & 0 & 0 & \cdots & 0 \\ \dfrac{-(N_2-N_0)}{k_{z,1}^\chi} & 0 & \dfrac{N_2-N_0}{k_{z,1}^\chi} & 0 & \cdots & 0 \\ 0 & \dfrac{-(N_3-N_1)}{k_{z,2}^\chi} & 0 & \dfrac{N_3-N_1}{k_{z,2}^\chi} & \cdots & 0 \\ 0 & 0 & \dfrac{-(N_4-N_2)}{k_{z,3}^\chi} & 0 & \cdots & 0 \\ \cdots & \cdots & \cdots & \cdots & \cdots & \cdots \\ 0 & 0 & 0 & 0 & \cdots & 0 \end{bmatrix}_{(n+1)\times(n+1)} \quad (6\text{-}46)$$

$$[B_4] = \begin{bmatrix} 1 & 0 & 0 & 0 & \cdots & 0 \\ 0 & 1 & 0 & 0 & \cdots & 0 \\ 0 & 0 & 1 & 0 & \cdots & 0 \\ 0 & 0 & 0 & 1 & \cdots & 0 \\ \cdots & \cdots & \cdots & \cdots & \cdots & \cdots \\ 0 & 0 & 0 & 0 & \cdots & 1 \end{bmatrix}_{(n+1)\times(n+1)} \quad (6\text{-}47)$$

$$[u_z] = [u_{z,0} \quad u_{z,1} \quad u_{z,2} \quad \cdots \quad u_{z,i} \quad \cdots \quad u_{z,n}]_{n+1}^{\mathrm{T}} \quad (6\text{-}48)$$

$$[\Delta f_z] = [\Delta f_{z,0} \quad \Delta f_{z,1} \quad \Delta f_{z,2} \quad \cdots \quad \Delta f_{z,i} \quad \cdots \quad \Delta f_{z,n}]_{n+1}^{\mathrm{T}} \tag{6-49}$$

将式(6-42)中的 Δf_z、k_z^χ 采用 Δf_x、k_z^χ 替换,即可得到隧道节段水平向变形 u_x。此外,令隧道节段长度 L_{seg} 等于隧道长度 L,可将计算模型退化为不考虑减震缝的计算模型。

6.1.2 错动作用下穿越活动断裂带隧道横向变形计算方法

在隧道任一断面(隧道中心处断层距为 y_0),沿隧道周边取 n 个特征点,$N_1(x_1,y_1,z_1)\cdots N_i(x_i,y_i,z_i)\cdots N_n(x_n,y_n,z_n)$,如图 6-10 所示。

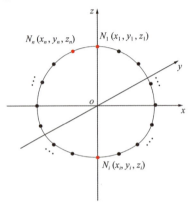

图 6-10 隧道横断面特征点示意图

当隧道与断层正交时,隧道横向任一点 $N_i(x_i,y_i,z_i)$ 的断层距 y_i 如图 6-11 所示。

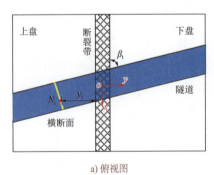

a) 俯视图   b) 侧视图

图 6-11 隧道横断面断层距示意图

根据图 6-11 中的几何关系,得到点 $N_i(x_i,y_i,z_i)$ 的断层距 y_i 计算公式为:

$$y_i = y_0 - z_i \cot\alpha + x_i \cos\beta \tag{6-50}$$

将点 N_i 断层距 y_i 代入隧道横向变形计算模型,即可求出点 N_i 的隧道横向变形 $u_i(u_{x,i},u_{z,i})$。

6.1.3 错动作用下穿越活动断裂带隧道内力计算方法

1) 隧道纵向内力计算方法

根据弹性梁理论[234]及有限差分法,隧道节点 i 的纵向内力 N_i(轴力)、M_i(弯矩)及 V_i(剪力)计算公式为:

$$N_i = \frac{EA}{2\Delta}(u_{y,i+1} - u_{y,i-1}) + EA\sqrt{\frac{(u_{x,i+1} - u_{x,i-1})^4}{64\Delta^4} + \frac{(u_{z,i+1} - u_{z,i-1})^4}{64\Delta^4}} \quad (6\text{-}51)$$

$$M_i = \sqrt{M_{z,i}^2 + M_{x,i}^2} \quad (6\text{-}52)$$

$$V_i = \sqrt{V_{z,i}^2 + V_{x,i}^2} \quad (6\text{-}53)$$

式中:

$$M_{x,i} = -\frac{EI}{\Delta^2}(u_{x,i+1} - 2u_{x,i} + u_{x,i-1}) \quad (6\text{-}54)$$

$$M_{z,i} = -\frac{EI}{\Delta^2}(u_{z,i+1} - 2u_{z,i} + u_{z,i-1}) \quad (6\text{-}55)$$

$$V_{x,i} = -\frac{EI}{2\Delta^3}(u_{x,i+2} - 2u_{x,i+1} + 2u_{x,i-1} - u_{x,i-2}) - \frac{N_i}{2\Delta}(u_{x,n+1} - u_{x,n-1}) \quad (6\text{-}56)$$

$$V_{z,i} = -\frac{EI}{2\Delta^3}(u_{z,i+2} - 2u_{z,i+1} + 2u_{z,i-1} - u_{z,i-2}) - \frac{N_i}{2\Delta}(u_{z,n+1} - u_{z,n-1}) \quad (6\text{-}57)$$

采用节段衬砌时,衬砌能通过节段之间的相对转动适应围岩变形,且各节段在围岩压力的挤压下发生弯曲变形,如图 6-12 所示。

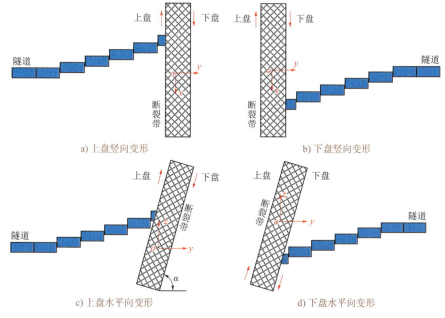

图 6-12　隧道-围岩协调变形示意图（逆断兼右旋走滑断层）

取任一衬砌节段进行受力分析,将衬砌简化为受抛物线荷载的简支梁,隧道与地层协调变形,最大挠度为$\Delta_{L_{seg}/2}$,位于简支梁的中心处,建立计算模型如图 6-13 所示。

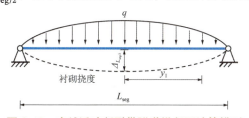

图 6-13　穿越活动断裂带隧道纵断面计算模型

根据结构力学得到衬砌节段的弯矩M、剪力Q、轴力N计算公式为:

$$M = \frac{48\zeta \Delta_{L_{seg/2}} EI(L_{seg}^2 - 4y_1^2)}{5L_{seg}^4}$$

$$Q = -\frac{384\zeta \cdot \Delta_{L_{seg/2}} EI y_1}{5L_{seg}^4} \quad (6-58)$$

$$N = EAu_y^{(1)}$$

$$\Delta_{L_{seg/2}} = \sqrt{\left(u_{x,L_{seg/2}} - \frac{u_{x,0} + u_{x,L_{seg}}}{2}\right)^2 + \left(u_{z,L_{seg/2}} - \frac{u_{z,0} + u_{z,L_{seg}}}{2}\right)^2} \quad (6-59)$$

式中:$u_{x,L_{seg/2}}$、$u_{z,L_{seg/2}}$——每个隧道节段中心处的隧道水平向、竖向位移,m;

$u_{x,0}$、$u_{z,0}$——每个隧道节段起点处的隧道水平向、竖向位移,m;

$u_{x,L_{seg}}$、$u_{z,L_{seg}}$——每个隧道节段终点处的隧道水平向、竖向位移,m。

2)隧道横向内力计算方法

基于结构力学矩阵变形法[234],建立断层错动下隧道横向内力的变形-结构计算模型,计算流程主要分为以下3步,如图6-14所示。

(1)建立隧道梁-弹簧计算模型

隧道采用梁单元模拟,隧道与围岩间的相互作用采用弹簧单元模拟,如图6-15所示。

将隧道离散成n个梁单元,并将各单元之间的联结点作为节点。以梁单元端点为原点,建立总体坐标系OXY及局部坐标系oxy,如图6-16所示。

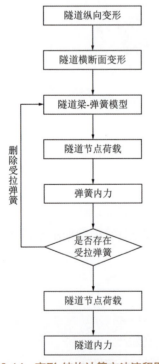

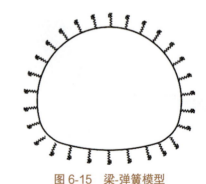

图6-15 梁-弹簧模型

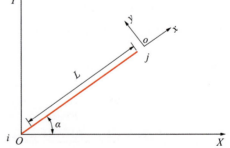

图6-14 变形-结构计算方法流程图　　图6-16 变形-结构模型梁单元坐标系

梁单元在总体坐标系OXY及局部坐标系oxy下的单元刚度矩阵为：

$$[k_1]_{6\times6} = [R_1]_{6\times6}[k'_1]_{6\times6}[R_1]^T_{6\times6} \qquad (6\text{-}60)$$

$$[k'_1]_{6\times6} = \begin{bmatrix} \dfrac{EA}{L} & 0 & 0 & -\dfrac{EA}{L} & 0 & 0 \\ 0 & \dfrac{12EI}{L^3} & \dfrac{6EI}{L^2} & 0 & -\dfrac{12EI}{L^3} & \dfrac{6EI}{L^2} \\ 0 & \dfrac{6EI}{L^2} & \dfrac{4EI}{L} & 0 & -\dfrac{6EI}{L^2} & \dfrac{2EI}{L} \\ -\dfrac{EA}{L} & 0 & 0 & \dfrac{EA}{L} & 0 & 0 \\ 0 & -\dfrac{12EI}{L^3} & -\dfrac{6EI}{L^2} & 0 & \dfrac{12EI}{L^3} & -\dfrac{6EI}{L^2} \\ 0 & \dfrac{6EI}{L^2} & \dfrac{2EI}{L} & 0 & -\dfrac{6EI}{L^2} & \dfrac{4EI}{L} \end{bmatrix} \qquad (6\text{-}61)$$

$$[R_1]_{6\times6} = \begin{bmatrix} \cos\alpha & -\sin\alpha & 0 & 0 & 0 & 0 \\ \sin\alpha & \cos\alpha & 0 & 0 & 0 & 0 \\ 0 & 0 & 1 & 0 & 0 & 0 \\ 0 & 0 & 0 & \cos\alpha & -\sin\alpha & 0 \\ 0 & 0 & 0 & \sin\alpha & \cos\alpha & 0 \\ 0 & 0 & 0 & 0 & 0 & 1 \end{bmatrix} \qquad (6\text{-}62)$$

$$([k_1]_{6\times6}) = \dfrac{E}{L}\begin{bmatrix} AC^2 + \dfrac{12I}{L^2}S^2 & \left(A - \dfrac{12I}{L^2}\right)CS & -\dfrac{6I}{L}S \\ \left(A - \dfrac{12I}{L^2}\right)CS & AS^2 + \dfrac{12I}{L^2}C^2 & \dfrac{6I}{L}C \\ -\dfrac{6I}{L}S & \dfrac{6I}{L}C & 4I \\ -\left(AC^2 + \dfrac{12I}{L^2}S^2\right) & -\left(A - \dfrac{12I}{L^2}\right)CS & \dfrac{6I}{L}S \\ -\left(A - \dfrac{12I}{L^2}\right)CS & -\left(AS^2 + \dfrac{12I}{L^2}C^2\right) & -\dfrac{6I}{L}C \\ -\dfrac{6I}{L}S & \dfrac{6I}{L}C & 2I \\ \\ -\left(AC^2 + \dfrac{12I}{L^2}S^2\right) & -\left(A - \dfrac{12I}{L^2}\right)CS & -\dfrac{6I}{L}S \\ -\left(A - \dfrac{12I}{L^2}\right)CS & -\left(AS^2 + \dfrac{12I}{L^2}C^2\right) & \dfrac{6I}{L}C \\ \dfrac{6I}{L}S & -\dfrac{6I}{L}C & 2I \\ AC^2 + \dfrac{12I}{L^2}S^2 & \left(A - \dfrac{12I}{L^2}\right)CS & \dfrac{6I}{L}S \\ \left(A - \dfrac{12I}{L^2}\right)CS & AS^2 + \dfrac{12I}{L^2}C^2 & -\dfrac{6I}{L}C \\ \dfrac{6I}{L}S & -\dfrac{6I}{L}C & 4I \end{bmatrix} \qquad (6\text{-}63)$$

式中：$[k'_1]_{6\times6}$——局部坐标系oxy下梁单元的单元刚度矩阵；

$[R_1]_{6\times6}$——梁单元从局部坐标系oxy到总体坐标系OXY的坐标转换矩阵；

$[k_1]_{6\times 6}$——总体坐标系OXY下梁单元的单元刚度矩阵,$C=\cos\alpha$,$S=\sin\alpha$;

A——衬砌截面面积,m^2;

α——总体坐标系X轴与局部坐标系x轴之间的夹角,(°);

L——梁单元长度,m。

弹簧单元一端固定,另一端与梁单元节点相连,如图 6-17 所示。

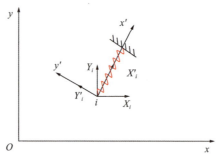

图 6-17 变形-结构模型弹簧单元坐标系

由图 6-17 可知,弹簧单元的单元刚度矩阵为:

$$[k_2]_{3\times 3} = [R_2]_{3\times 3}[k'_2]_{3\times 3}[R_2]^T_{3\times 3} \tag{6-64}$$

$$[k'_2]_{3\times 3} = \begin{bmatrix} kLb & 0 & 0 \\ 0 & 0 & 0 \\ 0 & 0 & 0 \end{bmatrix} \tag{6-65}$$

$$[R_2]_{3\times 3} = \begin{bmatrix} \cos\alpha & -\sin\alpha & 0 \\ \sin\alpha & \cos\alpha & 0 \\ 0 & 0 & 0 \end{bmatrix} \tag{6-66}$$

$$[k_2]_{3\times 3} = klb \begin{bmatrix} \cos^2\alpha & \sin\alpha\cos\alpha & 0 \\ \sin\alpha\cos\alpha & \sin^2\alpha & 0 \\ 0 & 0 & 0 \end{bmatrix} \tag{6-67}$$

式中:$[k'_2]_{3\times 3}$——局部坐标系oxy下弹簧单元的单元刚度矩阵;

$[R_2]_{3\times 3}$——弹簧单元从局部坐标系oxy到总体坐标系OXY的坐标转换矩阵;

$[k_2]_{3\times 3}$——总体坐标系OXY下弹簧单元的单元刚度矩阵;

k——弹簧抗力系数,N/m^3;

b——梁单元宽度,m。

采用直接刚度法[234],基于各梁单元的变形协调条件及静力平衡条件,将总体坐标系OXY下各梁单元、弹簧单元刚度矩阵组成隧道总体刚度矩阵:

$$[K]_{3n\times 3n} = [K_1]_{3n\times 3n} + [K_2]_{3n\times 3n} \tag{6-68}$$

式中:$[K]_{3n\times 3n}$——隧道总体刚度矩阵;

$[K_1]_{3n\times 3n}$——梁单元的总体刚度矩阵;

$[K_2]_{3n\times 3n}$——弹簧单元的总体刚度矩阵。

因此,隧道的有限元基本列式为:

$$[K]_{3n\times 3n}\{\delta\}_{3n\times 1} = \{F\}_{3n\times 1} \tag{6-69}$$

式中：$\{\delta\}_{3n\times1}$——隧道节点变形矩阵；

$\{F\}_{3n\times1}$——隧道节点荷载矩阵。

（2）求解隧道节点荷载

基于提出的断裂带错动下隧道横向变形计算方法，求出隧道横向 m ($m\leqslant n$) 个特征节点的水平向变形 u_x 及竖向变形 u_z 变形，得到隧道关键节点的变形矩阵 $\{\delta\}_{2m\times1}$。根据相关研究成果[231]，m 应大于 7，因此选取隧道拱顶、仰拱、左右拱腰、左右拱肩、左右拱脚 8 个点作为特征点，如图 6-18 所示。

为求解隧道节点荷载 $\{F\}_{3n\times1}$，以 m 个关键节点的水平及竖直节点力作为未知数，通过对相邻两个特征点之间的节点进行线性插值，得出节点荷载 $\{F\}_{3n\times1}$，其中包含 $2m$ 个未知量。因此，节点荷载 $\{F\}_{3n\times1}$ 的计算公式为：

$$[K]^{-1}_{2m\times3n}\{F\}_{3n\times1}=\{\delta\}_{2m\times1} \tag{6-70}$$

隧道工程实际中弹簧单元仅能受压，因此需要删除受拉弹簧。将 $\{F\}_{3n\times1}$ 代入式(6-70)得出隧道节点变形矩阵 $\{\delta\}_{3n\times1}$，则局部坐标系 oxy 下，弹簧单元的节点变形及内力分别为：

$$[\delta'_2]_{3\times1}=[R_2]_{3\times3}[\delta]_{3\times1} \tag{6-71}$$

$$[F'_2]_{3\times1}=[k'_2]_{3\times3}[\delta'_2]_{3\times1} \tag{6-72}$$

根据式(6-71)、式(6-72)计算各弹簧的节点力，当水平节点力小于或等于 0 时，该弹簧单元受拉，将其删除。

对式(6-71)、式(6-72)进行迭代计算，直至无受拉弹簧单元为止，得出隧道节点荷载矩阵 $\{F\}_{3n\times1}$。

（3）计算支护结构内力

将隧道节点荷载矩阵 $\{F\}_{3n\times1}$ 代入式(6-72)，得出总体坐标系 OXY 下隧道的节点变形矩阵 $\{\delta\}_{3n\times1}$，则梁单元的节点荷载为：

$$[F_1]_{6\times1}=[k_1]_{6\times6}[\delta]_{6\times1} \tag{6-73}$$

自重荷载下梁单元的节点荷载如图 6-19 所示。

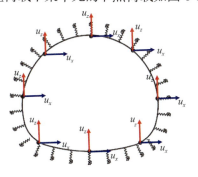

图 6-18 隧道横向特征点示意图

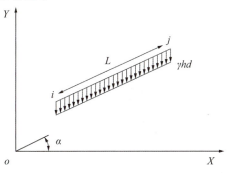

图 6-19 自重荷载下的节点荷载

i、j-单元两端节点；L-单元长度；γ-土体重度；h-埋深；d-隧道跨度

由图 6-19 得出，梁单元自重荷载下的节点荷载为：

$$\{F_3\}_{6\times1} = \begin{Bmatrix} F_{xi} \\ F_{yi} \\ M_i \\ F_{xj} \\ F_{yj} \\ M_j \end{Bmatrix} = \begin{Bmatrix} 0 \\ -\dfrac{\gamma bh}{2}L \\ -\dfrac{\gamma bh}{12}L^2\cos\alpha \\ 0 \\ -\dfrac{\gamma bh}{2}L \\ \dfrac{\gamma bh}{12}L^2\cos\alpha \end{Bmatrix} \quad (6\text{-}74)$$

式中：γ——梁单元材料重度，kN/m^3；

h——梁单元高度 h，m。

因此，局部坐标系 oxy 下，梁单元的内力为：

$$[F_1']_{6\times1} = [R_1]_{6\times6}^T(\{F_1\}_{6\times1} - \{F_3\}_{6\times1}) \quad (6\text{-}75)$$

6.1.4 地震动作用下隧道内力计算方法

为采用时程分析法计算地震动作用下隧道内力，采用数值计算软件建立计算模型，围岩为符合莫尔-库仑准则的理想弹塑性材料，隧道为弹性材料。根据研究对象及目的选取合理的水平向地震动，并根据 5.3 节中所提出的近断层地震动竖向与水平向峰值比生成对应的竖向地震动。当模型底部为刚性地基时，可直接输入加速度或者速度时程；若模型底部为柔性地基时，则需要将加速度或者速度时程转换为应力时程进行输入，其转换公式为：

$$\sigma_n = 2\rho C_p v_n \quad (6\text{-}76)$$

$$\sigma_s = 2\rho C_s v_s \quad (6\text{-}77)$$

式中：σ_n、σ_s——施加在模型上的法向应力和切向应力，Pa；

ρ——介质密度，kg/m^3；

C_p、C_s——p 波和 s 波的波速，m/s；

v_n、v_s——法向和切向速度时程。

为模拟地震动在传播过程中的能量消减，计算中的阻尼采用瑞利阻尼，临界阻尼比采用 0.05。为模拟地震动的传播，计算模型底部施加黏性边界，四周施加自由场边界，如图 6-20 所示。

黏性边界是在边界的法向和切向方向设置阻尼器，通过吸收地震动能量的方式形成类似边界的效果。阻尼器在边界上提供的法向和切向黏性力大小计算公式为：

$$t_n = -\rho C_p v_n \quad (6\text{-}78)$$

$$t_s = -\rho C_s v_s \quad (6\text{-}79)$$

图 6-20 地震动分析动力边界条件

自由场边界是在模型的四周设置不反射自由波的自由场。横向边界的主网格和自由场网格通过阻尼器耦合在一起，自由场单元节点产生的不

平衡力传到主网格上,各个方向上的不平衡力有如下关系:

$$F_x = -\rho C_p(v_x^m - v_x^{ff})A + F_x^{ff} \tag{6-80}$$

$$F_y = -\rho C_p(v_y^m - v_y^{ff})A + F_y^{ff} \tag{6-81}$$

$$F_z = -\rho C_p(v_z^m - v_z^{ff})A + F_z^{ff} \tag{6-82}$$

式中： A——自由场节点影响面积，m^2；

v_x^m、v_y^m、v_z^m、v_x^{ff}、v_y^{ff}、v_z^{ff}——主网格节点以及与之对应的自由场节点由波动引起的质点振动速度沿坐标轴的三个分量，m/s；

F_x^{ff}、F_y^{ff}、F_z^{ff}——自由场中影响单元法向应力及切向应力的节点力的三个分量，N。

为了充分考虑发震断层的地震动特征,对距断层1km以内的地震动进行调研,得到6个台站记录到的集集地震中的地震动。根据断层上下盘位置关系,位于断层上盘的台站有TCU068、TCU052,距断层距离分别10m、660m;位于断层下盘的台站有TCU065、TCU067、TCU075、TCU102,距断层距离分别100m、500m、170m、550m。由于计算模型的长度为400m（上、下盘各200m）,因此将台站TCU052（断层距660m）、TCU068（断层距10m）、TCU065（断层距100m）和TCU075（断层距170m）记录到的地震动分别从模型底部上盘距断层>100m、上盘距断层0~100m、下盘距断层0~100m和下盘距断层>100m范围进行输入,如图6-21所示。

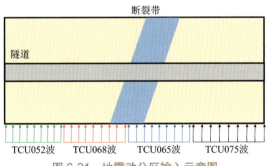

图 6-21 地震动分区输入示意图

选取TCU052波、TCU068波、TCU065波和TCU075波EW方向能量最大的20s时段进行基线校正,作为动力分析输入的地震动,如图6-22所示。

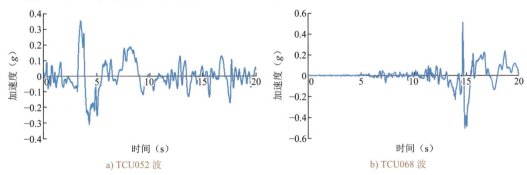

图 6-22

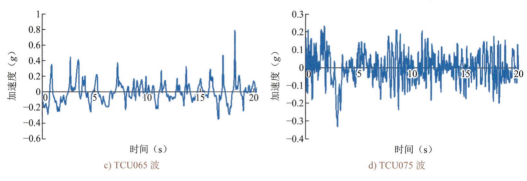

c) TCU065 波　　　　　　　　　　　d) TCU075 波

图 6-22　动力分析输入的地震加速度时程曲线

6.1.5　工程应用

为验证计算模型的合理性，以某隧道为背景进行分析，断层计算参数见表 6-1。

断层计算参数　　　　　　　　　　　　　表 6-1

断层类型	断层倾角（°）	错动量（m）	地震震级
左旋走滑	84	3	6.9

隧道计算参数见表 6-2。

隧道计算参数　　　　　　　　　　　　　表 6-2

参数	取值	参数	取值
隧道跨度（m）	15	隧道高度（m）	13
衬砌厚度（m）	0.6	衬砌弹性模量（Pa）	33.5×10^9
钢筋抗拉强度设计值（Pa）	270×10^6	混凝土轴心抗压强度设计值（Pa）	30×10^6
纵断面钢筋间距（m）	0.25	钢筋直径（m）	0.022
横断面钢筋间距（纵向）（m）	0.25	隧道与断裂带交角（°）	70

走滑断层错动下，隧道纵断面沿水平向、纵向发生变形，在断层处达到峰值，且随着断层距的增大而逐渐减小，当断层距大于 10m 后，变形量趋于 0，如图 6-23 所示。

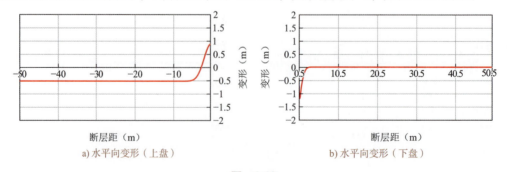

a) 水平向变形（上盘）　　　　　　　　　b) 水平向变形（下盘）

图　6-23

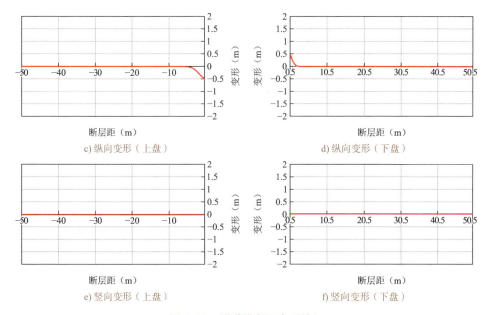

图 6-23 隧道纵断面变形特征

走滑断层错动下,隧道纵断面产生轴力、弯矩及剪力,且内力主要集中于断层附近约 10m 范围内,在此范围外内力基本为 0。断层上盘约 10m、下盘约 7m 范围内,隧道纵断面安全系数小于规范控制值 1.8,发生破坏。此外,隧道所穿越的断层宽度约 280m,与断层错动所导致的隧道破坏范围之和约为 297m,与现场调查所得出的 350m 严重破坏范围接近,如图 6-24 所示。

走滑断层错动下,隧道横断面产生挤压、错动,且随着断层距的减小,挤压程度逐渐增大,当断层距小于 2m 时,隧道横断面发生错断,如图 6-25、图 6-26 所示。

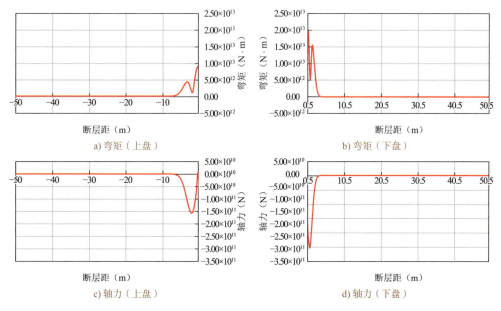

图 6-24

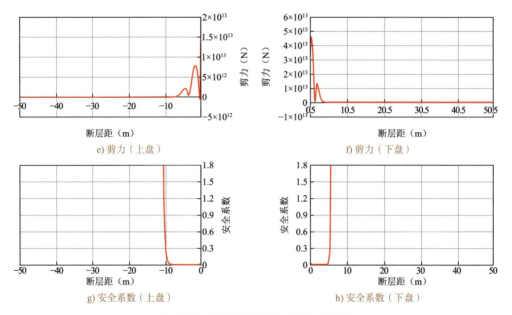

e) 剪力（上盘）　　　　　　　　f) 剪力（下盘）

g) 安全系数（上盘）　　　　　　h) 安全系数（下盘）

图 6-24　隧道纵断面内力及安全系数

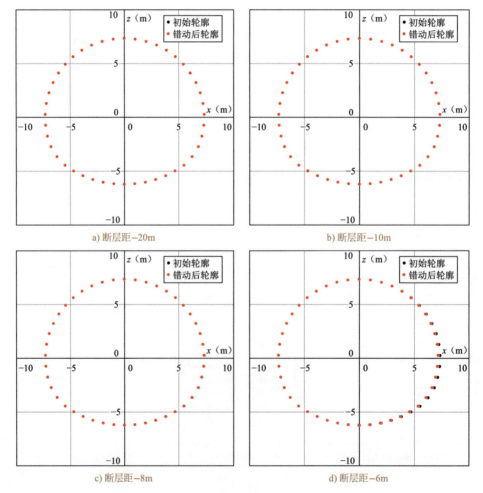

a) 断层距-20m　　　　　　　　b) 断层距-10m

c) 断层距-8m　　　　　　　　d) 断层距-6m

图 6-25

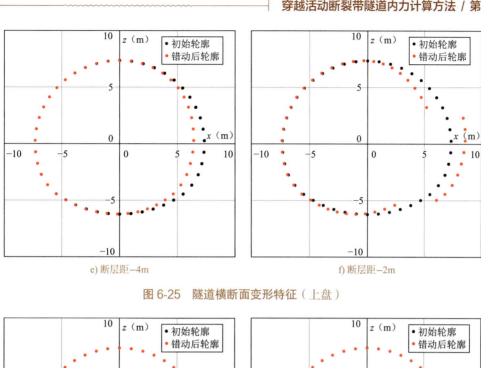

e) 断层距-4m　　　　　　　　　　f) 断层距-2m

图 6-25　隧道横断面变形特征（上盘）

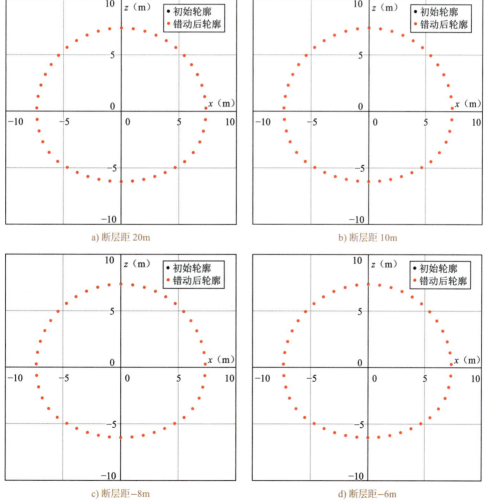

a) 断层距 20m　　　　　　　　　　b) 断层距 10m

c) 断层距-8m　　　　　　　　　　d) 断层距-6m

图 6-26

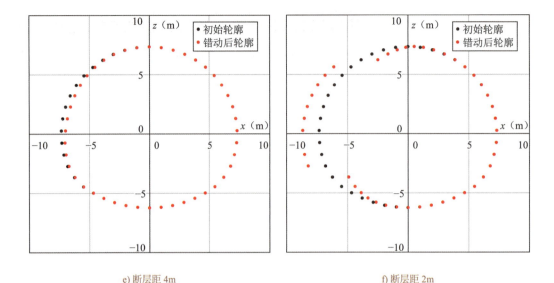

e) 断层距 4m   f) 断层距 2m

图 6-26　隧道横断面变形特征（下盘）

现场所调研得到的隧道挤压破坏特征与计算结果对比如图 6-27 所示。

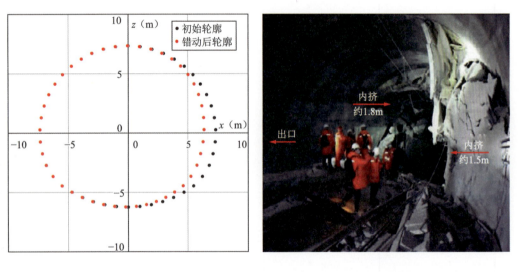

a) 理论计算结果（断层距为−4m）   b) 现场调研结果

图 6-27　隧道挤压破坏特征对比

由图 6-27 可知，现场挤压变形量约为 1.5m，计算结果得出挤压变形量约为 1.3m，吻合良好。

以断层距为−4m 处横断面为例，将隧道横断面变形代入变形-结构模型中，得出隧道横断面轴力、弯矩、安全系数如图 6-28 所示。

由图 6-28 可知，隧道横断面各横截面主要为受压控制，且除右拱肩外，其余各部位均发生破坏。

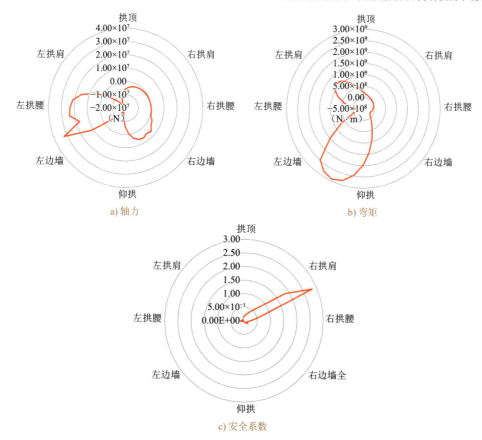

图 6-28　隧道横断面内力及安全系数（断层距为–4m）

6.2　基于损伤本构的穿越活动断裂带隧道内力计算方法

6.2.1　混凝土损伤本构模型

单轴压缩条件下，混凝土单轴应力-应变曲线如图 6-29 所示。

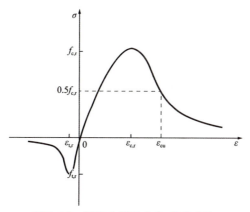

图 6-29　混凝土单轴应力-应变曲线

混凝土单轴受压的压损伤$d_{c,i}$计算公式为：

$$d_{c,i} = \begin{cases} 1 - \dfrac{\rho_c n}{n-1+x^n} & x \leqslant 1 \\ 1 - \dfrac{\rho_c}{\alpha_c(x-1)^2 + x} & x > 1 \end{cases} \quad (6\text{-}83)$$

$$\rho_c = \frac{f_{c,r}}{E\varepsilon_{c,r}} \quad (6\text{-}84)$$

$$n = \frac{E\varepsilon_{c,r}}{E\varepsilon_{c,r} - f_{c,r}} \quad (6\text{-}85)$$

$$x = \frac{\varepsilon_{cmax,i}}{\varepsilon_{c,r}} \quad (6\text{-}86)$$

式中：α_c——混凝土单轴受压应力-应变曲线下降段参数值，可根据《混凝土结构设计规范》（GB 50010—2010）取值；

$f_{c,r}$——混凝土单轴抗压强度代表值，其值可根据实际结构分析的需要分别取f_c、f_{ck}或f_m，可根据《混凝土结构设计规范》（GB 50010—2010）取值；

$\varepsilon_{c,r}$——与单轴抗压强度$f_{c,r}$相应的混凝土峰值压应变，可根据《混凝土结构设计规范》（GB 50010—2010）取值。

混凝土单轴受拉的拉损伤$d_{t,i}$计算公式为：

$$d_{t,i} = \begin{cases} 1 - \rho_t(1.2 - 0.2x^5) & x \leqslant 1 \\ 1 - \dfrac{\rho_t}{\alpha_t(x-1)^{1.7} + x} & x > 1 \end{cases} \quad (6\text{-}87)$$

$$x = \frac{\varepsilon_{tmax,i}}{\varepsilon_{t,r}} \quad (6\text{-}88)$$

$$\rho_c = \frac{f_{t,r}}{E\varepsilon_{t,r}} \quad (6\text{-}89)$$

式中：α_t——混凝土单轴受拉应力-应变曲线下降段参数值，可根据《混凝土结构设计规范》（GB 50010—2010）取值；

$f_{t,r}$——混凝土单轴抗拉强度代表值，其值可根据实际结构分析的需要分别取f_t、f_{tk}或f_{tm}，可根据《混凝土结构设计规范》（GB 50010—2010）取值；

$\varepsilon_{t,r}$——与单轴抗压强度$f_{c,r}$相应的混凝土峰值拉应变，可根据《混凝土结构设计规范》（GB 50010—2010）取值。

求出隧道第i截面拉损伤$d_{t,i}$及压损伤$d_{c,i}$后，得出最大损伤量为：

$$d_i = \max(d_{c,i}, d_{t,i}) \quad (6\text{-}90)$$

因此，隧道第i截面损伤弹性模量E_i为：

$$E_i = (1 - d_i)E_{c0} \quad (6\text{-}91)$$

式中：E_{c0}——弹性条件下的混凝土弹性模量。

6.2.2 断裂带错动及地震动输入方法

（1）断裂带错动边界条件

计算中主要考虑了正断层、逆断层及走滑断层三种断裂带类型，上下盘最大错动量均为1m。以正断层竖向变形、逆断层竖向变形及走滑断层水平向变形为例，根据表4-8得到断裂带错动下地层变形曲线，如图6-30所示。

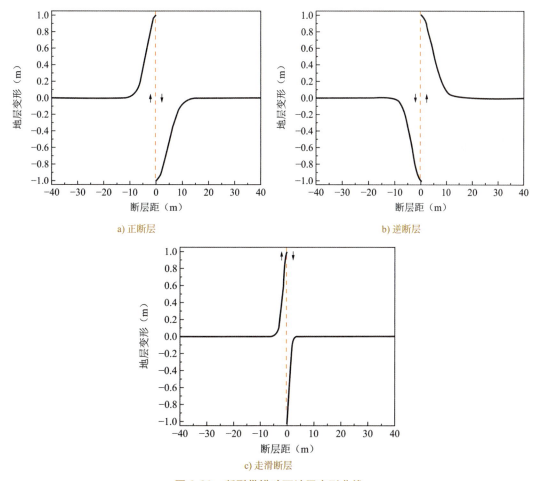

图 6-30 断裂带错动下地层变形曲线

如图6-30所示，拟合活动断裂带错动下地层变形曲线时，为了简化拟合过程，将调研所得地层变形数据分别减去了对应的上盘最大变形量u_{1max}和下盘最大变形量u_{2max}。因此，在输入地层变形曲线时，应分别在上、下盘变形曲线基础上加上最大变形量u_{1max}、u_{2max}，如图6-31所示。

计算过程中，根据图6-31所示的计算结果，在对应的边界处施加强制位移，模拟断裂带的错动，如图6-32所示。

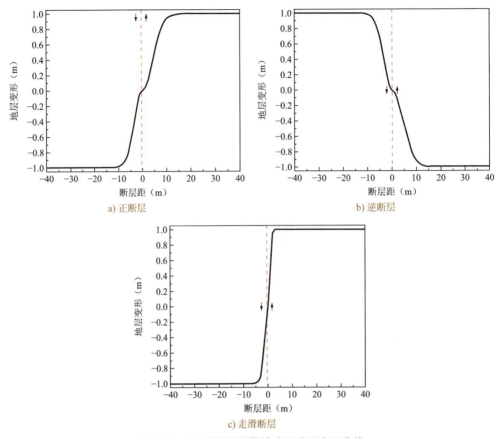

图 6-31 平移后断裂带错动下地层变形曲线

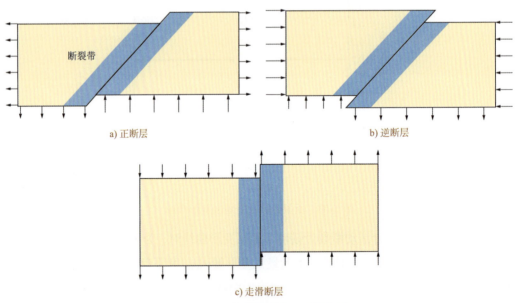

图 6-32 断裂带错动变形边界条件

（2）地震动输入方法

地震动输入过程中，所采用的动力边界条件与 6.1.4 节相同，不再赘述。

6.2.3 隧道破坏判据

相关研究表明，穿越活动断裂带隧道主要发生剪切、拉伸、压缩破坏，其中剪切应变可采用剪应变进行分析，拉伸破坏可采用拉伸损伤因子进行分析，压缩破坏可采用压缩损伤因子进行分析。

混凝土允许的极限剪切应变为[235,236]：

$$[\varepsilon_s] = \frac{\tau}{G} \tag{6-92}$$

$$\tau = c \times \sigma_{cu} \tag{6-93}$$

式中：τ——混凝土抗剪强度，MPa；

c——常数，一般取为 0.095～0.121；

σ_{cu}——混凝土抗压强度，MPa；

G——混凝土剪切模量，MPa，$G = 0.4E$；

E——混凝土弹性模量，MPa。

由式(6-92)计算得出，C40 混凝土极限剪切应变为 257με。

依据相关研究，混凝土裂缝宽度 ω_t 与拉伸损伤因子 d_t 关系如下[235,236]：

$$d_t = \frac{\omega_t}{\omega_t + (\sigma_t h_c)/E} \tag{6-94}$$

式中：h_c——特征值长度，m，对于八节点积分单元而言等于单元边长；

σ_t——混凝土抗拉强度，MPa。

以混凝土裂缝宽度限值 0.2mm 为标准，由式(6-94)计算得到混凝土拉伸破坏判据为 0.79。

根据相关研究[235,236]，当混凝土压缩损伤因子大于 0.65 时，混凝土结构产生破坏，因此取 0.65 作为混凝土压缩破坏判据。

综上所述，混凝土破坏判据及取值见表 6-3。

隧道破坏指标及取值 表 6-3

破坏模式	指标	取值
剪切破坏	剪应变	257με
拉伸破坏	拉伸损伤因子	0.79
压缩破坏	压缩损伤因子	0.65

6.2.4 工程应用

1）计算模型

建立断层错动-地震动联合作用下隧道数值模型，其中隧道埋深为 30m，模型左右及下方边界均为 3 倍洞径，计算模型尺寸为 75m×400m×75m，断层倾角 76°，断裂带宽度为 50m，隧道与断层正交。采用接触面单元模拟断层面、围岩、初期支护、二次衬砌的相互作用。沿隧道纵向由上盘指向下盘为y轴，沿隧道竖向为z轴，沿隧道水平向为x轴，如图6-33所示。

2）计算参数

隧道采用复合式衬砌，采用三心圆拱断面形式，初期支护厚度为27cm（C30混凝土），二次衬砌厚度为70cm（C40钢筋混凝土），隧道跨度15.3m，高度14.28m，如图6-34所示。

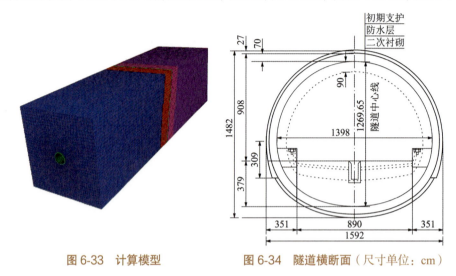

图6-33　计算模型　　　　　图6-34　隧道横断面（尺寸单位：cm）

初期支护采用弹性本构模拟，C30喷射混凝土重度、弹性模量、泊松比分别为22kN/m³、25GPa、0.2。二次衬砌采用混凝土损伤本构模拟，重度、弹性模量、泊松比分别为23kN/m³、32.5GPa、0.2，根据《混凝土结构设计规范》（GB 50010—2010）得出C40混凝土单轴应力-应变曲线、损伤因子-应变曲线如图6-35所示。

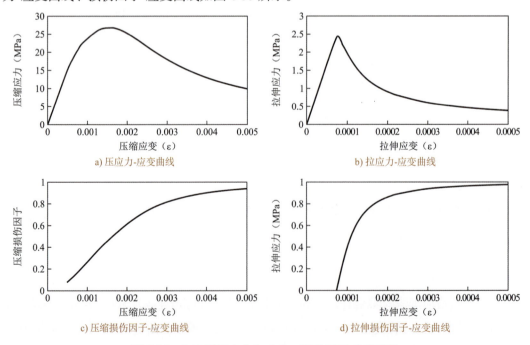

a) 压应力-应变曲线　　　　　b) 拉应力-应变曲线

c) 压缩损伤因子-应变曲线　　　d) 拉伸损伤因子-应变曲线

图6-35　C40混凝土应力-应变、损伤因子-应变曲线

围岩为符合莫尔-库仑准则的理想弹塑性材料,断裂带围岩、断裂带物理力学参数见表6-4。根据折多塘断层现场地质勘察资料,并结合《铁路隧道设计规范》(TB 10003—2016),选取岩土物理力学参数见表6-4。

围岩物理力学参数　　　　　　　　　　　　　　　　　　　　表6-4

项目	重度(kN/m³)	弹性模量(GPa)	泊松比	黏聚力(kPa)	摩擦角(°)
围岩	18	1.0	0.35	234	23
断裂带	16	0.5	0.4	90	20

沿模型纵向布置67个监测断面,各监测断面间隔6m,各横断面选取拱顶、拱肩、拱腰、拱脚、仰拱等8个测点,如图6-36所示。

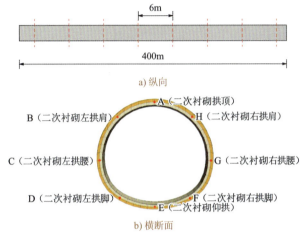

图 6-36　隧道衬砌监测点示意图

3)计算结果

以走滑断层错动为例,分析断层错动-地震动联合作用下隧道的破坏特征。

(1)断层错动作用下隧道响应特征

走滑断层错动下,隧道剪切应变(取横断面8测点平均值)如图6-37所示。

由图6-37可知,走滑断层错动下,剪应变峰值位于断层面处,随着断层距的增大,剪应变逐渐减小,当断层距超过30m后收敛。

走滑断层错动下,隧道拉损伤(取横断面8测点平均值)如图6-38所示。

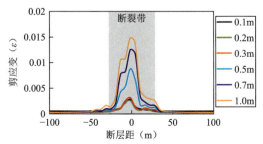

图 6-37　走滑断层错动下隧道剪应变特征

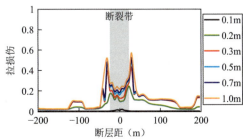

图 6-38　走滑断层错动下隧道拉损伤特征

由图6-38可知，走滑断层错动下，随着断层距的增大，拉损伤逐渐增大并在断裂带附近达到峰值，随后逐渐减小，当断层距超过50m后收敛。

走滑断层错动下，隧道压损伤（取横断面8测点平均值）如图6-39所示。

由图6-39可知，走滑断层错动下，随着断层距的增大，压损伤逐渐增大并在断层面附近达到峰值，随后逐渐减小，当断层距超过50m后收敛。

（2）断层错动-地震动联合作用下隧道响应特征

走滑断层错动-地震动联合作用下，隧道剪切应变（取横断面8测点平均值）如图6-40所示。

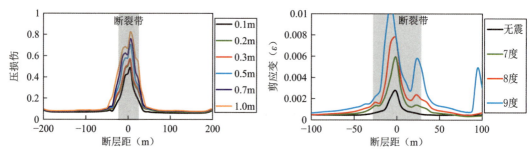

图6-39 走滑断层错动下隧道压损伤特征　　图6-40 走滑断层错动下隧道剪应变特征

由图6-40可知，走滑断层错动-地震动联合作用下，剪应变峰值位于断层面处，随着断层距的增大，剪应变逐渐减小，当断层距超过50m后收敛。

走滑断层错动-地震动联合作用下，隧道拉损伤（取横断面8测点平均值）如图6-41所示。

由图6-41可知，走滑断层错动-地震动联合作用下，随着断层距的增大，拉损伤逐渐增大并在断裂带附近达到峰值，随后逐渐减小，当断层距超过50m后收敛。

走滑断层错动-地震动联合作用下，隧道压损伤（取横断面8测点平均值）如图6-42所示。

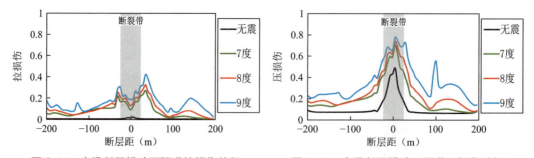

图6-41 走滑断层错动下隧道拉损伤特征　　图6-42 走滑断层错动下隧道压损伤特征

由图6-42可知，走滑断层错动下，随着断层距的增大，压损伤逐渐增大并在断层面附近达到峰值，随后逐渐减小，当断层距超过50m后收敛。

6.3 穿越活动断裂带隧道内力计算方法适用情况

针对不同断裂带类型及设防区段，以上计算方法的适用情况见表 6-5。

穿越活动断裂带隧道内力计算方法适用情况　　　　　表 6-5

断裂带类型	设防区段	作用类型	弹性本构		损伤本构	
			错动作用下内力计算方法	地震动作用下内力计算方法	错动作用下内力计算方法	地震动作用下内力计算方法
黏滑	核心段	错动+地震动	√	√	√	√
	强烈影响段	地震动	—	√	—	√
	一般影响段	地震动	—	√	—	√
蠕滑	—	错动	√	√	√	—

SEISMIC AND SHOCK ABSORPTION TECHNOLOGY
OF TUNNELS CROSSING
ACTIVE FAULT ZONES

穿越活动断裂带隧道抗减震技术

第 7 章

穿越活动断裂带隧道核心段韧性结构形式

本章采用数值模拟手段，明确了在设置变形缝、减震层、加固围岩等措施条件下，穿越活动断裂带隧道结构的抗错性，提出了"外衬错断，中间吸能，内衬抗震"的隧道三层韧性结构形式，研究分析了错震联合作用下隧道三层韧性结构的力学特征。

7.1 穿越活动断裂带隧道韧性结构体系

根据破坏程度的不同，可将穿越活动断裂带隧道分为核心段、强烈影响段和一般影响段，其中核心段受断层错动、地震动和轴向拉压的同时作用，强烈影响段受地震动和轴向拉压作用，一般影响段受地震动作用。为此提出穿越活动断裂带隧道韧性结构体系，针对不同错动量条件下，不同区段采用不同设防措施，如图 7-1 所示。

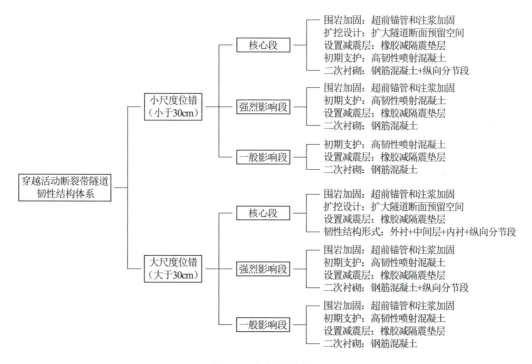

图 7-1 韧性结构体系

其中，韧性结构形式适用于大尺度位错穿越活动断裂带隧道，为本书提出的新型结构形式。

由于现有穿越活动断裂带隧道设防措施不能适应米级的断裂带错动，为解决穿越活动断裂带隧道抗震问题，提出"外层错断，中间吸能，内层抗震"的隧道韧性结构形式。该韧性结构形式综合了纵向分段、横断面设置减震层、加固围岩等原有的抗错断措施，如图 7-2 所示。

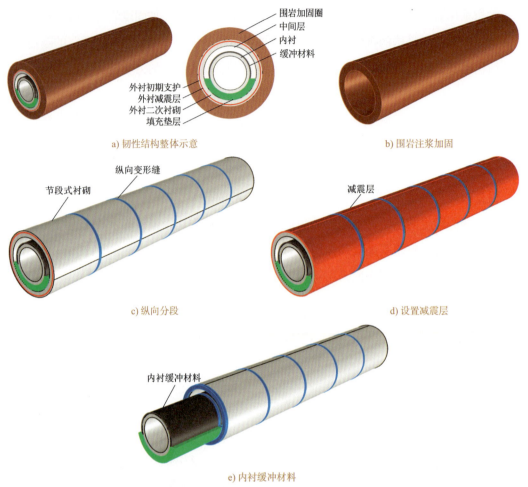

图 7-2 穿越活动断裂带隧道韧性结构形式

由图 7-2 可知,穿越活动断裂带隧道韧性结构主要由内衬、中间层及外衬三部分组成,且内衬表面设置缓冲材料用于承受冲击荷载。韧性结构各层的作用及所受荷载分别如下:

(1) 外衬

不发生地震时,外衬在围岩压力的作用下处于安全状态;发生地震时,外衬能够抵抗较小的断裂带错动,如图 7-3 所示。

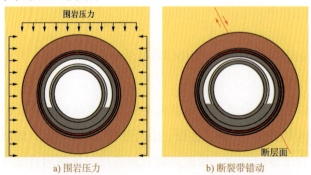

图 7-3 穿越活动断裂带隧道韧性结构外衬受力示意图

（2）中间层

发生地震时，中间层吸收外衬在断裂带错动作用下发生的变形，使得错动作用下内、外衬之间不发生直接接触，防止内衬受到断裂带的挤压作用，如图7-4所示。

（3）内衬

发生地震时，内衬承受断裂带错动导致外衬破坏后产生的冲击荷载及垮塌后产生的围岩压力，此时，内衬能够抵承受地震荷载，如图7-5所示。

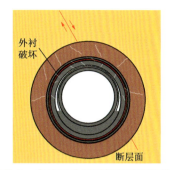

图 7-4　穿越活动断裂带隧道韧性结构中间层吸收变形示意图

  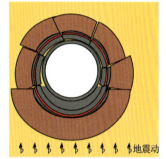

a) 外衬破坏后的冲击荷载　　　b) 外衬垮塌后的围岩压力　　　c) 强地震动

图 7-5　穿越活动断裂带隧道韧性结构内衬受力示意图

7.2　隧道设置变形缝对断裂带错动的响应特征

对于穿越活动断裂带隧道而言，"铰接设计"是指将整体隧道沿纵向划分为多个节段，且节段间采用具有一定的大变形承受能力的柔性连接，如图7-6所示。在断层错动作用下，通过设置的柔性连接去吸收断层强制位移，使得破坏集中在断层面附近，从而降低破坏范围和破坏程度。

为了分析断层错动下纵向铰接设计的抗错断性能，依托大梁隧道展开数值模拟研究。采用 ABAQUS 大型有限元软件模拟断层错动，围岩等级为Ⅵ级，隧道埋深约 55m，设计速度为 250km/h，隧道断面及隧道分节段情况如图 7-7、图 7-8 所示。初期支护材料采用强度等级为 C25 的素混凝土，二次衬砌材料采用强度等级为 C35 的钢筋混凝土，纵向钢筋及环向钢筋均采用 HRB400，纵向钢筋直径 16mm、间距 25cm，配筋率 0.23%，环向钢筋直径 25mm、间距 20cm，配筋率 0.706%。节段隧道间设置变形缝，变形缝宽度为 0.2m。数值模型尺寸为 $X \times Y \times Z = 100m \times 200m \times 100m$，断层倾角为 76°，隧道与断层交角为 90°，计算中将断裂带简化为一个断层面以模拟上下盘相互错动作用，数值模型如图 7-9 所示。

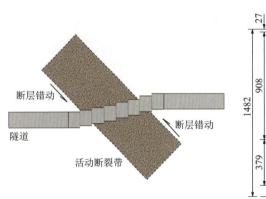

图 7-6 纵向铰接设计理念示意图　　图 7-7 隧道断面示意图（尺寸单位：cm）

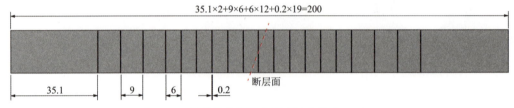

图 7-8 隧道分节段示意图（尺寸单位：m）

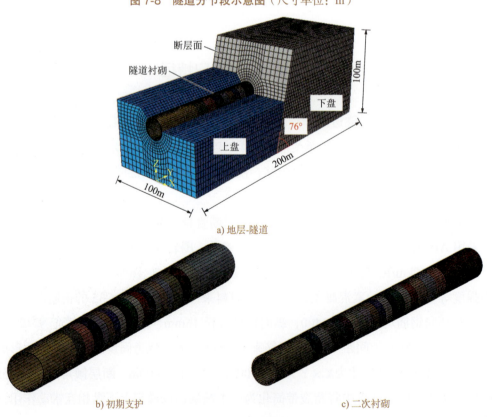

a) 地层-隧道

b) 初期支护　　　　　　　　　　c) 二次衬砌

图 7-9 数值计算模型

在围岩上盘与下盘、围岩与初期支护、初期支护与二次衬砌间设置成对接触面模拟摩擦作用,接触作用法向行为设为硬接触并允许分离,切向行为设为罚接触并考虑摩擦系数。根据相关学者的研究,上下盘间的摩擦系数设为 0.1,围岩与初期支护间的摩擦系数设为 0.8,初期支护与二次衬砌间由于防水板的存在,摩擦系数设为 0.1,衬砌节段间的摩擦系数为 0.5。

围岩采用莫尔-库仑模型,初期支护、二次衬砌和变形缝均采用弹性模型,根据现场勘测资料、《铁路隧道设计规范》(TB 10003—2016)及《混凝土结构设计规范》(GB 50010—2010),围岩及衬砌的物理力学参数取值见表 7-1。

围岩及衬砌物理力学参数　　　　表 7-1

项目	重度（kN/m³）	弹性模量E（GPa）	泊松比μ	黏聚力c（MPa）	摩擦角φ（°）
围岩	18.42	0.585	0.45	0.234	20
初期支护（C25）	23	30	0.2	—	—
二次衬砌（C35）	25	32.5	0.2	—	—
变形缝	12	0.32	0.4	—	—

实际工程中活动断裂带往往具有一定的宽度,发生地震时断层错动面可能发生在断层宽度内的任意位置。因此,对于纵向铰接设计的节段式隧道衬砌而言,既有可能以跨缝的形式穿越活动断裂带,也有可能以对缝的形式穿越活动断裂带,如图 7-10 所示。

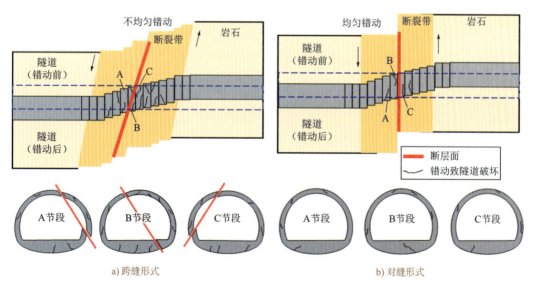

图 7-10　跨缝形式及对缝形式示意图

设置计算工况时考虑减震缝形式,同时为了分析纵向铰接设计的抗错断性能,逐级增加错动量,详细计算工况见表 7-2。

纵向抗错断结构形式计算工况　　　　　　　表 7-2

断层类型	埋深（m）	倾角（°）	交角（°）	减震缝形式	断层错动量（m）
左旋走滑断层	55	76	90	跨缝	0.1、0.2、0.3、0.4、0.5
				对缝	0.1、0.2、0.3、0.4、0.5

本书采用安全系数作为评判隧道安全性的基准，参考《铁路工程抗震设计规范》（GB 50111—2006）、《公路隧道抗震设计规范》（JTG 2232—2019）和《铁路隧道设计规范》（TB 10003—2016）等，钢筋混凝土衬砌的抗拉安全系数控制值取为 1.8，抗压和抗剪安全系数控制值取为 1.5。

7.2.1　变形缝对缝对断裂带错动的响应特征

（1）变形及应力分析

以断层错动量 0.2m 为例，错动完成后隧道变形及应力如图 7-11 所示。

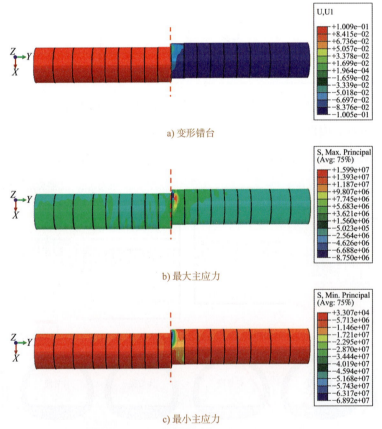

a）变形错台

b）最大主应力

c）最小主应力

图 7-11　减震缝形式为对缝时隧道变形及应力（错动量 0.2m）

由图 7-11 可知：当减震缝形式为对缝设置时，由于断层面正对减震缝，断层错动后隧道仅在断层面处发生错台现象，错台量与断层错动量相等；最大主应力及最小主应力峰值出现在断层面处衬砌，分别约为 15.99MPa 和 −68.92MPa。

（2）内力分析

错动完成后，隧道轴力、剪力及弯矩如图7-12～图7-14所示。

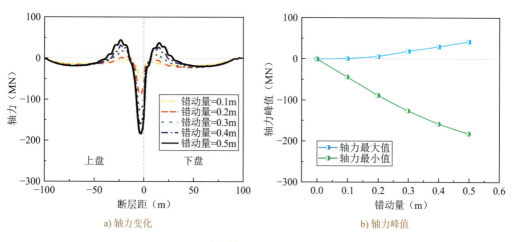

图7-12 减震缝形式为对缝时隧道轴力

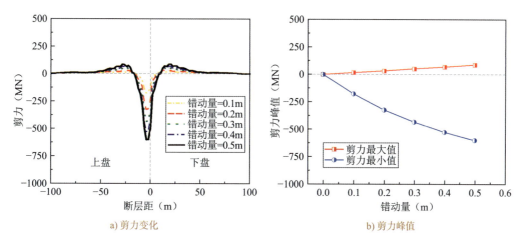

图7-13 减震缝形式为对缝时隧道剪力

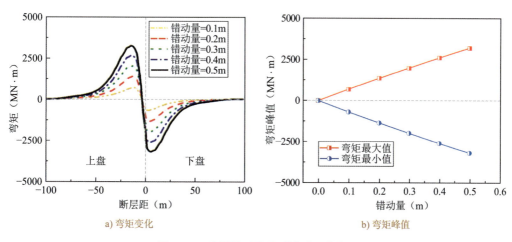

图7-14 减震缝形式为对缝时隧道弯矩

由图 7-12～图 7-14 可知：随着错动量的增加，隧道所承受的内力也逐渐增加，几乎呈线性增长趋势；错动量的改变只会影响隧道的内力峰值，而不会改变隧道内力的分布模式；当错动量达到 0.5m 时，隧道所承受的轴力峰值、剪力峰值和弯矩峰值分别为 181.5MN、600.1MN 和 3216MN·m。

（3）正截面安全系数

错动完成后隧道正截面安全系数如图 7-15 所示。

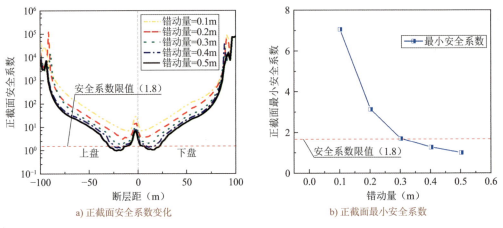

图 7-15　减震缝形式为对缝时隧道正截面安全系数

由图 7-15 可知：随着断层距的减小，隧道内力增加，正截面安全系数逐渐降低；错动量约为 0.3m 时，正截面最小安全系数达到临界值，隧道将发生破坏；当错动量达到 0.5m 时，隧道正截面安全系数进一步降低，破坏范围约为 54m。

（4）斜截面安全系数

错动完成后隧道斜截面安全系数如图 7-16 所示。

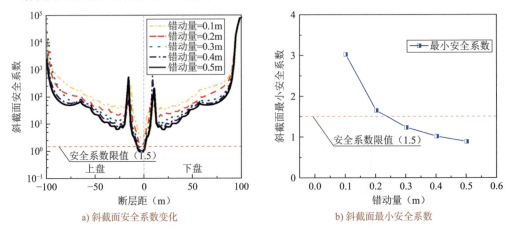

图 7-16　减震缝形式为对缝时隧道斜截面安全系数

由图 7-16 可知：斜截面安全系数同样在断层面附近区域内较低；错动量约为 0.24m 时，斜截面最小安全系数达到临界值，隧道将发生破坏；当错动量达到 0.5m 时，隧道斜截面破坏范围约为 8m。

综上所述，对于设计速度为 250km/h 的近圆形隧道断面，当初期支护为 C25 素混凝土，二次衬砌为 C35 钢筋混凝土，断层类型为左旋走滑断层，隧道纵向铰接设计为节段 6m、减震缝采用对缝时，在错动量超过 0.24m 后斜截面将发生剪切破坏，超过 0.3m 后正截面将发生压弯破坏。

7.2.2 变形缝错缝对断裂带错动的响应特征

（1）变形及应力分析

以断层错动量 0.2m 为例，错动完成后隧道变形及应力如图 7-17 所示。

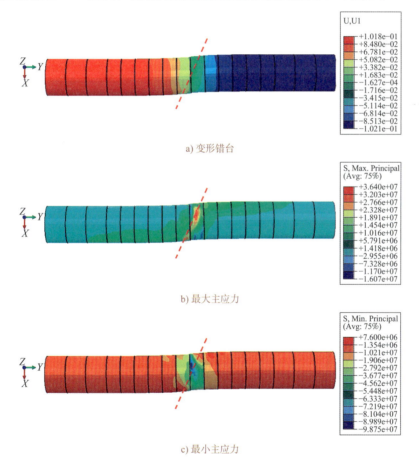

a) 变形错台

b) 最大主应力

c) 最小主应力

图 7-17 减震缝形式为跨缝时隧道变形及应力（错动量 0.2m）

由图 7-17 可知：当减震缝形式为跨缝设置时，由于断层面跨越多条减震缝，断层错动后隧道在断层面附近沿纵向发生错台现象，错台量在断层面处最大，往外逐渐递减；最大主应力及最小主应力峰值出现在断层面处衬砌，分别约为 36.40MPa 和 −98.75MPa。

（2）内力分析

错动完成后，隧道轴力、剪力及弯矩如图 7-18～图 7-20 所示。

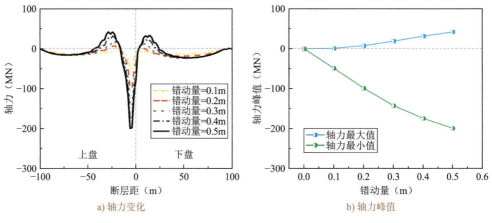

图 7-18　减震缝形式为跨缝时隧道轴力

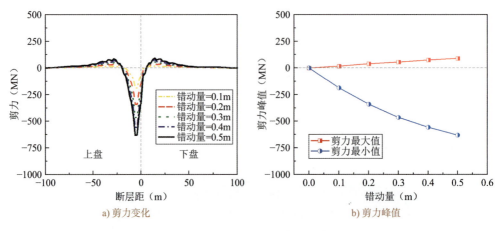

图 7-19　减震缝形式为跨缝时隧道剪力

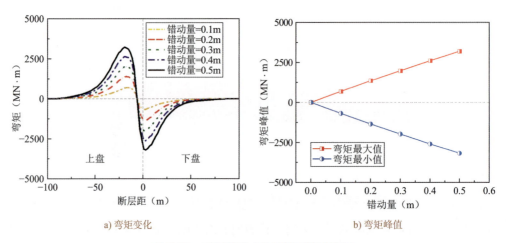

图 7-20　减震缝形式为跨缝时隧道弯矩

由图 7-18～图 7-20 可知：隧道内力峰值随着错动量增加几乎呈线性增长趋势；错动量的改变不会影响隧道内力的分布模式；当错动量达到 0.5m 时，隧道所承受的轴力峰值、剪力峰值和弯矩峰值分别为 199.2MN、631.7MN 和 3203MN·m。

（3）正截面安全系数

错动完成后隧道正截面安全系数如图7-21所示。

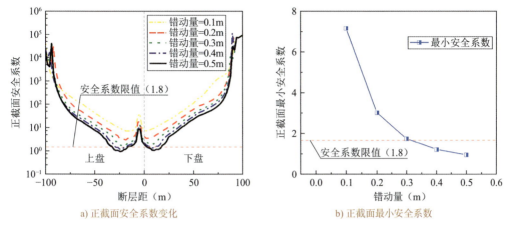

图7-21 减震缝形式为跨缝时隧道正截面安全系数

由图7-21可知：随着断层距的减小，隧道正截面安全系数逐渐降低；错动量约为0.32m时，正截面最小安全系数达到临界值，隧道将发生破坏；当错动量达到0.5m时，隧道正截面破坏范围约为54m。

（4）斜截面安全系数

错动完成后隧道斜截面安全系数如图7-22所示。

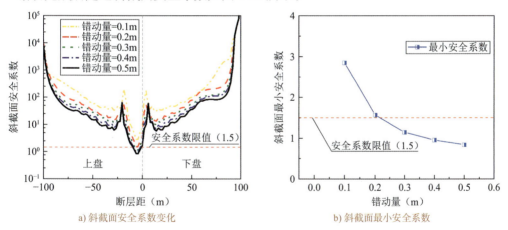

图7-22 减震缝形式为跨缝时隧道斜截面安全系数

由图7-22可知：错动量约为0.2m时，斜截面最小安全系数达到临界值，隧道将发生破坏；当错动量达到0.5m时，隧道斜截面破坏范围约为8m。

综上所述，对于设计速度为250km/h的近圆形隧道断面，当初期支护为C25素混凝土，二次衬砌为C35钢筋混凝土时，相对于减震缝采用对缝形式来说，设置为跨缝形式对隧道内力的影响并不大。当断层类型为左旋走滑断层，隧道纵向铰接设计为节段6m、减震缝采用跨缝时，在错动量超过0.2m后斜截面将发生剪切破坏，超过0.32m后正截面将发生压弯破坏。

7.3 隧道围岩加固及设置减震层对断裂带错动的响应特征

穿越活动断裂带隧道横断面抗震设计通常采用加固围岩和设置减震层等方式。其中加固围岩通过对隧道周边围岩注浆从而提高围岩的物理力学参数，使得围岩刚度与衬砌相匹配，有利于隧道结构抵抗地震荷载作用下产生的变形，如图 7-23 所示。学者们针对围岩注浆加固厚度及注浆参数已经取得了一些研究成果，相关参数见表 7-3。

围岩注浆加固厚度及注浆参数　　　　　　　　　　　　　　　　　表 7-3

序号	建议最优加固厚度（m）	注浆参数		
		重度（kN/m³）	弹性模量（MPa）	泊松比
1	3	2600	8000	0.28
2	2~3	2400	5000	0.3
3	3	2400	31000	0.2
4	6	2500	39000	0.18

设置减震层是在隧道的初期支护和二次衬砌之间填充刚度较小的柔性材料形成一个缓冲层，在断层错动作用下，能起到减小断层错动位移和吸收部分地震动能量的作用，大大提升隧道的整体安全性，如图 7-24 所示。学者们对减震层厚度及材料参数已经取得了一些研究成果，相关参数见表 7-4。

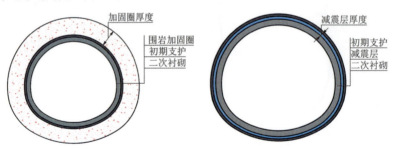

图 7-23　加固围岩示意图　　　　　图 7-24　设置减震层示意图

减震层厚度及注浆参数　　　　　　　　　　　　　　　　　　表 7-4

序号	减震层厚度（m）	注浆参数		
		重度（kN/m³）	弹性模量（MPa）	泊松比
1	0.1	10	1	0.4
2	0.2	10	100	0.35
3	0.2	10	5	0.35
4	0.15	10	20	0.4
5	0.2	11	300	0.45
6	0.2	11	30	0.45

续上表

序号	减震层厚度（m）	注浆参数		
		重度（kN/m³）	弹性模量（MPa）	泊松比
7	0.1～0.15	9.5	6	0.38
8	0.16	10	1	0.4

为了分析断层错动下隧道横断面采用加固围岩和设置减震层的抗错断性能，依托大梁隧道展开数值模拟研究。隧道纵向采用铰接设计，减震缝设置为对缝形式，围岩及衬砌材料的物理力学参数、数值模型尺寸、断层属性均与 7.1 节相同。在隧道横断面分别采用加固围岩和设置减震层的抗震设计，根据围岩加固和减震层的调研结果，加固围岩采用全环接触注浆加固，加固圈厚度为 3m；减震层设置在初期支护与二次衬砌之间，厚度为 0.2m。围岩注浆材料和减震层的物理力学参数见表 7-5，详细计算工况见表 7-6。

加固圈围岩及减震层物理力学参数　　　　　　　　　　　表 7-5

项目	重度（kN/m³）	弹性模量 E（GPa）	泊松比 μ	黏聚力 c（MPa）	摩擦角 φ（°）
围岩	18.42	0.585	0.45	0.234	20
加固圈围岩	24	5	0.3	—	—
减震层	10	0.03	0.4		

横断面抗错断结构形式计算工况　　　　　　　　　　　表 7-6

断层类型	埋深（m）	倾角（°）	交角（°）	横断面抗错断设计	断层错动量（m）
左旋走滑断层	55	76	90	加固围岩	0.1、0.2、0.3、0.4、0.5
				设置减震层	0.1、0.2、0.3、0.4、0.5

7.3.1　围岩加固对断裂带错动的响应特征

（1）内力分析

在纵向抗错断结构形式适应性中已给出减震缝为对缝形式下隧道变形及应力特征，因此，后续着重分析隧道的内力及安全性。错动完成后，隧道轴力、剪力及弯矩如图 7-25～图 7-27 所示。

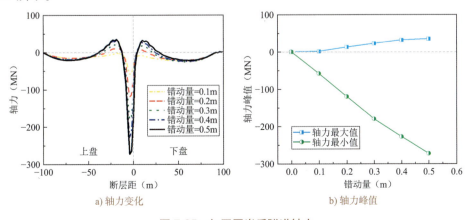

a) 轴力变化　　　　　　　　　　　b) 轴力峰值

图 7-25　加固围岩后隧道轴力

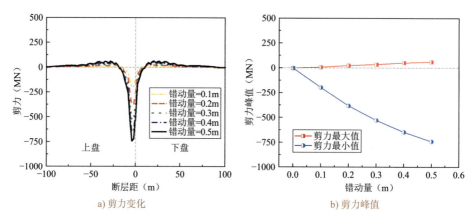

图 7-26 加固围岩后隧道剪力

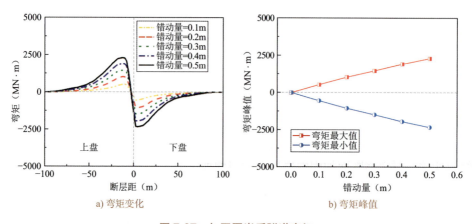

图 7-27 加固围岩后隧道弯矩

由图 7-25~图 7-27 可知：隧道内力峰值随着错动量增加而增加；错动量的改变不会影响隧道内力的分布模式；当错动量达到 0.5m 时，隧道所承受的轴力峰值、剪力峰值和弯矩峰值分别为 −272.5MN、−741.1MN 和 2321MN·m。

（2）正截面安全系数

错动完成后隧道正截面安全系数如图 7-28 所示。

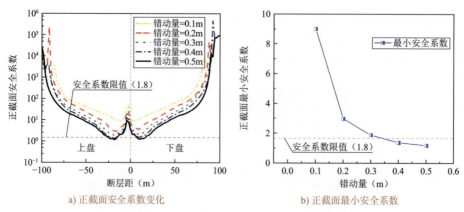

图 7-28 加固围岩后隧道正截面安全系数

由图 7-28 可知：当错动量约为 0.34m 时，正截面最小安全系数达到临界值，隧道将发生破坏；当错动量达到 0.5m 时，隧道正截面破坏范围约为 46m。

（3）斜截面安全系数

错动完成后隧道斜截面安全系数如图 7-29 所示。

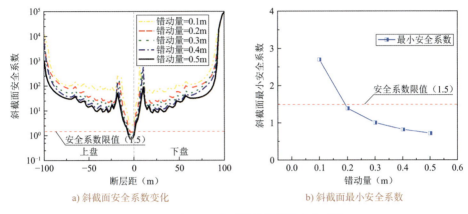

a) 斜截面安全系数变化　　　　b) 斜截面最小安全系数

图 7-29　加固围岩后隧道斜截面安全系数

由图 7-29 可知：当错动量约为 0.19m 时，斜截面最小安全系数达到临界值，隧道将发生破坏；当错动量达到 0.5m 时，隧道斜截面破坏范围约为 8m。

综上所述，隧道横断面加固围岩后会适当增加正截面承载能力，但斜截面承载能力会适当减小。对于设计速度为 250km/h 的近圆形隧道断面，当初期支护为 C25 素混凝土，二次衬砌为 C35 钢筋混凝土，断层类型为左旋走滑断层，隧道纵向铰接设计为节段 6m、减震缝采用对缝，横断面采用加固围岩设计时，在错动量超过 0.19m 后斜截面将发生剪切破坏，超过 0.34m 后正截面将发生压弯破坏。

7.3.2　设置减震层对断裂带错动的响应特征

（1）内力分析

错动完成后，隧道轴力、剪力及弯矩如图 7-30～图 7-32 所示。

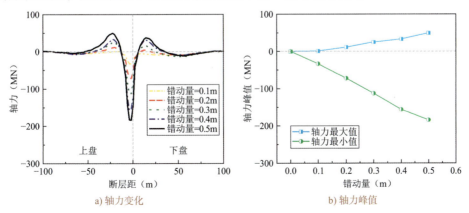

a) 轴力变化　　　　b) 轴力峰值

图 7-30　加固围岩后隧道轴力

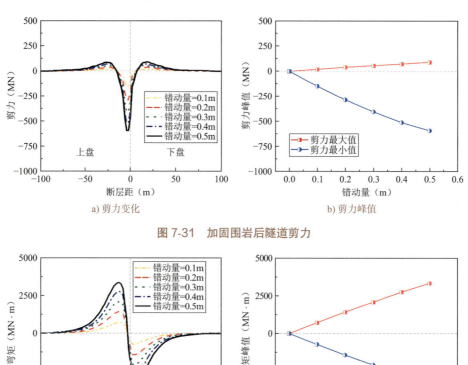

图 7-31 加固围岩后隧道剪力

图 7-32 加固围岩后隧道弯矩

由图 7-30～图 7-32 可知：隧道内力峰值随着错动量增加而增加；错动量的改变不会影响隧道内力的分布模式；当错动量达到 0.5m 时，隧道所承受的轴力峰值、剪力峰值和弯矩峰值分别为 -184.2MN、-592.4MN 和 3352MN·m。

（2）正截面安全系数

错动完成后隧道正截面安全系数如图 7-33 所示。

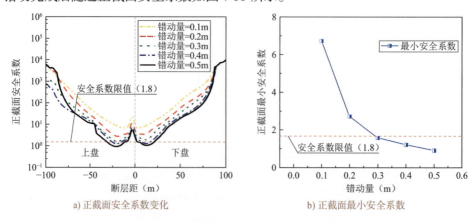

图 7-33 加固围岩后隧道正截面安全系数

由图 7-33 可知：当错动量约为 0.3m 时，正截面最小安全系数达到临界值，隧道将发生破坏；当错动量达到 0.5m 时，隧道正截面破坏范围约为 56m。

（3）斜截面安全系数

错动完成后隧道斜截面安全系数如图 7-34 所示。

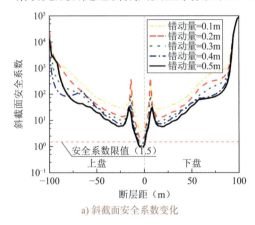
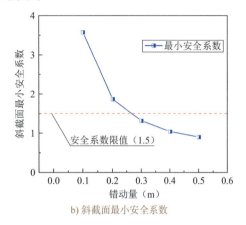

a) 斜截面安全系数变化　　　　　　　　b) 斜截面最小安全系数

图 7-34　加固围岩后隧道斜截面安全系数

由图 7-34 可知：当错动量约为 0.27m 时，斜截面最小安全系数达到临界值，隧道将发生破坏；当错动量达到 0.5m 时，隧道斜截面破坏范围约为 8m。

综上所述，隧道横断面设置减震层后会适当增加斜截面承载能力，但正截面承载能力几乎不产生变化，设置减震层后隧道的临界破坏错动量相较于加固围岩提升了 0.08m，说明横断面抗错断设计采用设置减震层的方式优于加固围岩。对于设计速度为 250km/h 的近圆形隧道断面，当初期支护为 C25 素混凝土，二次衬砌为 C35 钢筋混凝土，断层类型为左旋走滑断层，隧道纵向铰接设计为节段 6m、减震缝采用对缝，横断面采用设置减震层时，在错动量超过 0.27m 后斜截面将发生剪切破坏，超过 0.3m 后正截面将发生压弯破坏。

7.4　穿越活动断裂带隧道韧性结构响应特征

综上分析，在设置变形缝、加固围岩及设置减震层条件下，隧道结构所能承受的临界错动量见表 7-7。

不同设防措施下隧道破坏临界错动量（单位：m）　　表 7-7

设防措施	弯曲破坏临界错动量	剪切破坏临界错动量
变形缝（对缝）	0.3	0.24
变形缝（错缝）	0.32	0.2
变形缝 + 加固围岩	0.34	0.19
变形缝 + 减震层	0.3	0.27

由表 7-7 可知，设置变形缝、加固围岩及设置减震层条件下，隧道能够承受的错动量为 0.2～0.3m。同时，5·12 汶川地震、1·8 门源地震等国内大量震害实例显示，穿越活动断裂带隧道在米级的错动作用下，现有的抗震设防措施并不能保证隧道结构的安全，隧道出现错断、垮塌等严重震害。因此，需要提出一种新的韧性结构形式以抵抗米级的断裂带错动，保证隧道运营的安全。

为了明确断裂带米级错动作用下韧性结构的受力特征，开展数值模拟计算。由于目前尚未确定韧性结构的形式及材料，因此根据相关规范及工程案例，初步拟定韧性结构断面形式及材料。其中，内、外衬均为圆形断面，厚度分别为 0.6m、0.7m，材料均为 C35 钢筋混凝土，围岩及隧道结构计算参数、变形缝设置方案与 5.1 节及 5.2 节相同，断裂带错动量为 3m，中间层宽度为 3m，中间层范围为内衬高度的 0.8 倍范围，计算模型如图 7-35 所示。

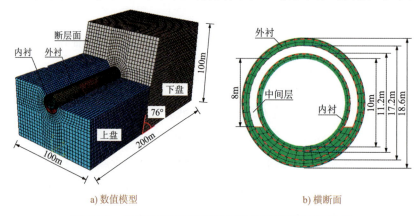

a) 数值模型　　　　b) 横断面

图 7-35　穿越活动断裂带隧道韧性结构计算模型示意图

（1）正断层错动下韧性结构力学响应分析

正断层错动下，韧性结构外衬及内衬变形如图 7-36 所示。

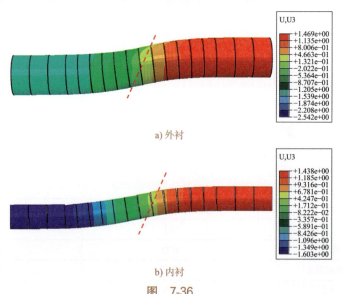

a) 外衬

b) 内衬

图 7-36

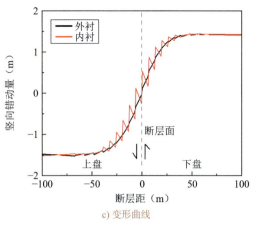

c) 变形曲线

图 7-36 正断层错动下韧性结构变形特征

由图 7-36 可知，正断层错动作用下，韧性结构外衬和内衬主要在竖直方向发生变形，各衬砌节段之间出现错台现象。

正断层错动下，韧性结构轴力、剪力、弯矩如图 7-37 所示。

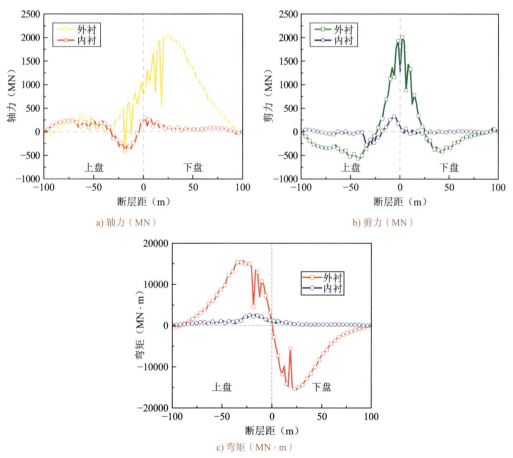

a) 轴力（MN）

b) 剪力（MN）

c) 弯矩（MN·m）

图 7-37 正断层错动下韧性结构受力特征

正断层错动下，韧性结构安全系数如图 7-38 所示。

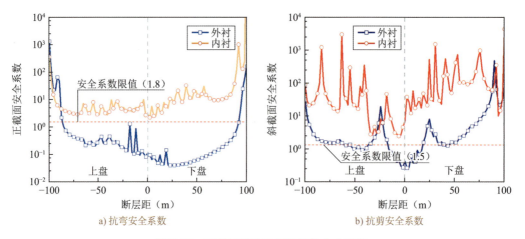

图 7-38 正断层错动下韧性结构安全系数

由图 7-37、图 7-38 可知：正断层错动下，韧性结构外衬的轴力、剪力和弯矩峰值分别为 -465.7MN、-571.4MN 和 -15660MN·m，内衬的轴力、剪力和弯矩峰值分别为 -402.9MN、319.6MN 和 2625MN·m；外衬的最小抗弯安全系数为 0.1，破坏范围约 176m，最小抗剪安全系数为 0.3，破坏范围约 114m；内衬的最小抗弯安全系数为 2.2，最小抗剪安全系数为 2.4，均满足要求。

（2）逆断层错动下韧性结构力学响应分析

逆断层错动下，外衬及内衬变形如图 7-39 所示。

由图 7-39 可知：逆断层错动作用下，韧性结构外衬和内衬主要在竖直方向发生变形，各衬砌节段之间出现错台现象。

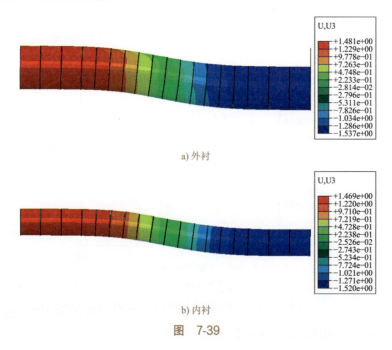

图 7-39

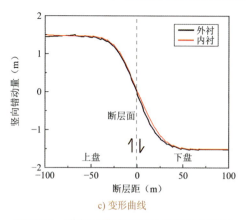

c) 变形曲线

图 7-39 逆断层错动下韧性结构变形特征

逆断层错动下,韧性结构轴力、剪力、弯矩如图 7-40 所示。

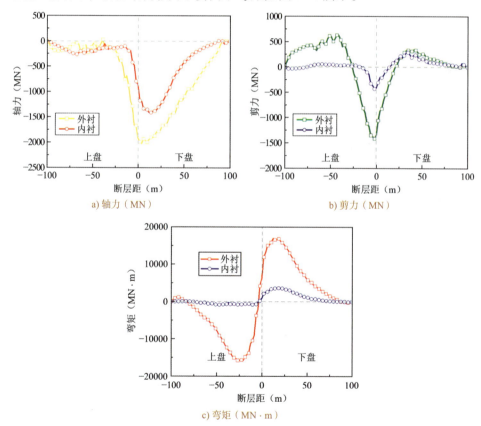

a) 轴力(MN)

b) 剪力(MN)

c) 弯矩(MN·m)

图 7-40 逆断层错动下韧性结构内力特征

逆断层错动下,韧性结构安全系数如图 7-41 所示。

由图 7-40、图 7-41 可知:逆断层错动下,韧性结构外衬的轴力、剪力和弯矩峰值分别为 $-2030MN$、$-1412MN$ 和 $16900MN·m$,内衬的轴力、剪力和弯矩峰值分别为 $-1416MN$、$-430.8MN$ 和 $-3667MN·m$;外衬的最小抗弯安全系数为 0.4,破坏范围约 130m,最小抗剪安全系数为 0.5,破坏范围约 74m;内衬的最小抗弯安全系数为 1.8,最小抗剪安全系数为 1.8，均满足要求。

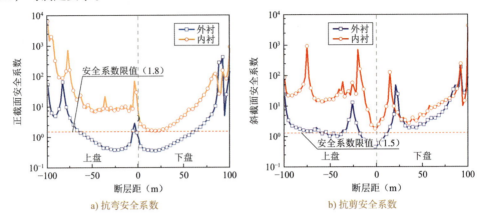

a) 抗弯安全系数　　　　b) 抗剪安全系数

图 7-41　逆断层错动下韧性结构安全系数

（3）走滑断层错动下韧性结构力学响应分析

走滑断层错动下，韧性结构外衬及内衬变形如图 7-42 所示。

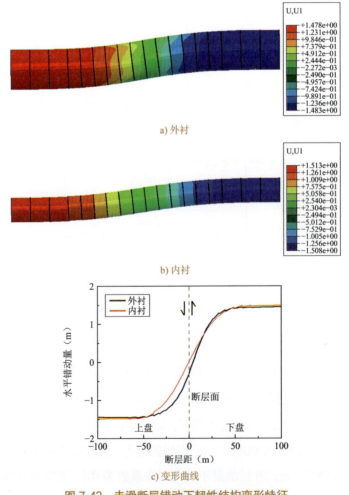

图 7-42　走滑断层错动下韧性结构变形特征

由图7-42可知：走滑断层错动作用下，外衬和内衬主要在水平方向发生变形，各衬砌节段之间出现错台现象。

走滑断层错动下，韧性结构轴力、剪力、弯矩如图7-43所示。

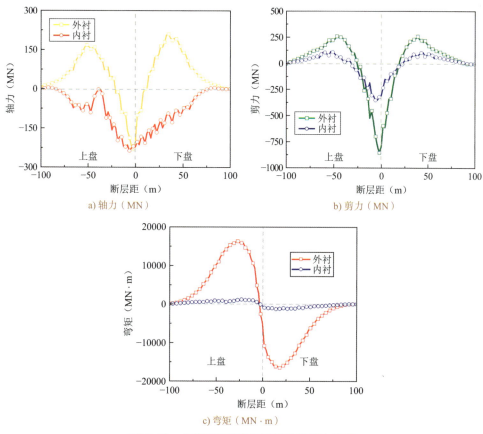

图7-43 走滑断层错动下韧性结构受力特征

走滑断层错动下，韧性结构安全系数如图7-44所示。

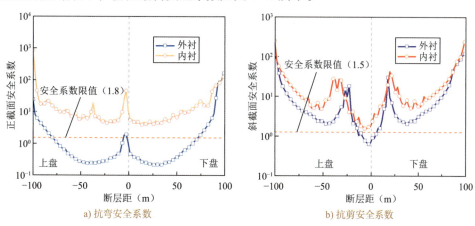

图7-44 走滑断层错动下韧性结构安全系数

由图7-43、图7-44可知：走滑断层错动下，韧性结构外衬的轴力、剪力和弯矩峰值分

别为 $-228.2MN$、$-851.8MN$ 和 $-16450MN \cdot m$，内衬的轴力、剪力和弯矩峰值分别为 $-235.6MN$、$348.3MN$ 和 $-1296MN \cdot m$；外衬的最小抗弯安全系数为 0.2，破坏范围约 154m，最小抗剪安全系数为 0.6，破坏范围约 24m；内衬的最小抗弯安全系数为 3.8，最小抗剪安全系数为 1.6，均满足要求。

不同断裂带类型条件下，穿越活动断裂带隧道韧性结构的安全系数见表 7-8。

不同断裂带类型条件下隧道韧性结构安全系数　　　表 7-8

序号	断裂带类型	外衬		内衬	
		抗弯安全系数（破坏范围）	抗剪安全系数（破坏范围）	抗弯安全系数	抗剪安全系数
1	正断层	0.1（176m）	0.3（114m）	2.2	2.4
2	逆断层	0.4（130m）	0.5（74m）	1.8	1.8
3	走滑断层	0.2（154m）	0.6（24m）	3.8	1.6

由表 7-8 可知：不同断裂带类型条件下，隧道韧性结构外衬均发生破坏，但内衬在断裂带的错动下安全性满足要求，表明该结构形式是合理的。

第 8 章
穿越活动断裂带隧道核心段三层韧性结构设计方法

本章采用理论分析及数值模拟手段，建立了外衬、中间层和内衬的结构设计计算方法，提出了外衬、中间层和内衬的设计参数。

8.1 穿越活动断裂带隧道三层韧性结构设计流程及原则

本次穿越活动断裂带隧道三层韧性结构设计主要流程为：①确定设计原则；②给出荷载计算方法；③给出纵向设计参数、横断面设计参数、防排水设计及中间层的设计参数。外衬和内衬的设计流程分别如图 8-1、图 8-2 所示。

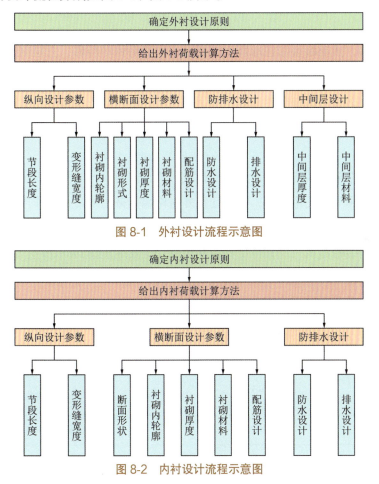

图 8-1　外衬设计流程示意图

图 8-2　内衬设计流程示意图

三层韧性隧道结构设计理念中的"外层错断"清楚地表明了外衬所发挥的作用，用以抵抗断层错动下的强制位移，以保证内衬的安全。因此外衬在设计时需要满足以下两个条件：①不发生地震时，在围岩压力的作用下能保持自身的稳定和安全；②能够抵抗烈度较低的地震动作用和较小错动量的断层错动作用。

穿越活动断裂带隧道三层韧性结构外衬用于抵抗断裂带错动，以保证内衬的安全。因此，外衬设计时主要考虑围岩压力及断裂带错动作用，见表 8-1。

穿越活动断裂带隧道三层韧性结构外衬荷载及内力计算模型　　　表 8-1

错动量级别	荷载	荷载计算方法	计算模型
小尺度位错（小于 0.3m）	围岩压力	$q = \gamma h$ $h = 0.45 \times 2^{s-1} \omega$	荷载-结构模型
	断裂带错动	断裂带错动下隧道变形计算方法	断裂带错动下隧道内力计算模型（本书 6.1.3 节）
	地震动	地震动下隧道变形计算方法	地震动下隧道内力计算模型（本书 6.1.4 节）
大尺度位错（大于 0.3m）	围岩压力	$q = \gamma h$ $h = 0.45 \times 2^{s-1} \omega$	荷载-结构模型

发生地震时，活动断裂带在地震动作用下产生相对错动位移，三层韧性隧道结构外衬主要抵抗断层错动的强制位移作用，当错动量超过外衬所能抵抗的临界错动量后，外衬发生破坏，破坏后的外衬随着围岩一起作用于内衬上，故内衬主要承受以下荷载：①地震过程中地震动带来的地震荷载；②断层错动时外衬垮塌所带来的冲击荷载；③围岩及外衬垮塌后的松散荷载。

根据三层韧性隧道结构内衬所承受的荷载形式，内衬设计时需要满足以下目的：①保证在地震荷载作用下不发生破坏；②保证在外衬垮塌带来的冲击荷载作用下不发生破坏；③保证在围岩及外衬垮塌后的松散荷载作用下不发生破坏。

穿越活动断裂带隧道三层韧性结构受断裂带错动及地震动共同作用。外衬破坏后，内衬受掉块所产生的冲击荷载作用，外衬垮塌后，内衬受围岩压力作用。因此，内衬主要承受冲击荷载、地震荷载及围岩压力，见表 8-2。

穿越活动断裂带隧道三层韧性结构内衬荷载及内力计算模型　　　表 8-2

荷载	荷载计算方法	计算模型
围岩压力[31]	$q = \gamma h$ $h = 0.45 \times 2^{s-1} \omega$	荷载-结构模型
地震荷载	时程分析法	数值计算模型（本书 6.1.4 节）
冲击荷载[131]	$F = \dfrac{Qv_0}{gt}$ $v_0 = \sqrt{2gh_r}$ $t = \dfrac{2h_b}{c}$ $c = \sqrt{\dfrac{1-v}{(1+v)(1-2v)} \cdot \dfrac{E}{\rho}}$	荷载-结构模型

注：表中 q 为围岩压力（kPa）；γ 为围岩重度（kN/m³）；h 为土柱高度（m）；s 为围岩等级；ω 为宽度影响系数；F 为落石冲击力（kN）；Q 为落石所受重力（kN）；g 为重力加速度（m/s²）；v_0 为落石冲击速度（m/s）；t 为冲击持续时间（s）；h_r 为落石高度（m）；h_b 为缓冲层厚度（m）；v 为缓冲层泊松比；E 为缓冲层弹性模量（kPa）；ρ 为缓冲层密度（kg/m³）。

8.2 穿越活动断裂带隧道三层韧性结构外衬设计方法

8.2.1 穿越活动断裂带隧道三层韧性结构外衬内轮廓设计

依据三层韧性隧道结构"中间吸能"的设计理念，设置中间层的目的是在外衬错断后吸收断层错动的能量，故中间层宜按地震安全性评价所获取的最大错动量设计。因此，在进行外衬内轮廓设计时，可在内衬外轮廓的基础上加上中间层的厚度即可。

三层韧性隧道结构外衬采用圆形断面，并根据内衬外轮廓及地震安全性评价最大错动量设计，如图 8-3～图 8-5 所示。

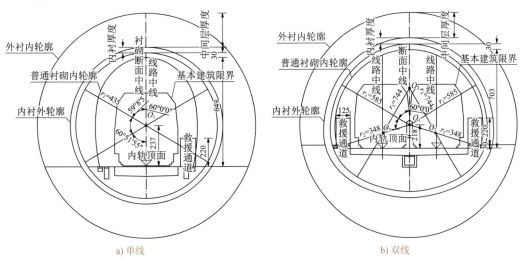

a) 单线　　　　　　　　　　　　　　b) 双线

图 8-3　设计速度 160km/h 以下外衬内轮廓（尺寸单位：cm）

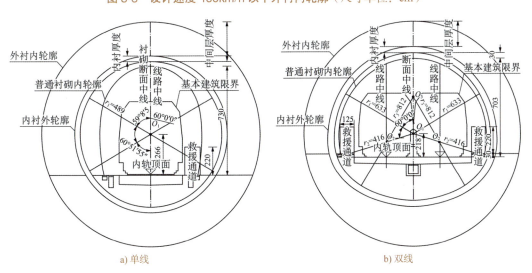

a) 单线　　　　　　　　　　　　　　b) 双线

图 8-4　设计速度 250km/h 外衬内轮廓（尺寸单位：cm）

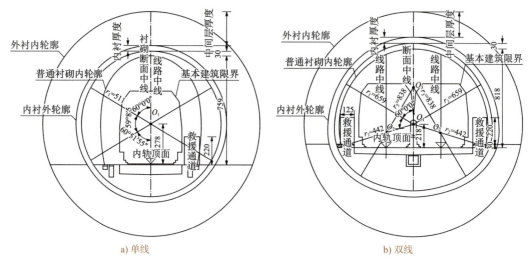

a) 单线   b) 双线

图 8-5 设计速度 350km/h 外衬内轮廓（尺寸单位：cm）

8.2.2 穿越活动断裂带隧道三层韧性结构外衬形式设计

三层韧性隧道结构外衬若只考虑"外衬错断"这一设计理念，那么外衬仅需要设置为单层衬砌即可。但除了需要满足"外衬错断"，还需要满足在不发生地震条件下的隧道安全。因此，外衬是设置为单层衬砌还是复合式衬砌需要进一步研究。为解决此问题，依据荷载-结构法，采用 ANSYS 大型有限元软件展开三层韧性隧道结构外衬形式检算。衬砌采用 Beam3 梁单元，地层采用弹簧单元，围岩节点以固端约束，将围岩压力施加在模型相应节点处，数值模型如图 8-6 所示。假定设计速度为 350km/h，最大错动量为 3m，围岩级别为Ⅵ级，侧压力系数为 0.6，弹性抗力系数为 100MPa/m，外衬初期支护厚度为 25cm，二次衬砌厚度为 60cm，衬砌材料为 C35 混凝土，围岩及衬砌物理力学参数与 6.2 节相同。

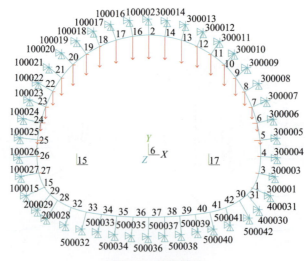

图 8-6 数值模型

围岩压力根据外衬荷载计算方法获得，由于《铁路隧道设计规范》(TB 10003—2016)中无初期支护与二次衬砌承受荷载分担比系数相关内容，参考《公路隧道设计规范 第一册 土建工程》(JTG 3370.1—2018)，取复合式衬砌初期支护与二次衬砌的荷载分担比见表8-3，计算工况见表8-4。

荷载分担比取值　　　　　表8-3

围岩级别	分担比例	
	初期支护	二次衬砌
IV	0.7	0.3
V	0.3	0.7
VI	0.1	0.9

计算工况　　　　　表8-4

序号	衬砌形式	单/双线	检算结构
1	单层衬砌	单线	二次衬砌
2		双线	二次衬砌
3	复合式衬砌	单线	初期支护
4			二次衬砌
5		双线	初期支护
6			二次衬砌

1) 单层衬砌

(1) 单线

单线隧道检算完成后衬砌轴力、弯矩及安全系数如图8-7、图8-8所示。

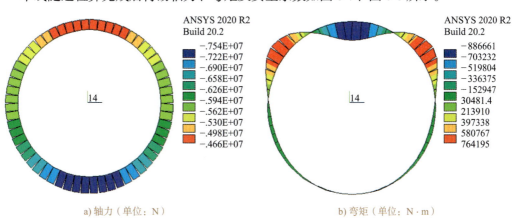

a) 轴力 (单位：N)　　　　b) 弯矩 (单位：N·m)

图8-7　单线隧道轴力、弯矩

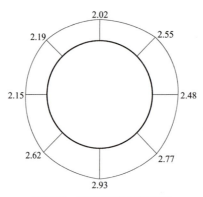

图 8-8 单线隧道安全系数

由图 8-7、图 8-8 可知，当三层韧性隧道结构外衬采用单层衬砌时，单线隧道二次衬砌在围岩压力作用下横断面各部位安全系数均满足要求。

（2）双线

双线隧道检算完成后衬砌轴力、弯矩及安全系数如图 8-9、图 8-10 所示。

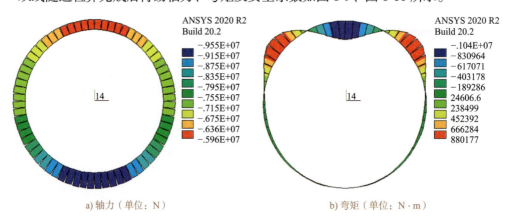

a) 轴力（单位：N）　　　　　　　b) 弯矩（单位：N·m）

图 8-9 双线隧道轴力、弯矩

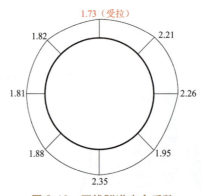

图 8-10 双线隧道安全系数

由图 8-9、图 8-10 可知，当三层韧性隧道结构外衬采用单层衬砌时，双线隧道在围岩压力作用下拱顶的安全系数为 1.73（受拉），不满足要求，将发生破坏。

综上所述，当三层韧性隧道结构外衬采用单层衬砌时，单线隧道可保证在围岩压力作用下的正常使用，但双线隧道拱顶安全系数不满足要求，可能会发生破坏。因此，三层韧性隧道结构外衬不建议使用单层衬砌。

2）复合式衬砌

（1）单线

①初期支护

单线隧道检算完成后衬砌轴力、弯矩及安全系数如图8-11、图8-12所示。

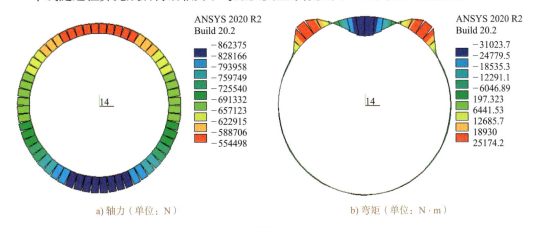

a) 轴力（单位：N）　　　　　　　b) 弯矩（单位：N·m）

图8-11　单线隧道轴力、弯矩

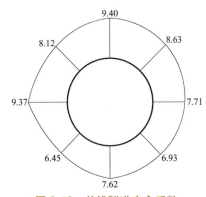

图8-12　单线隧道安全系数

由图8-11、图8-12可知，当三层韧性隧道结构外衬采用复合式衬砌时，单线隧道初期支护在围岩压力作用下横断面各部位安全系数均满足要求。

②二次衬砌

单线隧道检算完成后衬砌轴力、弯矩及安全系数如图8-13、图8-14所示。

由图8-13、图8-14可知，当三层韧性隧道结构外衬采用复合式衬砌时，单线隧道二次衬砌在围岩压力作用下横断面各部位安全系数均满足要求。

（2）双线

①初期支护

单线隧道检算完成后衬砌轴力、弯矩及安全系数如图8-15、图8-16所示。

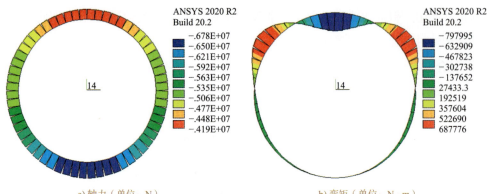

a) 轴力（单位：N）　　　　　　　　b) 弯矩（单位：N·m）

图 8-13　双线隧道轴力、弯矩

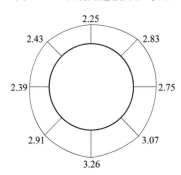

图 8-14　双线隧道安全系数

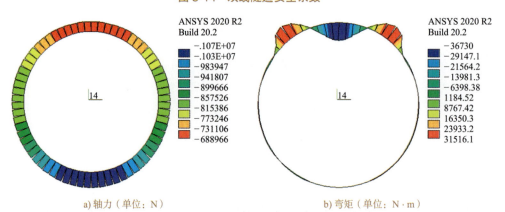

a) 轴力（单位：N）　　　　　　　　b) 弯矩（单位：N·m）

图 8-15　双线隧道轴力、弯矩

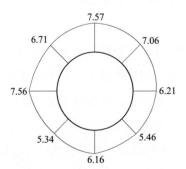

图 8-16　双线隧道安全系数

由图 8-15、图 8-16 可知，当三层韧性隧道结构外衬采用复合式衬砌时，双隧道初期支护在围岩压力作用下横断面各部位安全系数均满足要求。

② 二次衬砌

双线隧道检算完成后衬砌轴力、弯矩及安全系数如图 8-17、图 8-18 所示。

由图 8-17、图 8-18 可知，当三层韧性隧道结构外衬采用复合式衬砌时，双线隧道二次衬砌在围岩压力作用下横断面各部位安全系数均满足要求。

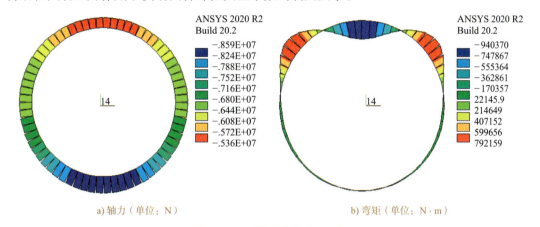

图 8-17 双线隧道轴力、弯矩

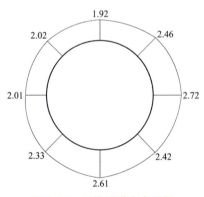

图 8-18 双线隧道安全系数

综上所述，当三层韧性隧道结构外衬采用复合式衬砌时，单线、双线隧道的初期支护和二次衬砌均可保证在围岩压力作用下的正常使用。因此，三层韧性隧道结构外衬建议使用复合式衬砌。

8.2.3 穿越活动断裂带隧道三层韧性结构外衬厚度设计

完成衬砌内轮廓及衬砌形式设计后，需要确定衬砌的厚度。《铁路隧道设计规范》（TB 10003—2016）中在Ⅳ级围岩条件以下对于大跨度隧道初期支护的厚度规定为 20cm～27cm，二次衬砌的规定厚度为 40～60cm。根据前述计算结果可知，初期支护厚度取 25cm 时安全系数满足要求，且安全储备较高，因此三层韧性隧道结构外衬的初期支护厚度建议取 25cm。对于二次衬砌的厚度，由于断层破碎带附近围岩条件通常较差，而在较差的围岩条件下二次衬砌承担绝大部分的荷载，故三层韧性隧道结构外衬的二次衬砌厚度需要进行单独的设计。

依据荷载-结构法，采用 ANSYS 大型有限元软件展开三层韧性隧道结构外衬的二次衬砌厚度检算。计算设置及围岩衬砌力学参数与衬砌形式计算相同，计算工况如表 8-5 所示。

二次衬砌厚度计算工况　　　　　　　　　　　表 8-5

序号	最大错动量（m）	单/双线	二次衬砌厚度（cm）
1	1、2、3、4、5	单线	40
2			50
3			60
4			70
5			80
6		双线	40
7			50
8			60
9			70
10			80

（1）1m 错动量

1m 错动量计算完成后，衬砌的轴力、弯矩及最小安全系数见表 8-6，最小安全系数与衬砌厚度的关系如图 8-19 所示。

1m 错动量计算结果　　　　　　　　　　　表 8-6

单/双线	衬砌厚度（cm）	弯矩（N·m）	轴力（N）	最小安全系数	控制类型	是否通过	偏心类型	位置
单线	40	-3.65×10^5	-2.84×10^6	2.31	拉	通过	大偏心	拱顶
	50	-4.82×10^5	-2.76×10^6	2.60	拉	通过	大偏心	拱顶
	60	-6.00×10^5	-2.69×10^6	2.83	拉	通过	大偏心	拱顶
	70	-7.12×10^5	-2.63×10^6	3.07	拉	通过	大偏心	拱顶
	80	-8.26×10^5	-2.58×10^6	3.25	拉	通过	大偏心	拱顶

续上表

单/双线	衬砌厚度（cm）	弯矩（N·m）	轴力（N）	最小安全系数	控制类型	是否通过	偏心类型	位置
双线	40	-4.43×10^5	-3.77×10^6	1.90	拉	通过	大偏心	拱顶
	50	-5.77×10^5	-3.69×10^6	2.22	拉	通过	大偏心	拱顶
	60	-7.29×10^5	-3.61×10^6	2.43	拉	通过	大偏心	拱顶
	70	-8.69×10^5	-3.54×10^6	2.66	拉	通过	大偏心	拱顶
	80	-1.02×10^6	-3.46×10^6	2.82	拉	通过	大偏心	拱顶

注：弯矩为正表示隧道外侧受拉，为负表示内侧受拉；轴力为正表示受拉，为负表示受压。

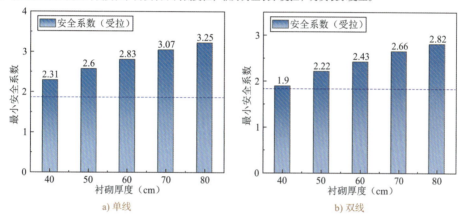

图 8-19 1m 错动量安全系数与衬砌厚度关系

由表 8-6、图 8-19 可知：当二次衬砌厚度为 40cm 时，三层韧性隧道结构外衬检算的最小安全系数单线为 2.31（受拉），双线为 1.9（受拉），均满足要求。因此，当错动量为 1m 时，单线隧道和双线隧道的二次衬砌厚度均取为 40cm 即可。

（2）2m 错动量

2m 错动量计算完成后，衬砌的轴力、弯矩及最小安全系数见表 8-7，最小安全系数与衬砌厚度的关系如图 8-20 所示。

2m 错动量计算结果　　　　　　　　　　表 8-7

单/双线	衬砌厚度（cm）	弯矩（N·m）	轴力（N）	最小安全系数	控制类型	是否通过	偏心类型	位置
单线	40	-4.31×10^5	-3.63×10^6	1.96	拉	通过	大偏心	拱顶
	50	-5.78×10^5	-3.53×10^6	2.20	拉	通过	大偏心	拱顶
	60	-7.15×10^5	-3.46×10^6	2.45	拉	通过	大偏心	拱顶
	70	-8.67×10^5	-3.38×10^6	2.61	拉	通过	大偏心	拱顶
	80	-1.00×10^6	-3.32×10^6	2.83	拉	通过	大偏心	拱顶

续上表

单/双线	衬砌厚度（cm）	弯矩（N·m）	轴力（N）	最小安全系数	控制类型	是否通过	偏心类型	位置
双线	40	4.22×10^5	-5.41×10^6	1.60	压	通过	小偏心	左拱肩
	50	-6.75×10^5	-4.57×10^6	1.90	拉	通过	大偏心	拱顶
	60	-8.42×10^5	-4.49×10^6	2.14	拉	通过	大偏心	拱顶
	70	-1.02×10^6	-4.40×10^6	2.32	拉	通过	大偏心	拱顶
	80	-1.19×10^6	-4.32×10^6	2.50	拉	通过	大偏心	拱顶

注：弯矩为正表示隧道外侧受拉，为负表示内侧受拉；轴力为正表示受拉，为负表示受压。

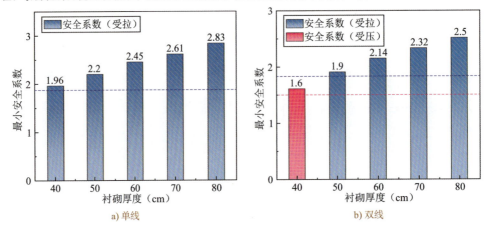

图 8-20　2m 错动量安全系数与衬砌厚度关系

由表 8-7、图 8-20 可知：当二次衬砌厚度为 40cm 时，三层韧性隧道结构外衬检算的最小安全系数单线为 1.96（受拉），双线为 1.60（受压），均满足要求。因此，当错动量为 2m 时，单线隧道和双线隧道的二次衬砌厚度均取 40cm 即可。

（3）3m 错动量

3m 错动量计算完成后，衬砌的轴力、弯矩及最小安全系数见表 8-8，最小安全系数与衬砌厚度的关系如图 8-21 所示。

3m 错动量计算结果　　　　表 8-8

单/双线	衬砌厚度（cm）	弯矩（N·m）	轴力（N）	最小安全系数	控制类型	是否通过	偏心类型	位置
单线	40	4.12×10^5	-5.22×10^6	1.65	压	通过	小偏心	左拱肩
	50	-6.60×10^5	-4.41×10^6	1.94	拉	通过	大偏心	拱顶
	60	-8.19×10^5	-4.32×10^6	2.19	拉	通过	大偏心	拱顶
	70	-9.93×10^5	-4.24×10^6	2.38	拉	通过	大偏心	拱顶
	80	-1.16×10^6	-4.16×10^6	2.57	拉	通过	大偏心	拱顶

续上表

单/双线	衬砌厚度（cm）	弯矩（N·m）	轴力（N）	最小安全系数	控制类型	是否通过	偏心类型	位置
双线	40	4.82×10^5	-6.41×10^6	1.37	压	不通过	小偏心	左拱肩
	50	-7.60×10^5	-5.56×10^6	1.68	拉	不通过	大偏心	拱顶
	60	-9.53×10^5	-5.46×10^6	1.90	拉	通过	大偏心	拱顶
	70	-1.15×10^6	-5.36×10^6	2.09	拉	通过	大偏心	拱顶
	80	-1.36×10^6	-5.27×10^6	2.25	拉	通过	大偏心	拱顶

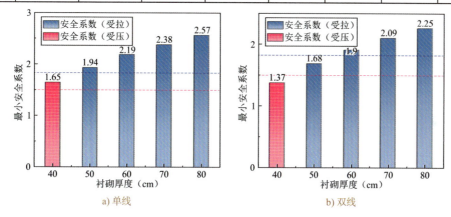

a）单线　　　　　　　　b）双线

图 8-21　3m 错动量安全系数与衬砌厚度关系

由表 8-8、图 8-21 可知：对于单线隧道，当二次衬砌厚度为 40cm 时，三层韧性隧道结构外衬检算的最小安全系数为 1.65（受压），满足要求。而对于双线隧道，当二次衬砌厚度为 40cm 和 50cm 时，最小安全系数分别为 1.37（受压）和 1.68（受拉），不满足要求；当衬砌厚度取到 60cm 时，最小安全系数 1.9（受拉）才满足要求。因此，当错动量为 3m 时，单线隧道的二次衬砌厚度建议取 40cm，双线隧道建议取 60cm。

（4）4m 错动量

4m 错动量计算完成后，衬砌的轴力、弯矩及最小安全系数见表 8-9，最小安全系数与衬砌厚度的关系如图 8-22 所示。

4m 错动量计算结果　　　　　　　　表 8-9

单/双线	衬砌厚度（cm）	弯矩（N·m）	轴力（N）	最小安全系数	控制类型	是否通过	偏心类型	位置
单线	40	4.54×10^5	-6.31×10^6	1.41	压	不通过	小偏心	左拱肩
	50	-7.42×10^5	-5.38×10^6	1.72	拉	不通过	大偏心	拱顶
	60	-9.28×10^5	-5.28×10^6	1.95	拉	通过	大偏心	拱顶
	70	-1.12×10^6	-5.19×10^6	2.15	拉	通过	大偏心	拱顶
	80	-1.32×10^5	-5.10×10^6	2.33	拉	通过	大偏心	拱顶

续上表

单/双线	衬砌厚度（cm）	弯矩（N·m）	轴力（N）	最小安全系数	控制类型	是否通过	偏心类型	位置
双线	40	5.38×10^5	-7.67×10^6	1.17	压	不通过	小偏心	左拱肩
	50	7.45×10^5	-7.58×10^6	1.42	压	不通过	小偏心	左拱肩
	60	-1.08×10^6	-6.52×10^6	1.67	拉	不通过	大偏心	拱顶
	70	-1.32×10^6	-6.41×10^6	1.84	拉	通过	大偏心	拱顶
	80	-1.54×10^6	-6.32×10^6	2.02	拉	通过	大偏心	拱顶

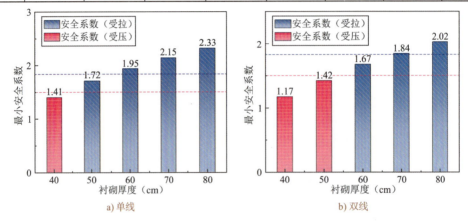

图 8-22　4m 错动量安全系数与衬砌厚度关系

由表 8-9、图 8-22 可知：对于单线隧道，当二次衬砌厚度为 40cm 和 50cm 时，最小安全系数均不满足要求；当二次衬砌厚度达到 60cm 时，最小安全系数 1.95（受拉）满足要求。而对于双线隧道，当二次衬砌厚度为 40cm、50cm 和 60cm 时，最小安全系数均不满足要求；当二次衬砌厚度取到 70cm 时，最小安全系数 1.84（受拉）满足要求。因此，当错动量为 4m 时，单线隧道的二次衬砌厚度建议取 60cm，双线隧道建议取 70cm。

（5）5m 错动量

5m 错动量计算完成后，衬砌的轴力、弯矩及最小安全系数见表 8-10，最小安全系数与衬砌厚度的关系如图 8-23 所示。

5m 错动量计算结果　　　　表 8-10

单/双线	衬砌厚度（cm）	弯矩（N·m）	轴力（N）	最小安全系数	控制类型	是否通过	偏心类型	位置
单线	40	5.34×10^5	-7.29×10^6	1.21	压	不通过	小偏心	左拱肩
	50	6.89×10^5	-7.33×10^6	1.49	压	不通过	小偏心	左拱肩
	60	-1.04×10^6	-6.19×10^6	1.74	拉	不通过	大偏心	拱顶
	70	-1.25×10^6	-6.09×10^6	1.93	拉	通过	大偏心	拱顶
	80	-1.48×10^6	-6.00×10^6	2.10	拉	通过	大偏心	拱顶

续上表

单/双线	衬砌厚度（cm）	弯矩（N·m）	轴力（N）	最小安全系数	控制类型	是否通过	偏心类型	位置
双线	40	6.17×10^5	-8.85×10^6	1.02	压	不通过	小偏心	左拱肩
	50	8.22×10^5	-8.89×10^6	1.23	压	不通过	小偏心	左拱肩
	60	1.00×10^6	-8.94×10^6	1.46	压	不通过	小偏心	左拱肩
	70	-1.47×10^6	-7.56×10^6	1.66	拉	不通过	大偏心	拱顶
	80	-1.72×10^6	-7.46×10^6	1.83	拉	通过	大偏心	拱顶

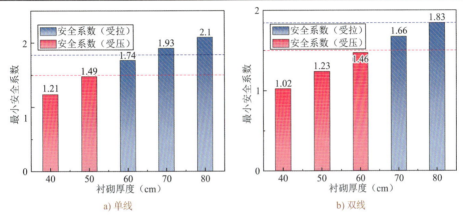

图 8-23 5m 错动量安全系数与衬砌厚度关系

由表 8-10、图 8-23 可知：对于单线隧道，当二次衬砌厚度为 40cm、50cm 和 60cm 时，最小安全系数均不满足要求；当二次衬砌厚度达到 70cm 时，最小安全系数 1.93（受拉）满足要求。而对于双线隧道，当二次衬砌厚度为 40cm、50cm、60cm 和 70cm 时，最小安全系数均不满足要求；当二次衬砌厚度达到 80cm 时，最小安全系数 1.83（受拉）满足要求。因此，当错动量为 5m 时，单线隧道的二次衬砌厚度建议取 70cm，双线隧道建议取 80cm。

综上所述，穿越活动断裂带隧道三层韧性结构外衬的衬砌厚度建议取值见表 8-11。

外衬厚度建议取值表　　　　　　　　表 8-11

序号	错动量（m）	衬砌厚度（cm）		
		初期支护	二次衬砌	
		单/双线	单线	双线
1	0~1	25	40	40
2	1~2		40	40
3	2~3		40	60
4	3~4		60	70
5	4~5		70	80

8.2.4 穿越活动断裂带隧道三层韧性结构外衬衬砌材料及配筋设计

根据内衬的材料选取，对于穿越活动断裂带隧道三层韧性结构外衬建筑材料的选取，应采用钢筋混凝土，强度等级为 C35 或 C40，当地震动峰值加速度达到 0.4g 时，还应添加纤维材料以提高抗震性能。

根据工程类比法及内衬的配筋设计，设计速度 350km/h 的外衬双线隧道钢筋布置如图 8-24 所示，每延米钢筋工程数量见表 8-12。

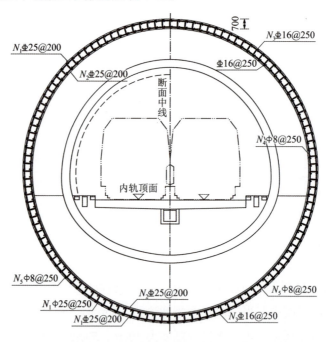

图 8-24 外衬钢筋布置（350km/h）

设计速度 350km/h 的外衬每延米钢筋工程数量表　　表 8-12

钢筋号码	直径（mm）	根数	长度（m）	单位质量（kg/m）	总质量（kg）
N1	25	8	42.574	3.85	1311.279
N2	25	8	39.541	3.85	1217.863
N3	16	492	1	1.578	776.376
HPB400 钢筋合计					2098.298
N4	8	750	0.668	0.395	197.895
N5	8	180	0.668~0.718	0.395	49.272
N6	8	300	0.718	0.395	85.083
HPB300 钢筋合计					332.250
总计					3637.768

8.2.5 穿越活动断裂带隧道三层韧性结构外衬防排水设计

隧道衬砌的防排水设计主要以"防、排、截、堵相结合"为原则，防排水系统通常包括全封闭式、半封闭式和全排式。目前，各规范对于地下工程防排水系统设计的规定见表8-13。

规范对于防排水设计的规定　　　　　　　　　　　　表8-13

序号	规范名称	具体规定
1	《铁路隧道设计规范》（TB 10003—2016）	铁路隧道防水应以混凝土结构自防水和防水板防水为主体，以接缝防水为重点，必要时采用注浆加强防水
2	《公路隧道设计规范 第一册 土建工程》（JTG 3370.1—2018）	隧道防排水设计应遵循"防、排、截、堵相结合，因地制宜，综合治理"的原则，妥善处理地表水、地下水，洞内外防排水系统应完整通畅
3	《公路隧道设计细则》（JTG/T D70—2010）	隧道设计应完善初期支护的防水构造。二次衬砌防水应以混凝土自防水为主体，施工缝、变形缝为防水重点，应以注浆防水和防水层加强防水为主。隧道纵、横、环向所有排水系统应排水通畅，路面不容许积水
4	《地下工程防水技术规范》（GB 50108—2008）	单建式的地下工程，宜采用全封闭、部分封闭的防排水设计

若是采用"以排为主"的全排式防排水系统，隧道的排水会带来一系列不利影响，如地下水渗流对裂隙围岩的冲刷作用导致围岩的渗透性增大，力学性能降低，地下水渗透量越来越大，致使地下水位降低，地表水源枯竭，从而引发地面塌陷、地面植被破坏等现象。若是采用"以堵为主"的全封闭式防排水系统，衬砌将承受很高的水压力，需采用抗水压衬砌才能保证隧道结构的安全，但势必会增大工程建设难度和工程造价，同时鉴于施工工艺和施工质量等缺陷，还不能保证完全将地下水阻挡在衬砌之外。因此，三层韧性隧道结构外衬采用半封闭式的防排水系统，整个防排水系统由防水板、无纺土工布、环向排水盲管、纵向排水盲管、横向排水盲管及中心排水沟组成，如图8-25所示。当活动断层为富水断层时，应进行特殊的防排水设计。

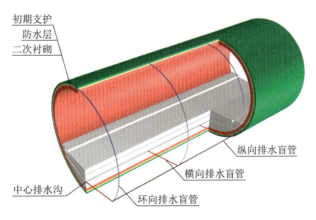

图8-25　外衬防排水系统

1）防水设计

三层韧性隧道结构外衬防水措施包括超前预报、超前注浆、初期支护初步防水、设置防水层、二次衬砌最终自防水。具体措施如下：

（1）超前预报

为了预测掌子面前方的涌水和地质情况，通常采用 TSP（Tunnel Seismic Prediction，隧道地震波预报勘探）技术、红外探水法等超前预报方法。

（2）超前注浆

通过预注浆加固围岩力学参数以改善涌水、渗水情况，注浆材料包括水泥浆液、化学浆液等。

（3）初期支护初步防水

初期支护材料采用防渗喷射混凝土，喷射混凝土应密实、强度应满足设计要求，混凝土表面平顺，抗渗等级依实际工程情况而定。

（4）设置防水层

防水层设置在初期支护与二次衬砌之间，由无纺土工布和防水板组成。

（5）二次衬砌最终自防水

二次衬砌混凝土采用防水混凝土浇筑，混凝土抗渗等级根据工程需求而定。

2）排水设计

三层韧性隧道结构外衬排水措施包括设置环向排水盲管、横向排水盲管、纵向排水盲管和中心排水沟。具体措施如下：

（1）环向排水盲管

环向盲管用于收集初期支护表面的渗水，并输送到纵向排水盲管。

（2）纵向排水盲管

纵向排水盲管沿隧道轴向设置，通常采用聚氯乙烯（PVC）波纹管，上部开孔以收集地下水并输送至横向排水盲管。

（3）横向排水盲管

横向排水盲管垂直于隧道轴向布设，汇集地下水后排至中心排水沟。

（4）中心排水沟

中心排水沟大多为 PVC 波纹管或带孔预制钢筋混凝土管段拼接而成。

8.2.6 穿越活动断裂带隧道结构节段长度设计

为了对比节段式衬砌与非节段式衬砌在断层错动下的内力响应，展开非节段式衬砌错动数值模拟研究，计算参数与 6.2 节相同。

错动完成后轴力、剪力及弯矩对比如图 8-26 所示。

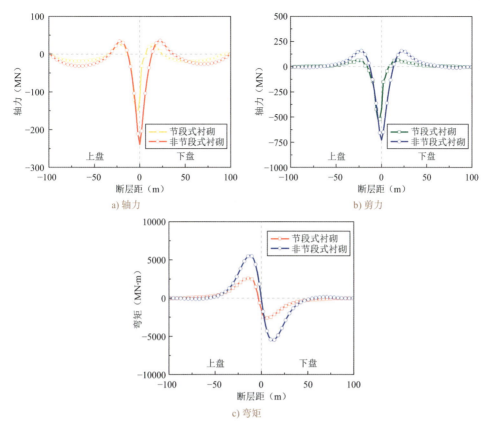

图 8-26 节段式与非节段式衬砌内力对比分析

由图 8-26 可知：穿越活动断裂带隧道设置为节段式衬砌能明显降低隧道的内力峰值，达到减轻破坏的效果；当断层类型为走滑断层，错动量为 0.4m，隧道纵向铰接设计为节段 6m、减震缝采用对缝时，节段式衬砌相较于非节段式衬砌的轴力、剪力、弯矩分别减小为 34.5%、28.2% 和 53.7%。

因此，三层韧性隧道结构内衬纵向设计为节段式衬砌，节段间设置变形缝。调研节段长度及变形缝宽度现有研究成果及工程案例，见表 8-14、表 8-15。

节段长度调研　　　　　　　　　　　　表 8-14

序号	隧道名称	断层类型	错动量（m）	建议节段长度/所采用节段长度（m）
1	柿子园隧道	逆断兼右旋走滑	水平：2.08 ± 0.54 垂直：1.93 ± 0.66	4、8、15
2	茂县隧道	逆断兼右旋走滑	—	8、10、12、14、16
3	跃龙门隧道	逆断兼右旋走滑	水平：2.08 ± 0.54 垂直：1.93 ± 0.66	8
4	高黎贡山隧道	正断兼右旋走滑	水平：2.51 ± 0.66	12
5	博卢隧道	右旋走滑	水平：6~8	4.4
6	阔克萨隧道	逆断兼左旋走滑	水平：0.15	7
7	乌鲁木齐地铁 2 号线	逆断层	垂直：0.5	7

变形缝宽度调研 表8-15

序号	隧道名称	断层类型	错动量（m）	变形缝宽度（m）
1	柿子园隧道	逆断兼右旋走滑断层	水平：2.08±0.54 垂直：1.93±0.66	0.10、0.15
2	茂县隧道	逆断兼右旋走滑断层	—	0.20
3	跃龙门隧道	逆断兼右旋走滑断层	水平：2.08±0.54 垂直：1.93±0.66	0.10~0.15
4	高黎贡山隧道	正断兼右旋走滑层	水平：2.51±0.66	0.02~0.03
5	博卢隧道	右旋走滑断层	水平：6~8	0.05~0.15
6	乌鲁木齐地铁2号线	逆断层	垂直：0.5	0.20
7	西南某铁路隧道	走滑	水平：0.2	0.10~0.20

根据表8-14、表8-15的调研结果，加之考虑现场施工、台车规格等因素，建议三层韧性隧道结构内衬节段长度取6~9m，变形缝宽度取0.1~0.2m。

8.3 穿越活动断裂带隧道三层韧性结构内衬设计方法

8.3.1 穿越活动断裂带隧道三层韧性结构内衬断面形状设计

考虑到开挖面积等因素的影响，隧道断面形状多选择为马蹄形，但对于穿越活动断裂带隧道三层韧性结构内衬而言，由于受到地震荷载、冲击荷载和松散荷载等多种荷载作用，选择受力更为合理的圆形断面和近圆形断面可能更为适合。为此，以松散荷载为例，依据荷载-结构法，采用ANSYS大型有限元软件展开三层韧性隧道结构内衬断面形状检算，分别检算松散荷载作用下圆形、近圆形和马蹄形隧道的安全性，如图8-27所示。

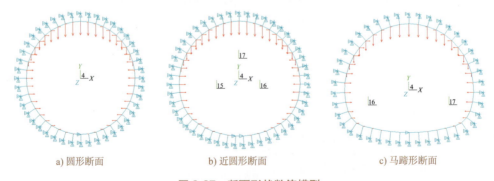

a) 圆形断面　　　　b) 近圆形断面　　　　c) 马蹄形断面

图8-27　断面形状数值模型

衬砌采用Beam3梁单元，地层采用弹簧单元，围岩节点以固端约束，将围岩压力施加在模型相应节点处，围岩级别为Ⅵ级，隧道跨度为13.26m，衬砌厚度为40cm，侧压力系数取为0.6，弹性抗力系数取为100MPa/m，围岩及衬砌物理力学参数与6.2节相同，计算工况见表8-16。

断面形状计算工况　　　　　　　　　　　　　　　表 8-16

序号	单/双线	衬砌厚度（cm）	断面形状
1	双线	40	圆形
2			近圆形
3			马蹄形

检算完成后圆形、近圆形和马蹄形衬砌轴力、弯矩及安全系数如图 8-28～图 8-33 所示。

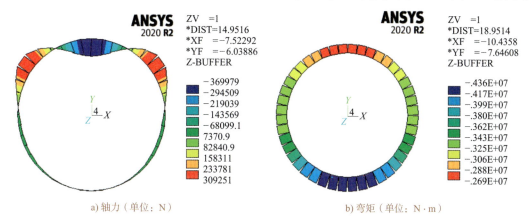

a) 轴力（单位：N）　　　　　　　　　　b) 弯矩（单位：N·m）

图 8-28　圆形衬砌轴力、弯矩

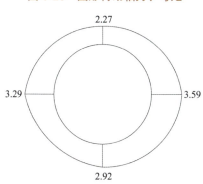

图 8-29　圆形衬砌安全系数

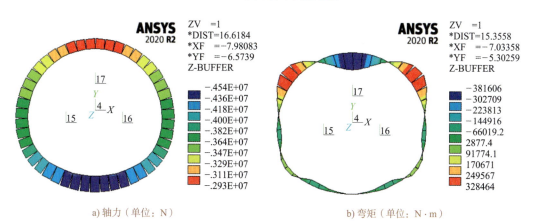

a) 轴力（单位：N）　　　　　　　　　　b) 弯矩（单位：N·m）

图 8-30　近圆形衬砌轴力、弯矩

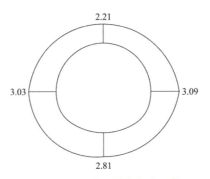

图 8-31 近圆形衬砌安全系数

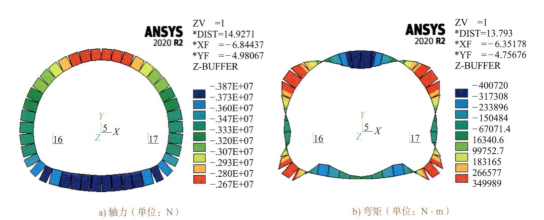

a) 轴力（单位：N）　　　　　　　　　　　b) 弯矩（单位：N·m）

图 8-32 马蹄形衬砌轴力、弯矩

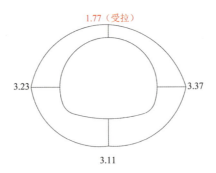

图 8-33 马蹄形衬砌安全系数

由图 8-28～图 8-33 可知，当采用圆形或近圆形衬砌时，衬砌的安全系数均满足要求；当采用马蹄形衬砌时，二次衬砌拱顶在围岩压力作用下安全系数为 1.77（受拉），不满足要求。

综上所述，圆形、近圆形和马蹄形衬砌轴力、弯矩及最小安全系数见表 8-17。

不同断面形状模型计算结果　　　　　表 8-17

断面形状	弯矩（N·m）	轴力（N）	最小安全系数	控制类型	是否通过	偏心类型	位置
圆形	-3.70×10^5	-2.69×10^6	2.27	拉	通过	大偏心	拱顶
近圆形	-3.82×10^5	-2.93×10^5	2.21	拉	通过	大偏心	拱顶
马蹄形	-4.01×10^5	-2.67×10^5	1.77	拉	不通过	大偏心	拱顶

注：弯矩为正表示隧道外侧受拉，为负表示内侧受拉；轴力为正表示受拉，为负表示受压。

由表 8-17 可知，圆形或近圆形衬砌较马蹄形衬砌受力合理，能改善衬砌结构受力条件，使之更能抵抗地震造成的破坏。同时，许多工程实例，如成兰铁路柿子园隧道、茂县隧道、跃龙门隧道、红桥关隧道均采用了圆形（单线）或近圆形断面（双线），大瑞线高丽贡山隧道、兰新线二线乌鞘岭隧道、伊朗 Koohrang-III 输水隧洞也采用了圆形断面。因此，三层韧性隧道结构内衬采用圆形或近圆形断面。

8.3.2 穿越活动断裂带隧道三层韧性结构内衬内轮廓设计

穿越活动断裂带隧道通常需要预留较大的变形量，根据工程类比法，参考所依托工程，三层韧性隧道结构的预留变形量取为 30cm。同时，基于不同设计速度的高速铁路隧道断面设计标准图，考虑到断面形状的影响，确定穿越活动断裂带铁路隧道三层韧性结构内衬在不同速度下单线和双线的内轮廓设计图如图 8-34～图 8-36 所示。

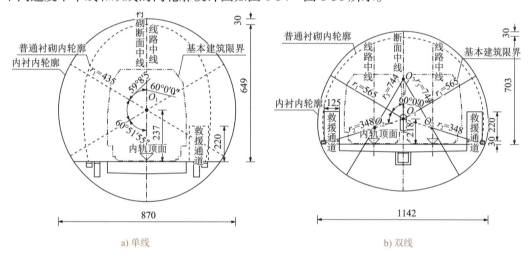

图 8-34 速度 160km/h 内衬内轮廓（尺寸单位：cm）

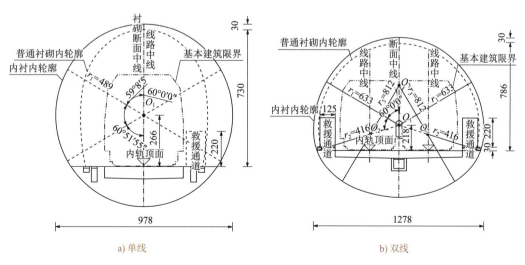

图 8-35 速度 250km/h 内衬内轮廓（尺寸单位：cm）

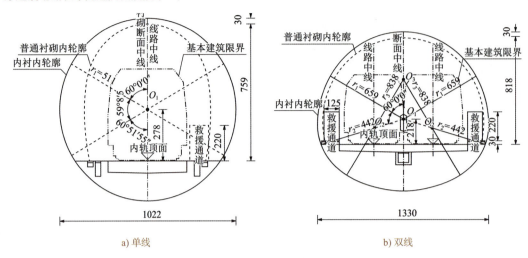

a) 单线　　　　　　　　　　　b) 双线

图 8-36　速度 350km/h 内衬内轮廓（尺寸单位：cm）

8.3.3　穿越活动断裂带隧道三层韧性结构内衬厚度设计

三层韧性隧道结构内衬厚度设计需要满足三个原则：①保证隧道结构在断层错动时的地震荷载下不破坏；②保证隧道结构外衬垮塌的冲击荷载下不破坏；③保证隧道结构在错动完成后的松散荷载下不破坏。因此，内衬厚度设计也相应地分为三种情况。

1）确定关键影响因素及最不利条件

衬砌厚度的取值受许多因素的影响，关键影响因素主要有断面形状、设计速度、围岩级别等。为了避免繁杂且不必要的计算工况，以松散荷载为例，确定关键影响因素并给出最不利条件，后续研究在最不利条件下展开。依据荷载-结构法，分别检算不同设计速度、围岩级别、侧压力系数条件下隧道的安全性，隧道跨度为 13.26m，衬砌厚度为 40cm，围岩及衬砌物理力学参数与 6.2 节相同，计算工况如表 8-18 所示。

关键因素计算工况　　　　　　　　　　　　　　表 8-18

序号	单/双线	设计速度（km/h）	围岩级别	侧压力系数
1	双线	160	IV~VI	0.6
2				0.7
3				0.8
4		250	IV~VI	0.6
5				0.7
6				0.8
7		350	IV~VI	0.6
8				0.7
9				0.8

（1）不同设计速度

取VI围岩、侧压力系数为 0.6，不同设计速度下隧道的轴力、弯矩及最小安全系数见

表 8-19，不同设计速度下的安全系数如图 8-37 所示。

不同设计速度计算结果　　　　　　　　　　表 8-19

设计速度（km/h）	弯矩（N·m）	轴力（N）	最小安全系数	控制类型	是否通过	偏心类型	位置
160	-3.01×10^5	-2.04×10^6	2.75	拉	通过	大偏心	右拱脚
250	-3.53×10^5	-2.51×10^6	2.37	拉	通过	大偏心	右拱脚
350	-3.73×10^5	-2.71×10^6	2.25	拉	通过	大偏心	右拱脚

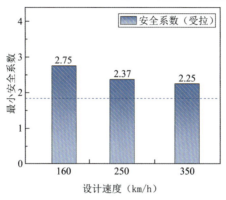

图 8-37　不同设计速度下的安全系数

由表 8-19、图 8-37 可知：随着设计速度的增加，隧道跨度和所承受的围岩压力也同时增加，隧道的安全性逐渐降低。

（2）不同围岩级别

取设计速度 350km/h、侧压力系数为 0.6，不同围岩级别下隧道的轴力、弯矩及最小安全系数见表 8-20，不同围岩级别下的安全系数如图 8-38 所示。

不同围岩级别计算结果　　　　　　　　　　表 8-20

围岩级别	弯矩（N·m）	轴力（N）	最小安全系数	控制类型	是否通过	偏心类型	位置
IV	5.80×10^4	-8.14×10^5	10.96	压	通过	小偏心	左拱肩
V	1.33×10^5	-1.62×10^6	5.26	压	通过	小偏心	左拱肩
VI	-3.73×10^5	-2.71×10^6	2.25	拉	通过	大偏心	右拱脚

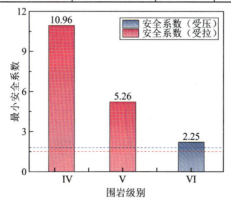

图 8-38　不同围岩级别下的安全系数

由表 8-20、图 8-38 可知：随着围岩级别的增加，隧道所承受的围岩压力也同时增加，隧道的安全性逐渐降低。

（3）不同侧压力系数

取设计速度 350km/h、Ⅵ围岩，不同侧压力系数下隧道的轴力、弯矩及最小安全系数见表 8-21，不同侧压力系数下的安全系数如图 8-39 所示。

不同侧压力系数计算结果　　　　　　　　　　　　　　表 8-21

侧压力系数	弯矩（N·m）	轴力（N）	最小安全系数	控制类型	是否通过	偏心类型	位置
0.6	-3.73×10^5	-2.71×10^6	2.25	拉	通过	大偏心	右拱脚
0.7	-3.35×10^5	-2.77×10^6	2.52	拉	通过	大偏心	右拱脚
0.8	-9.89×10^4	-4.16×10^6	2.70	压	通过	小偏心	左拱肩

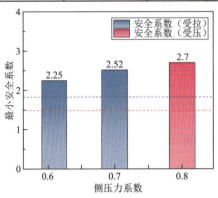

图 8-39　不同侧压力系数下的安全系数

由表 8-21、图 8-39 可知：随着侧压力系数的增加，隧道承受荷载的形式逐渐向静水压力转化，隧道的安全性逐渐增加。

综上所述，确定最不利条件为设计速度 350km/h、围岩级别Ⅵ级、侧压力系数 0.6，后续冲击荷载和围岩压力下的内衬厚度研究均在此基础上展开。

2）地震荷载

采用数值方法开展地震荷载作用下三层韧性隧道结构内衬厚度检算，数值模型尺寸为 $X \times Y \times Z = 100m \times 10m \times 100m$，围岩等级为Ⅵ级，隧道埋深约 55m，内衬厚度为 40cm，数值模型如图 8-40 所示。围岩及衬砌的物理力学参数与 6.2 节相同，计算工况见表 8-22。

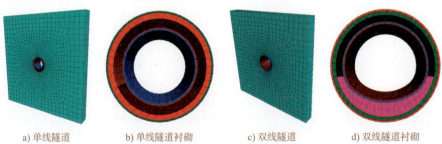

a) 单线隧道　　　b) 单线隧道衬砌　　　c) 双线隧道　　　d) 双线隧道衬砌

图 8-40　地震荷载检算数值模型

地震荷载计算工况 表8-22

序号	单/双线	峰值加速度（m/s²）	衬砌厚度（cm）
1	单线	0.1、0.2、0.3、0.4	40
2			50
3			60
4			70
5			80
6	双线	0.1、0.2、0.3、0.4	40
7			50
8			60
9			70
10			80

选取集集地震 TCU052 波作为输入地震动，具有显著的速度脉冲效应，如图 8-41 所示。在隧道轮廓周边拱顶、仰拱、拱腰共布置 4 个监测点，以监测计算过程中衬砌的受力变化情况。

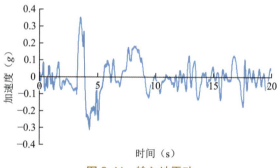

图 8-41　输入地震动

计算完成后的衬砌峰值轴力、峰值弯矩及最小安全系数如图 8-42 所示。

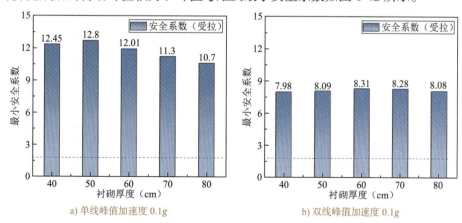

a) 单线峰值加速度 0.1g　　　　b) 双线峰值加速度 0.1g

图 8-42

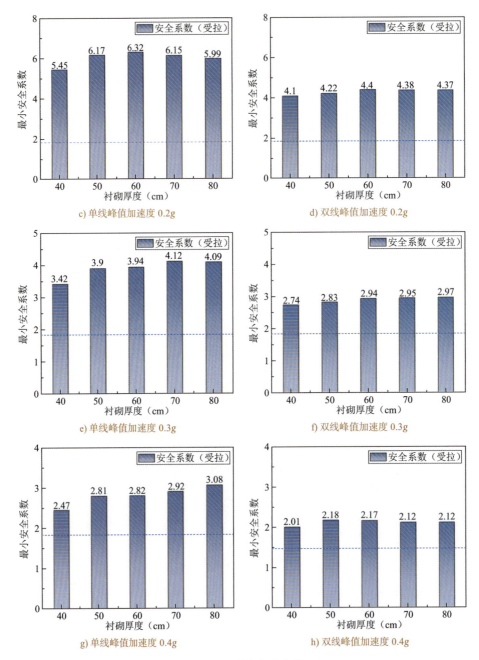

图 8-42 衬砌内力变化

由图 8-42 可知：对于受地震荷载作用的韧性结构而言，单线隧道和双线隧道的二次衬砌厚度均取 40cm 即可，此时的安全系数满足要求。

3）冲击荷载

冲击荷载计算的难点在于确定荷载作用的位置以及冲击岩块的质量。首先确定三层韧性隧道结构内衬承受的冲击荷载作用位置，内衬所受冲击荷载主要来自外衬错断后的衬砌垮塌掉块，通过震害实例统计，青海门源地震后大梁隧道的震害严重段落（K1971+341～

K1971+691）长达350m，混凝土剥落掉块面积约352.58m²。其中，拱部占总面积比最大，约32.19%；左边墙次之，约9.61%；其余部位总体相差不大。因此，假定冲击荷载作用位置为内衬拱顶。

其次确定冲击岩块的质量，为便于后续简化计算，假定冲击岩块为长方体。借鉴大梁隧道震害掉块统计情况，假定拱顶剥落掉块面积沿纵向均匀分布，即拱顶每延米的掉块宽度为0.3243m。衬砌错断后多是混凝土保护层厚度外的衬砌压溃掉块，混凝土保护层厚度一般为5cm，现场统计得到掉块最大厚度为10cm。考虑一定安全储备，取冲击岩块的厚度为15cm，则可得到其体积为0.0486m³。取衬砌重度为25kN/m³，则冲击岩块的重力为1.21kN。

依据荷载-结构法，采用ANSYS有限元软件展开冲击荷载作用下三层韧性隧道结构内衬厚度检算。衬砌采用Beam3梁单元，地层采用弹簧单元，围岩节点以固端约束，将冲击荷载施加在拱顶处，冲击荷载高度按断层最大错动量取值，数值模型如图8-43所示。围岩级别为Ⅵ级，弹性抗力系数取为100MPa/m，衬砌物理力学参数与6.2节相同。错动量不同将导致中间层厚度及外衬跨度不同，进而冲击荷载作用的高度及量值也不同，在后续计算时考虑错动量，计算工况见表8-23。

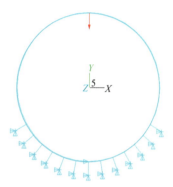

图8-43 冲击荷载数值模型

冲击荷载计算工况 表8-23

序号	单/双线	错动量（m）	衬砌厚度（cm）
1	单线	1、2、3、4、5	40
2			50
3			60
4			70
5			80
6	双线	1、2、3、4、5	40
7			50
8			60
9			70
10			80

（1）1m错动量

1m错动量计算完成后，衬砌的轴力、弯矩及最小安全系数见表8-24，最小安全系数与衬砌厚度的关系如图8-44所示。

1m错动量计算结果　　　　　　　　　　　　　表8-24

单/双线	衬砌厚度（cm）	弯矩（N·m）	轴力（N）	最小安全系数	控制类型	是否通过	偏心类型	位置
单线	40	-4.85×10^4	-8.74×10^3	3.25	拉	通过	大偏心	拱顶
	50	-5.00×10^4	-8.15×10^3	4.10	拉	通过	大偏心	拱顶
	60	-5.14×10^4	-7.57×10^3	4.91	拉	通过	大偏心	拱顶
	70	-5.28×10^4	-7.01×10^3	5.68	拉	通过	大偏心	拱顶
	80	-5.40×10^4	-6.49×10^3	6.42	拉	通过	大偏心	拱顶
双线	40	-5.41×10^4	-1.18×10^4	2.94	拉	通过	大偏心	拱顶
	50	-5.55×10^4	-1.12×10^4	3.73	拉	通过	大偏心	拱顶
	60	-5.69×10^4	-1.07×10^4	4.49	拉	通过	大偏心	拱顶
	70	-5.83×10^4	-1.02×10^4	5.22	拉	通过	大偏心	拱顶
	80	-5.96×10^4	-9.65×10^3	5.93	拉	通过	大偏心	拱顶

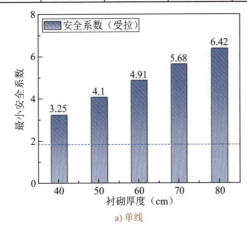
a）单线

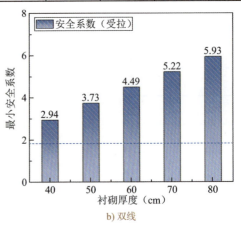
b）双线

图8-44　1m错动量安全系数与衬砌厚度的关系

由表8-24、图8-44可知：当二次衬砌厚度为40cm时，冲击荷载作用下三层韧性隧道结构内衬检算的最小安全系数单线为3.25（受拉），双线为2.94（受拉），均满足要求。因此，当错动量为1m时，单线隧道和双线隧道的二次衬砌厚度均取40cm即可。

（2）2m错动量

2m错动量计算完成后，衬砌的轴力、弯矩及最小安全系数见表8-25，最小安全系数与衬砌厚度的关系如图8-45所示。

2m 错动量计算结果 表 8-25

单/双线	衬砌厚度（cm）	弯矩（N·m）	轴力（N）	最小安全系数	控制类型	是否通过	偏心类型	位置
单线	40	-7.36×10^4	-1.33×10^4	2.14	拉	通过	大偏心	拱顶
	50	-7.57×10^4	-1.24×10^4	2.71	拉	通过	大偏心	拱顶
	60	-7.79×10^4	-1.15×10^4	3.24	拉	通过	大偏心	拱顶
	70	-8.00×10^4	-1.06×10^4	3.75	拉	通过	大偏心	拱顶
	80	-8.19×10^4	-9.84×10^3	4.24	拉	通过	大偏心	拱顶
双线	40	-8.20×10^4	-1.78×10^4	1.94	拉	通过	大偏心	拱顶
	50	-8.41×10^4	-1.70×10^4	2.46	拉	通过	大偏心	拱顶
	60	-8.62×10^4	-1.62×10^4	2.96	拉	通过	大偏心	拱顶
	70	-8.83×10^4	-1.50×10^4	3.45	拉	通过	大偏心	拱顶
	80	-9.04×10^4	-1.46×10^4	3.91	拉	通过	大偏心	拱顶

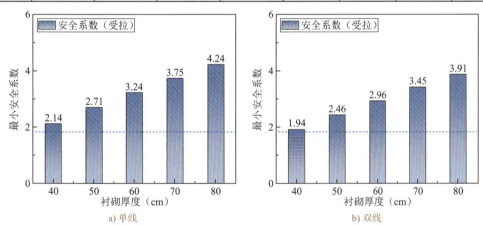

图 8-45　2m 错动量安全系数与衬砌厚度的关系

由表 8-25、图 8-45 可知：当二次衬砌厚度为 40cm 时，冲击荷载作用下三层韧性隧道结构内衬检算的最小安全系数单线为 2.14（受拉），双线为 1.94（受拉），均满足要求。因此，当错动量为 2m 时，单线隧道和双线隧道的二次衬砌厚度均取 40cm 即可。

（3）3m 错动量

3m 错动量计算完成后，衬砌的轴力、弯矩及最小安全系数如表 8-26，最小安全系数与衬砌厚度的关系如图 8-46 所示。

3m 错动量计算结果　　　　　　　　表 8-26

单/双线	衬砌厚度（cm）	弯矩（N·m）	轴力（N）	最小安全系数	控制类型	是否通过	偏心类型	位置
单线	40	-9.38×10^4	-1.69×10^4	1.68	拉	不通过	大偏心	拱顶
	50	-9.66×10^4	-1.58×10^4	2.12	拉	通过	大偏心	拱顶
	60	-9.93×10^4	-1.46×10^4	2.54	拉	通过	大偏心	拱顶
	70	-1.02×10^5	-1.36×10^4	2.94	拉	通过	大偏心	拱顶
	80	-1.04×10^5	-1.26×10^4	3.32	拉	通过	大偏心	拱顶
双线	40	-1.05×10^5	-2.28×10^4	1.52	拉	不通过	大偏心	拱顶
	50	-1.07×10^5	-2.17×10^4	1.93	拉	通过	大偏心	拱顶
	60	-1.10×10^5	-2.06×10^4	2.32	拉	通过	大偏心	拱顶
	70	-1.13×10^5	-1.96×10^4	2.70	拉	通过	大偏心	拱顶
	80	-1.10×10^5	-1.87×10^4	3.07	拉	通过	大偏心	拱顶

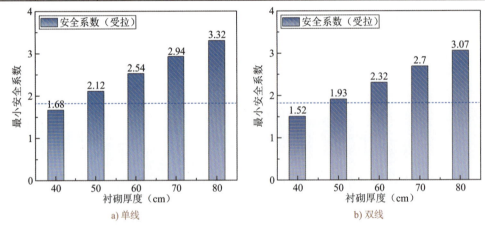

a) 单线　　　　　　　　　　　　　b) 双线

图 8-46　3m 错动量安全系数与衬砌厚度的关系

由表 8-26、图 8-46 可知：对于单线隧道，当二次衬砌厚度为 40cm 时，最小安全系数不满足要求；当二次衬砌厚度达到 50cm 时，最小安全系数 2.12（受拉）满足要求。而对于双线隧道，当二次衬砌厚度为 40cm 时，最小安全系数不满足要求；当二次衬砌厚度取到 50cm 时，最小安全系数 1.93（受拉）满足要求。因此，当错动量为 3m 时，单线隧道和双线隧道的二次衬砌厚度建议取 50cm。

（4）4m 错动量

4m 错动量计算完成后，衬砌的轴力、弯矩及最小安全系数见表 8-27，最小安全系数与衬砌厚度的关系如图 8-47 所示。

4m 错动量计算结果　　　　　　　表 8-27

单/双线	衬砌厚度（cm）	弯矩（N·m）	轴力（N）	最小安全系数	控制类型	是否通过	偏心类型	位置
单线	40	-1.12×10^5	-2.01×10^4	1.41	拉	不通过	大偏心	拱顶
	50	-1.15×10^5	-1.87×10^4	1.79	拉	不通过	大偏心	拱顶
	60	-1.18×10^5	-1.74×10^4	2.14	拉	通过	大偏心	拱顶
	70	-1.21×10^5	-1.61×10^4	2.47	拉	通过	大偏心	拱顶
	80	-1.24×10^5	-1.49×10^4	2.80	拉	通过	大偏心	拱顶
双线	40	-1.24×10^5	-2.70×10^4	1.28	拉	不通过	大偏心	拱顶
	50	-1.27×10^5	-2.57×10^4	1.62	拉	不通过	大偏心	拱顶
	60	-1.31×10^5	-2.45×10^4	1.96	拉	通过	大偏心	拱顶
	70	-1.34×10^5	-2.33×10^4	2.27	拉	通过	大偏心	拱顶
	80	-1.37×10^5	-2.22×10^4	2.58	拉	通过	大偏心	拱顶

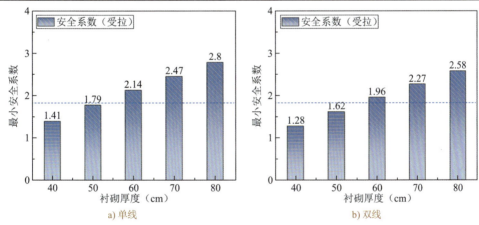

图 8-47　4m 错动量安全系数与衬砌厚度的关系

由表 8-27、图 8-47 可知：对于单线隧道，当二次衬砌厚度为 40cm 和 50cm 时，最小安全系数均不满足要求；当二次衬砌厚度达到 60cm 时，最小安全系数 2.14（受拉）满足要求。而对于双线隧道，当二次衬砌厚度为 40cm 和 50cm 时，最小安全系数均不满足要求；当二次衬砌厚度取到 60cm 时，最小安全系数 1.96（受拉）满足要求。因此，当错动量为 4m 时，单线隧道和双线隧道的二次衬砌厚度建议取 60cm。

（5）5m 错动量

5m 错动量计算完成后，衬砌的轴力、弯矩及最小安全系数见表 8-28，最小安全系数与衬砌厚度的关系如图 8-48 所示。

5m 错动量计算结果　　　　　　　表 8-28

单/双线	衬砌厚度（cm）	弯矩（N·m）	轴力（N）	最小安全系数	控制类型	是否通过	偏心类型	位置
单线	40	-1.28×10^5	-2.30×10^4	1.24	拉	不通过	大偏心	拱顶
	50	-1.31×10^5	-2.14×10^4	1.56	拉	不通过	大偏心	拱顶
	60	-1.35×10^5	-1.99×10^4	1.87	拉	通过	大偏心	拱顶
	70	-1.39×10^5	-1.84×10^4	2.16	拉	通过	大偏心	拱顶
	80	-1.42×10^5	-1.71×10^4	2.45	拉	通过	大偏心	拱顶
双线	40	-1.42×10^5	-3.09×10^4	1.12	拉	不通过	大偏心	拱顶
	50	-1.46×10^5	-2.94×10^4	1.42	拉	不通过	大偏心	拱顶
	60	-1.49×10^5	-2.80×10^4	1.71	拉	不通过	大偏心	拱顶
	70	-1.53×10^5	-2.67×10^4	1.99	拉	通过	大偏心	拱顶
	80	-1.57×10^5	-2.54×10^4	2.26	拉	通过	大偏心	拱顶

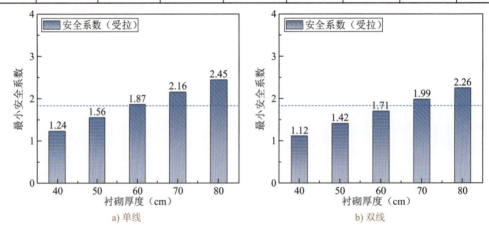

图 8-48　5m 错动量安全系数与衬砌厚度的关系

由表 8-28、图 8-48 可知：对于单线隧道，当二次衬砌厚度为 40cm 和 50cm 时，最小安全系数均不满足要求；当二次衬砌厚度达到 60cm 时，最小安全系数 1.87（受拉）满足要求。而对于双线隧道，当二次衬砌厚度为 40cm、50cm 和 60cm 时，最小安全系数均不满足要求；当二次衬砌厚度取到 70cm 时，最小安全系数 1.99（受拉）满足要求。因此，当错动量为 4m 时，单线隧道的二次衬砌厚度建议取为 60cm，双线隧道建议取 70cm。

同时为了保证冲击荷载作用下内衬的安全性，分别取缓冲材料厚度为 0.1m、0.2m、0.3m、0.4m、0.5m，取中间层宽度为 1m、2m、3m、4m、5m，计算工况见表 8-29。

冲击荷载计算工况　　　　　　　　　　　　　　　　　表 8-29

单/双线	缓冲材料厚度（m）	中间层宽度（m）
单线	0.1、0.2、0.3、0.4、0.5	1、2、3、4、5
双线		

中间层宽度为 1m 时，不同缓冲材料厚度下内衬最小安全系数如图 8-49 所示。

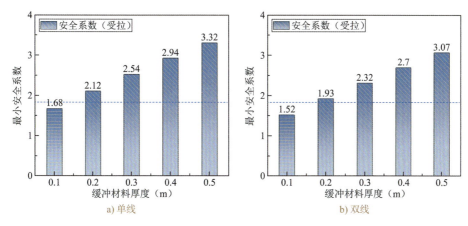

图 8-49　1m 中间层宽度下隧道内衬最小安全系数

由图 8-49 可知：内衬安全系数随着缓冲材料厚度的增加而增大，当缓冲材料厚度为 0.1m 时，隧道结构发生受拉破坏；当缓冲材料厚度大于等于 0.2m 时，隧道结构安全性满足要求。因此 1m 中间层宽度条件下，缓冲材料厚度取为 0.2m。

中间层宽度为 2～5m 时，不同缓冲材料厚度下内衬最小安全系数见表 8-30。

冲击荷载作用下隧道内衬安全系数　　　　　　　　　　表 8-30

线路类型	缓冲材料厚度（m）	中间层宽度（m）	最小安全系数	控制类型	是否安全	线路类型	缓冲材料厚度（m）	中间层宽度（m）	最小安全系数	控制类型	是否安全
单线	0.1	1	1.68	拉	否	单线	0.4	3	2.54	拉	是
	0.2	1	2.12	拉	是		0.5	3	2.96	拉	是
	0.3	1	2.54	拉	是		0.1	4	1.02	拉	否
	0.4	1	2.94	拉	是		0.2	4	1.43	拉	否
	0.5	1	3.32	拉	是		0.3	4	1.65	拉	否
	0.1	2	1.43	拉	否		0.4	4	2.37	拉	是
	0.2	2	1.75	拉	否		0.5	4	2.85	拉	是
	0.3	2	2.28	拉	是		0.1	5	0.93	拉	否
	0.4	2	2.71	拉	是		0.2	5	1.25	拉	否
	0.5	2	3.11	拉	是		0.3	5	1.42	拉	否
	0.1	3	1.20	拉	否		0.4	5	1.74	拉	否
	0.2	3	1.61	拉	否		0.5	5	2.64	拉	是
	0.3	3	1.78	拉	否						

续上表

线路类型	缓冲材料厚度（m）	中间层宽度（m）	最小安全系数	控制类型	是否安全	线路类型	缓冲材料厚度（m）	中间层宽度（m）	最小安全系数	控制类型	是否安全
双线	0.1	1	1.52	拉	否	双线	0.4	3	2.41	拉	是
	0.2	1	1.93	拉	是		0.5	3	2.84	拉	是
	0.3	1	2.32	拉	是		0.1	4	0.95	拉	否
	0.4	1	2.7	拉	是		0.2	4	1.26	拉	否
	0.5	1	3.07	拉	是		0.3	4	1.57	拉	否
	0.1	2	1.32	拉	否		0.4	4	2.23	拉	是
	0.2	2	1.63	拉	否		0.5	4	2.76	拉	是
	0.3	2	2.12	拉	是		0.1	5	0.85	拉	否
	0.4	2	2.58	拉	是		0.2	5	1.07	拉	否
	0.5	2	2.92	拉	是		0.3	5	1.26	拉	否
	0.1	3	1.08	拉	否		0.4	5	1.61	拉	否
	0.2	3	1.45	拉	否		0.5	5	2.53	拉	是
	0.3	3	1.67	拉	否						

根据表8-30得出隧道韧性结构内衬缓冲材料厚度，见表8-31。

内衬缓冲材料厚度取值　　　　　　　　　　表8-31

序号	中间层宽度（m）	单线（m）	双线（m）
1	0～1	0.2	0.2
2	1～2	0.3	0.3
3	2～3	0.4	0.4
4	3～4	0.4	0.4
5	4～5	0.5	0.5

4）松散荷载

依据荷载-结构法，采用 ANSYS 大型有限元软件展开三层韧性隧道结构内衬厚度检算。衬砌采用Beam3梁单元，地层采用弹簧单元，围岩节点以固端约束，将围岩压力施加在模型相应节点处。假定最大错动量为3m，围岩级别为Ⅵ级，弹性抗力系数取100MPa/m，围岩及衬砌物理力学参数与6.2节相同，计算工况见表8-32。

松散荷载计算工况　　　　　　　　　　表8-32

序号	单/双线	衬砌厚度（cm）
1	单线	40
2		50
3		60
4		70
5		80

续上表

序号	单/双线	衬砌厚度（cm）
6	双线	40
7		50
8		60
9		70
10		80

计算完成后，衬砌的轴力、弯矩及最小安全系数见表 8-33，松散荷载安全系数与衬砌厚度的关系见图 8-50。

松散荷载计算结果   表 8-33

单/双线	衬砌厚度（cm）	弯矩（N·m）	轴力（N）	最小安全系数	控制类型	是否通过	偏心类型	位置
单线	40	-3.07×10^5	-1.90×10^6	2.62	拉	通过	大偏心	拱顶
	50	-3.88×10^5	-1.84×10^6	2.96	拉	通过	大偏心	拱顶
	60	-4.73×10^5	-1.79×10^6	3.18	拉	通过	大偏心	拱顶
	70	-5.42×10^5	-1.75×10^6	3.56	拉	通过	大偏心	拱顶
	80	-6.05×10^5	-1.71×10^6	4.00	拉	通过	大偏心	拱顶
双线	40	-4.01×10^5	-3.09×10^6	2.10	拉	通过	大偏心	拱顶
	50	-5.27×10^5	-3.01×10^6	2.38	拉	通过	大偏心	拱顶
	60	-6.49×10^5	-2.94×10^6	2.63	拉	通过	大偏心	拱顶
	70	-7.71×10^5	-2.88×10^6	2.85	拉	通过	大偏心	拱顶
	80	-9.01×10^5	-2.82×10^6	2.98	拉	通过	大偏心	拱顶

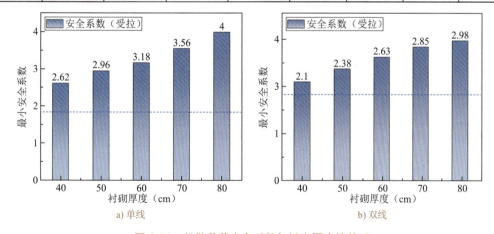

图 8-50　松散荷载安全系数与衬砌厚度的关系

由表 8-33、图 8-50 可知：当二次衬砌厚度为 40cm 时，松散荷载作用下三层韧性隧道结构内衬检算的最小安全系数单线为 2.62（受拉），双线为 2.1（受拉），均满足要求。因此，松散荷载作用下，单线隧道和双线隧道的二次衬砌厚度均取 40cm 即可。

综上所述，地震荷载、冲击荷载及松散荷载作用下穿越活动断裂带隧道三层韧性结构内衬的衬砌厚度建议按表 8-34 取值。

内衬的衬砌厚度建议取值表　　　　表 8-34

序号	错动量（m）	衬砌厚度（cm）	
		单线	双线
1	0～1	40	40
2	1～2	40	40
3	2～3	50	50
4	3～4	60	60
5	4～5	60	70

8.3.4　穿越活动断裂带隧道三层韧性结构内衬衬砌材料及配筋设计

相关规范对抗震设防段的隧道衬砌建筑材料作出了规定，调研结果如下：

（1）《铁路工程抗震设计规范》（GB 50111—2006）

抗震设防段的隧道衬砌应采用混凝土或钢筋混凝土材料，其强度等级不应低于表 8-35 的规定。

隧道衬砌材料种类及强度等级　　　　表 8-35

项目	围岩级别	材料种类及强度等级
隧道衬砌	Ⅲ、Ⅳ	混凝土 C25 或钢筋混凝土 C30
	Ⅴ、Ⅵ	钢筋混凝土 C30

（2）《地下结构抗震设计标准》（GB/T 51336—2018）

抗震设防范围内隧道应采用复合式衬砌，隧道衬砌应采用混凝土或钢筋混凝土材料，其强度等级不应低于表 8-36 的规定。地震动峰值加速度为 0.40g 的地区三车道隧道衬砌混凝土宜添加纤维材料，增加衬砌强度，减小衬砌刚度，以提高隧道随地层变形的能力。

隧道衬砌材料种类及强度等级　　　　表 8-36

隧道跨度 B（m）	围岩级别	地震动峰值加速度（g）		
		0.10（0.15）	0.20（0.30）	0.40
B＜12	Ⅲ	混凝土 C25	混凝土 C25	混凝土 C25
	Ⅳ	混凝土 C25	钢筋混凝土 C25	钢筋混凝土 C30
	Ⅴ、Ⅵ	钢筋混凝土 C25	钢筋混凝土 C30	钢筋混凝土 C30
B≥12	Ⅲ	混凝土或钢筋混凝土 C25	钢筋混凝土 C30	钢筋混凝土 C30
	Ⅳ	钢筋混凝土 C25	钢筋混凝土 C30	钢筋混凝土 C30
	Ⅴ、Ⅵ	钢筋混凝土 C25	钢筋混凝土 C30	钢筋混凝土 C30

注：1. 浅埋隧道均应采用钢筋混凝土。
　　2. 地震动峰值加速度为 0.40g 的地区隧道跨度 B≥12m 的隧道衬砌混凝土宜添加纤维材料，以提高抗震性能。

（3）《公路隧道抗震设计规范》（JTG 2232—2019）

山岭隧道抗震设防段隧道衬砌的材料及强度等级应不低于表 8-37、表 8-38 的规定。

两车道山岭隧道衬砌材料种类及强度等级　　表 8-37

抗震设防类别	围岩级别	抗震设防措施等级		
		二级	三级	四级
A	III	钢筋混凝土 C30	钢筋混凝土 C30	钢筋混凝土 C35
	IV			
	V、VI			
B	III	混凝土 C25	混凝土 C30	钢筋混凝土 C30
	IV		钢筋混凝土 C30	
	V、VI	钢筋混凝土 C25		
C	III	混凝土 C25	混凝土 C30	混凝土 C30
	IV			钢筋混凝土 C30
	V、VI	钢筋混凝土 C25	钢筋混凝土 C30	
D	III	混凝土 C25		混凝土 C25
	IV			钢筋混凝土 C25
	V、VI		钢筋混凝土 C25	

三车道及以上山岭隧道衬砌材料种类及强度等级　　表 8-38

抗震设防类别	围岩级别	抗震设防措施等级		
		二级	三级	四级
A	III	钢筋混凝土 C30	钢筋混凝土 C35	钢筋混凝土 C40
	IV			
	V、VI			
B	III	混凝土 C25	混凝土 C30	钢筋混凝土 C35
	IV	钢筋混凝土 C25	钢筋混凝土 C30	
	V、VI			

注：1. 浅埋隧道均应采用钢筋混凝土。
　　2. 抗震设防措施等级为四级的三车道及以上跨度隧道衬砌材料宜添加纤维材料。

（4）《公路隧道设计细则》（JTG/T D70—2010）

抗震设防段衬砌结构的建筑材料可按表 8-39 的规定采用。

抗震隧道衬砌建筑材料基本要求　　表 8-39

工程名称	围岩级别	地震动峰值加速度（g）				
		0.1	0.15	0.2	0.3	0.4
活动性断层衬砌	IV～VI	钢筋混凝土				

(5)《公路隧道设计规范 第一册 土建工程》(JTG 3370.1—2018)

抗震设防地段衬砌结构二次衬砌应采用钢筋混凝土结构。

综上所述,对于穿越活动断裂带隧道三层韧性结构内衬建筑材料的选取,应采用钢筋混凝土,混凝土强度等级为 C35 或 C40,当地震动峰值加速度达到 0.4g 时,还应添加纤维材料以提高抗震性能。

根据工程类比法,采用所依托工程的配筋设计,350km/h 设计速度的双线隧道衬砌钢筋布置如图 8-51 所示。钢筋净保护层厚度为 50mm,N_6 箍筋采用半圆弯钩。钢筋在设计中没有考虑分段,$N_1 \sim N_4$ 钢筋数量计算中按 9m 分段考虑机械连接,施工中根据实际情况分段,相邻连接位置应相互错开,同一区段内钢筋接头面积不大于全部钢筋面积的 50%,且连接位置不得位于拱顶。350km/h 设计速度的双线隧道每延米钢筋工程数量见表 8-40。

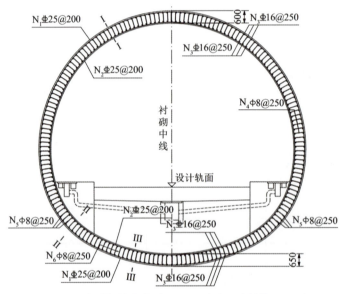

图 8-51 内衬钢筋布置(350km/h)(尺寸单位:mm)

设计速度 350km/h 的内衬每延米钢筋工程数量表 表 8-40

钢筋号码	直径(mm)	根数	长度(m)	单位质量(kg/m)	总质量(kg)
N_1	25	5	42.574	3.85	819.550
N_2	25	5	39.541	3.85	761.164
N_3	16	328	1	1.578	517.584
HPB400 钢筋合计					2098.298
N_4	8	500	0.668	0.395	131.930
N_5	8	120	0.668~0.718	0.395	32.848
N_6	8	200	0.718	0.395	56.722
HPB300 钢筋合计					221.500
总计					2319.798

8.3.5 穿越活动断裂带隧道三层韧性结构内衬防排水设计

从国内外初期支护及单层衬砌修建的效果来看，通过有效的堵排水措施可以满足二级防水标准，且从铁路运营的实际需要来看，铁路隧道满足二级防水标准是可以满足铁路隧道运营要求的。另外，为达到一级防水标准，需要更多的投入，经济上也未必合理。加之在三层韧性隧道结构外衬完善的防排水系统保护下，内衬的地下水问题已在很大程度上得到缓解。因此，三层韧性隧道结构内衬主要依靠自身防水，防排水系统包括材料自防水、止水条（带）防水和中心排水沟。

1）防水设计

三层韧性隧道结构内衬防水措施包括衬砌材料自防水和止水条（带）防水。具体措施如下：

（1）衬砌材料自防水

在混凝土中加入少许硅粉从而提高材料的耐水性能、黏聚性和混凝土强度，此外还可防止混凝土出现沁水、离析等现象。

（2）止水条（带）防水

止水条（带）可防止接缝渗漏水，还起到缓冲减震的作用，施工时在变形缝和施工缝内进行预埋。

2）排水设计

三层韧性隧道结构内衬排水措施主要是设置中心排水沟，衬砌背后的积水通过中心排水沟排出洞外。

8.4 穿越活动断裂带隧道三层韧性结构中间层设计方法

基于三层韧性隧道结构"中间吸能"的设计理念，中间层是设计用于吸收外衬错断变形后的能量，从而保证内衬不受断层错动变形的影响，仅承受地震动的作用。因此，中间层的设计应更侧重对于错断变形能量的耗散，具体体现在中间层的厚度和材料选取两个方面。

中间层厚度设计参考超挖的设计理念，将活动断层的最大错动量作为中间层的厚度设计值，这样能保证外衬错断后的变形完全被中间层吸收，而不对内衬产生影响。

对于中间层材料选取方面，分别考虑无填充、橡胶填充和一般减震层材料填充三种情况，采用 ABAQUS 软件分析不同中间层填充材料下的三层韧性隧道结构内力响应，隧道纵向采用铰接设计，通过将隧道沿纵向分为多个节段，节段间设置变形缝并使用接触关系连接，模型均采用实体单元，橡胶和减震层材料采用弹性本构，通过降低弹性模量来模拟。分节段方案与 6.2 节相同，减震缝设置为对缝形式，围岩、衬砌及填充材料的物理力学参数与 6.2 节相同。详细计算工况见表 8-41。

中间层计算工况　　　　　　　　　　　　　表 8-41

断层类型	埋深（m）	倾角（°）	交角（°）	中间层填充材料	断层错动量（m）
左旋走滑断层	55	76	90	无填充	1
				橡胶	
				减震层材料	

（1）外衬内力响应

走滑 1m 错动完成后，三层韧性隧道结构外衬的轴力、剪力、弯矩、安全系数如图 8-52、图 8-53 所示。

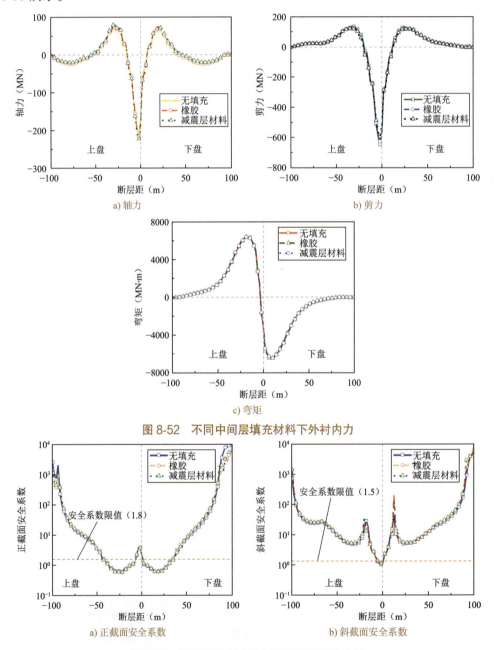

图 8-52　不同中间层填充材料下外衬内力

图 8-53　不同中间层填充材料下外衬安全系数

由图 8-52、图 8-53 可知：中间层无填充、橡胶填充和一般减震层材料填充下的外衬轴力、剪力和弯矩基本相同，轴力峰值分别为-212.6MN、-216.6MN 和-222.7MN，剪力峰值分别为-643.7MN、-624.5MN 和-593.9MN，弯矩峰值分别为-6446MN·m、-6443MN·m 和-6436MN·m。外衬正截面最小安全系数分别为 0.59（无填充）、0.57（橡胶填充）和、0.57（一般减震层材料填充），破坏范围分别为 78m、78m 和 82m。外衬斜截面最小安全系数分别为 1.01（无填充）、1.04（橡胶填充）和 1.09（一般减震层材料填充），破坏范围均为 8m。

（2）内衬内力响应

走滑 1m 错动完成后，三层韧性隧道结构内衬的轴力、剪力、弯矩、安全系数如图 8-54、图 8-55 所示。

由图 8-54、图 8-55 可知：中间层无填充、橡胶填充和一般减震层材料填充下的内衬轴力、剪力和弯矩基本相同，轴力峰值分别为-119.5MN、-105.6MN 和-103.3MN，剪力峰值分别为-309.9MN、-350.5MN 和-384.7MN，弯矩峰值分别为-1773MN·m、-1996MN·m 和-2057MN·m。内衬正截面最小安全系数分别为 2.56（无填充）、2.49（橡胶填充）和 2.48（一般减震层材料填充），均满足要求。内衬斜截面最小安全系数分别为 2.51（无填充）、2.22（橡胶填充）和 2.02（一般减震层材料填充），均满足要求。

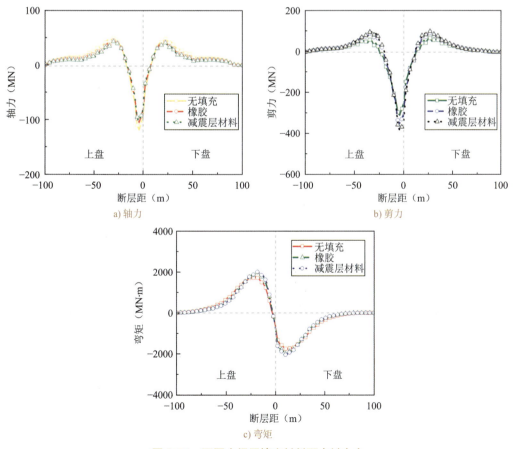

图 8-54 不同中间层填充材料下内衬内力

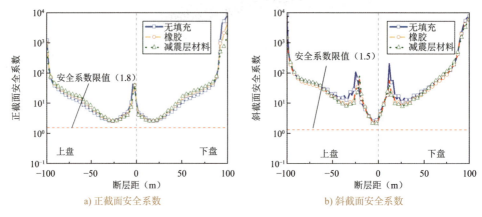

a) 正截面安全系数　　　　　　b) 斜截面安全系数

图 8-55　不同中间层填充材料下内衬安全系数

综上所述，当中间层分别为无填充、橡胶填充和一般减震层材料填充时，断层错动下三层韧性隧道结构内衬及外衬的内力响应和安全系数基本相同，且外衬均发生一定程度的破坏，内衬安全系数满足要求。因此，在考虑经济性的条件下，建议三层韧性隧道结构中间层选择不填充。

穿越活动断裂带隧道三层韧性结构中间层的主要作用为吸收外衬在断裂带错动作用下发生的变形，以保证隧道韧性结构内衬的安全性。因此，中间层宽度应保证断层带错动作用下隧道内、外衬之间不发生直接接触，防止内衬受到断裂带的挤压作用。

根据 6.1 节分析结果可知：未设置变形缝时，隧道变形曲线的斜率明显小于地层变形曲线，而隧道变形曲线范围明显大于地层变形曲线；设置变形缝后，隧道刚度显著降低，使得隧道变形曲线与地层变形曲线较为吻合。因此，假设断裂带错动下隧道变形与地层变形一致，进行穿越活动断裂带隧道三层韧性结构中间层宽度设计。同时，由于断裂带上下盘的错动作用，导致断层面处隧道节段的斜率最大，因此选取穿越活动断裂带的隧道节段确定中间层宽度。

走滑断层错动下隧道节段发生水平向转动、变形，正、逆断层错动下隧道发生竖向转动、变形，如图 8-56 所示。其中，隧道节段长度为 L_{seg}，隧道节段水平向变形为 S_x，隧道节段竖向变形为 S_z，隧道节段水平向转角为 θ_x、竖向转角为 θ_z。

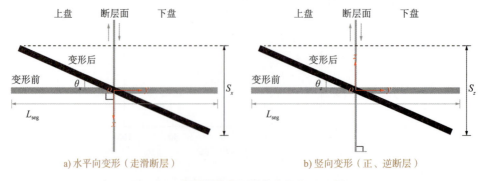

a) 水平向变形（走滑断层）　　　　　　b) 竖向变形（正、逆断层）

图 8-56　断裂带错动下隧道节段变形示意图

根据4.2节中给出的断裂带错动下地层变形范围计算公式，隧道节段水平向转角为θ_x、竖向转角θ_z为：

$$\theta_x = \arctan\frac{u_{x\max}}{10.08u_{x\max}^{0.24}} \tag{8-1}$$

$$\theta_z = \arctan\frac{u_{z\max}}{22.18u_{z\max}^{0.44}} \tag{8-2}$$

根据图8-56中的几何关系，得出断裂带错动下隧道节段水平向变形S_x、竖向变形为S_z为：

$$S_x = L_{\text{seg}} \sin\theta_x \tag{8-3}$$

$$S_z = L_{\text{seg}} \sin\theta_z \tag{8-4}$$

根据式(8-3)及式(8-4)，不同断裂带类型（走滑、正、逆断层）、隧道节段长度（3m、6m、9m）及断裂带错动量（1m、2m、3m、4m、5m）条件下，隧道韧性结构中间层宽度见表8-42。

隧道韧性结构中间层宽度 表8-42

断裂带类型	断裂带最大错动量（m）	隧道节段长度（m）	中间层宽度S_x（m）	断裂带类型	断裂带最大错动量（m）	隧道节段长度（m）	中间层宽度S_z（m）
走滑断层	1	3	0.3	正、逆断层	1	3	0.1
	1	6	0.6		1	6	0.3
	1	9	0.9		1	9	0.4
	2	3	0.5		2	3	0.2
	2	6	1.0		2	6	0.4
	2	9	1.5		2	9	0.6
	3	3	0.7		3	3	0.2
	3	6	1.3		3	6	0.5
	3	9	2.0		3	9	0.7
	4	3	0.8		4	3	0.3
	4	6	1.6		4	6	0.6
	4	9	2.5		4	9	0.9
	5	3	1.0		5	3	0.3
	5	6	1.9		5	6	0.7
	5	9	2.9		5	9	1.0

当断裂带兼具走滑及正、逆断层错动特征时，隧道韧性结构中间层宽度$S_{\max}$为：

$$S_{\max} = \sqrt{S_x^2 + S_z^2} \tag{8-5}$$

8.5 穿越活动断裂带隧道三层韧性结构试验验证

为验证穿越活动断裂带隧道三层韧性结构的抗错断性能，通过模型试验方法，采用自研的多倾角、大比例、高精度穿越活动断裂带隧道结构破坏加载试验装置，研究断裂带大尺度错动下隧道韧性结构的适应性。

8.5.1 穿越活动断层隧道三层韧性结构形式及试验方案

1）隧道三层韧性结构形式

相关研究表明，现有穿越活动断层隧道设防措施不能适应米级的断层错动，为解决活动断层米级错动下的隧道错断问题，提出"外层错断，中间吸能，内层抗震"的隧道三层韧性结构形式，如图8-57所示。

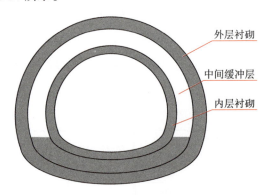

图8-57　隧道三层韧性结构形式

由图8-57可知，穿越活动断层隧道三层韧性结构主要由外层衬砌、中间缓冲层及内层衬砌三部分组成。其中，外衬衬砌主要承受非地震作用下的围岩压力，中间缓冲层主要吸收外衬破坏后的断层错动，内层衬砌主要承受地震动荷载。同时，孙飞、王维嘉通过理论研究得出，穿越活动断层隧道的破坏主要由断层错动引起，而地震动对隧道的影响相比错动而言较小。因此，本书主要针对断层错动下韧性结构的力学响应及破坏特征开展模型试验研究。

2）隧道三层韧性结构试验方案

（1）依托工程概况

本次试验依托工程为穿越某断层的某铁路隧道，该断层具有左旋走滑活动性质，预计最大错动量为3m，断层倾角及隧道—断层交角均为76°，断裂带围岩为Ⅵ级围岩。根据穿越活动断层隧道三层韧性结构的特征，基于相关规范及相关研究成果，确定该隧道横断面几何参数如图8-58所示。此外，为了提高结构抗震性能，沿隧道纵向设置变形缝，间距为9～12m。

隧道韧性结构外层衬砌、内层衬砌均为C35钢筋混凝土，外层衬砌厚度为80cm，内层衬砌厚度为60cm，中间层采用聚乙烯泡沫材料进行填充，厚度为1.5m。围岩、隧道衬砌及中间缓冲层物理力学参数见表8-43。

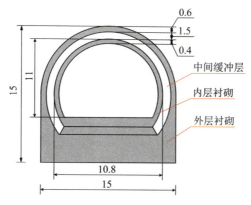

图 8-58 某铁路隧道三层韧性结构横断面（尺寸单位：m）

围岩、隧道衬砌及中间缓冲层物理力学参数 表 8-43

项目	重度（kN/m³）	弹性模量（GPa）	泊松比	黏聚力（kPa）	摩擦角（°）
围岩	1842	0.585	0.45	234	20
外、内层衬砌	2490	32.5	0.2	—	—
中间缓冲层	1200	0.32	0.4	—	—

（2）相似比

几何相似比取 30，密度相似比取 1.3，弹性模量相似比取 39。将几何相似比、质量相似比和弹性模量相似比定为基本相似比，其他相似参数根据相似准则推导得出，见表 8-44。

试验物理量的相似关系 表 8-44

物理量	相似比
应力	39
应变	1
泊松比	1
质量、密度	1.3
摩擦角	1
长度	30
位移	30
面积	900
力	35100
力矩	1053000

（3）试验装置

根据依托工程制作穿越活动断层隧道模型试验箱。该模型箱由厚度为 1cm 的钢板焊接而成，由上盘及下盘两部分组成，外部尺寸为 2.5m（长）× 2.5m（宽）× 2.2m（高），模型箱上盘底部安装 4 台搬运车，侧面安装两台水平向千斤顶，以模拟断层左旋走滑错动，如图 8-59 所示。

图 8-59 模型试验箱

（4）相似材料

根据表 8-44 中的相似关系，通过多次围岩及衬砌相似材料配合比试验，最终确定采用粉煤灰：河砂：机油 = 57：31：12 的配合比模拟Ⅵ级围岩，以水：石膏：重晶石粉为 1：1.1：0.3 的配合比模拟隧道衬砌，同时采用双层钢丝网模拟隧道衬砌钢筋，采用海绵模拟中间缓冲层，围岩及衬砌相似材料物理力学参数见表 8-45。

围岩及衬砌相似材料物理力学参数　　　　　　　表 8-45

材料类型	重度（kN/m³）	弹性模量（MPa）	黏聚力（kPa）	摩擦角（°）	单轴抗压强度（MPa）
围岩	13.2	7.1	2.94	17.4	—
衬砌	20.3	1400	—	—	1.08

经相似比换算，模型隧道横断面、纵向分段尺寸及隧道-断层位置关系如图 8-60 所示。

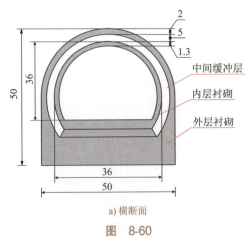

a) 横断面

图 8-60

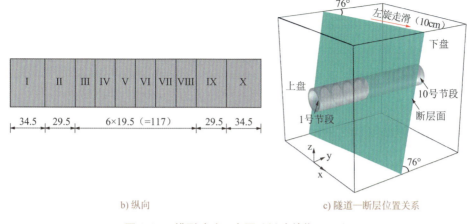

b) 纵向　　　　　　　　　　c) 隧道—断层位置关系

图 8-60　模型试验示意图（尺寸单位：cm）

根据图 8-60a），采用衬砌相似材料制作隧道三层韧性结构实体模型，如图 8-61 所示。

（5）测试方案

试验测试内容主要包括衬砌变形及衬砌内力。其中，采用 LVDT 位移传感器测试内层衬砌变形，采用应变片测试外层衬砌及内层衬砌内力。选取每个衬砌节段的中间部位作为测试断面，共设置了如图 8-60b）所示的 10 个断面，内层衬砌、外层衬砌典型断面的测点布置方案如图 8-62 所示。

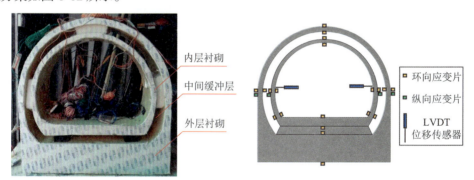

图 8-61　隧道三层韧性结构实体模型　　　图 8-62　典型断面的测点布置方案

（6）试验过程

本次试验主要包括以下步骤：

①制作衬砌节段。

制作衬砌节段模具，取裁剪钢丝网将内侧钢丝网的侧边弯折不同的角度，固定好模具并向模具内填土至指定高度用胶带封堵；倒入计算配比的石膏浆液静置凝固，衬砌放入烘干机；试件烘干后，试件表面涂 2～3 次油漆，并粘贴 EVA 海绵双面胶，模拟变形缝。

②拌制围岩相似材料。

搅拌过程，先倒入河砂和粉煤灰，然后倒入机油，进行充分搅拌；待搅拌料大部分结块时表示已搅拌均匀。

③模型箱填土、安装隧道衬砌。

将围岩相似材料逐层填充于模型箱,并逐层压实。当填土高度位于隧道结构位置时,将隧道衬砌节段放置于围岩之上,并继续逐层填充围岩直到满足埋深要求。

④断层错动。

通过水平向千斤顶对上盘模型箱进行加载,加载速率为0.1cm/min,总错动量为0.1m。具体试验过程如图8-63所示。

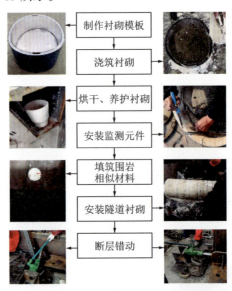

图8-63 模型试验过程

8.5.2 穿越活动断层隧道三层韧性结构变形及受力特征

(1)隧道三层韧性结构变形分布特征

断层错动完成后,将隧道上方覆土取出,得到隧道三层韧性结构变形,如图8-64所示。结构整体发生变形,节段之间发生错台。采用钢尺测量得到最大错台量为3cm,位于断层面附近,对应实际工程中的0.9m。

图8-64 隧道三层韧性结构错台

走滑断层错动下,韧性结构外层、内层衬砌拱腰沿隧道轴线的水平向变形及斜率分布曲线如图8-65所示。其中,内层衬砌变形由LVDT位移传感器测试得到,外层衬砌采用钢尺测量得到。

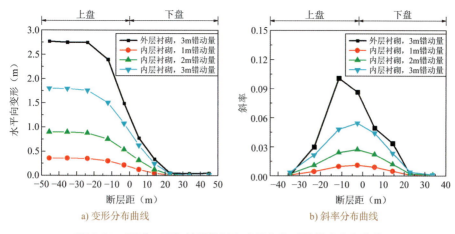

a) 变形分布曲线　　　　　　　　b) 斜率分布曲线

图 8-65　隧道三层韧性结构衬砌水平向变形及斜率分布曲线

由图 8-65a）可知：不同错动量下，隧道外层、内层衬砌沿隧道轴线的水平向变形均呈"S"形，变形主要集中在断层面两侧约 40m 范围内。对于外层衬砌，3m 错动量条件下，隧道最大变形量为 2.77m，与断层错动量在隧道水平向的分量 2.91m 基本吻合，其差值是由于围岩与围岩之间产生了相互挤压作用所致。对于内层衬砌，隧道变形随着断层错动量的增加而逐渐增大，其中 1m、2m 及 3m 错动量条件下，隧道内层衬砌最大变形量分别为 0.36m、0.90m 及 1.80m，隧道内层衬砌变形明显小于断层错动量。表明外层衬砌与内层衬砌相互挤压过程中，中间缓冲层吸收了大部分错动量，导致内层衬砌变形量较小。由图 8-65b）可知：隧道内层、外层衬砌的最大斜率均位于断层面附近，且随着断层距的增加而逐渐减小，当断层距大于 20m 后，变形曲线斜率基本不变。同时，隧道内层衬砌的斜率明显小于外层衬砌，表明中间缓冲层在内层、外层衬砌之间起到了较好的缓冲作用。

将隧道内层衬砌最大变形量与断层错动量相比，得到不同错动量条件下中间缓冲层的变形量吸收比，如图 8-66 所示。

由图 8-66 可知，中间缓冲层变形量吸收比随着断层错动量的增加呈逐渐减小趋势。错动量为 1m、2m、3m 条件下，中间缓冲层变形量吸收比分别为 64%、55%、40%。这是由于中间缓冲层的刚度随着压缩量的增大而逐渐增大所致。因此，设计中间层厚度时，应充分考虑缓冲层材料的压缩变形特征，保证其能较好地吸收断层错动变形。

3m 错动量条件下，隧道中间缓冲层压缩变形量分布如图 8-67 所示。

如图 8-67 所示，断层错动下，中间缓冲层沿隧道轴向产生了"S"形的压缩变形，且变形量随着断层距的增大而增大，当断层距大于 20m 后压缩变形量基本不变。此外，中间缓冲层的最大压缩变形量为 1m，小于预设的 1.5m，表明本书预设的中间缓冲层厚度是合理的。

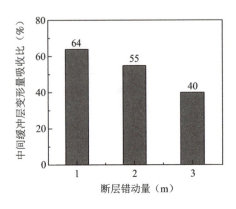
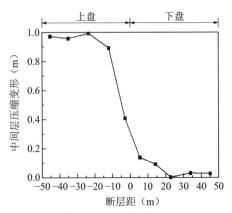

图 8-66 隧道三层韧性结构中间层缓冲层变形量吸收比

图 8-67 隧道三层韧性结构中间缓冲层层压缩变形分布曲线

(2) 隧道三层韧性结构应变分布特征

不同断层错动量条件下,隧道外层衬砌左、右拱腰沿隧道轴向的纵向应变分布如图 8-68 所示。

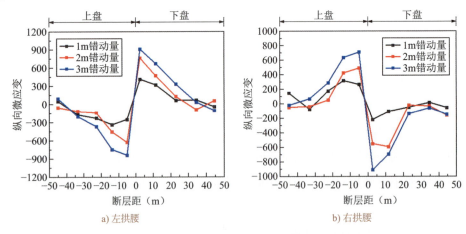

图 8-68 隧道三层韧性结构外层衬砌拱腰纵向应变分布曲线

由图 8-68 可知:隧道拱腰纵向应变主要集中在断层面附近,并在断层面处发生突变。具体表现为隧道左、右拱腰纵向应变在断层面处急剧增大,当错动量为 1m 时,断层面处左、右拱腰纵向应变即达到了 316με 和 411με。左旋走滑断层错动下,上盘范围内的隧道右拱腰受拉、左侧拱腰受压,下盘范围内的隧道左拱腰受拉、右侧拱腰受压。随着断层错动量的增加,隧道纵向应变均增大,且应变范围明显增大,表明隧道破坏范围增大。

不同断层错动量条件下,隧道内层衬砌左、右拱腰沿隧道轴向的纵向应变分布如图 8-69 所示。

由图 8-69 可知,内层衬砌与外层衬砌应变分布类似,内层衬砌纵向应变主要集中在断层面附近,并在断层面处发生突变。

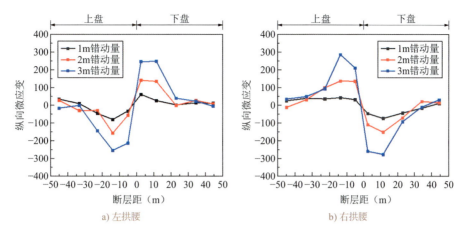

图 8-69 隧道三层韧性结构内层衬砌拱腰纵向应变分布曲线

根据图 8-68、图 8-69 得出不同错动量条件下隧道内层、外层衬砌峰值应变对比，如图 8-70 所示。

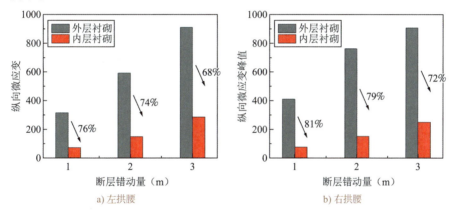

图 8-70 隧道三层韧性结构内层、外层衬砌峰值应变对比

由图 8-70 可知：相同错动量条件下，隧道内层衬砌应变明显小于外层衬砌。表明中间缓冲层吸收错动量后能有效减小隧道内层衬砌应变。与外层衬砌相比，内层衬砌应变峰值减小 70%～80%。

（3）隧道三层韧性结构典型断面内力分布特征

以与断层错断面相交的Ⅵ号衬砌为例，对韧性结构外层衬砌、内层衬砌的横断面轴力、弯矩及安全系数进行分析，如图 8-71～图 8-73 所示。

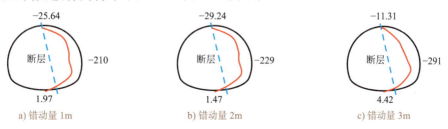

图 8-71 韧性结构外层衬砌轴力（Ⅵ号衬砌）（单位：kN）

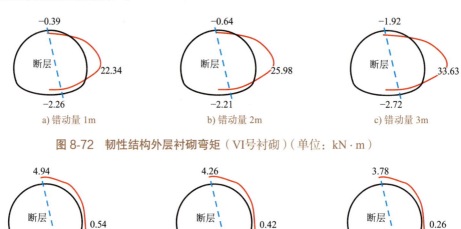

图 8-72　韧性结构外层衬砌弯矩（Ⅵ号衬砌）（单位：kN·m）

a) 错动量 1m　　　　b) 错动量 2m　　　　c) 错动量 3m

图 8-73　韧性结构外层衬砌安全系数（Ⅵ号衬砌）

由图 8-71～图 8-73 可知，随着错动量的增大，外层衬砌横断面轴力及弯矩均随之增大，且弯矩及轴力最大值均位于拱腰处。表明走滑断层错动下围岩与隧道拱腰产生挤压作用，导致拱腰产生较大内力。同时，外层衬砌安全系数随着错动量的增大而逐渐减小，当错动量为 1m 时，隧道拱腰处的安全系数为 0.54，小于相关规范中的控制值[30]，发生破坏；当错动量为 3m 时，拱腰处安全系数由 0.54 减小为 0.26，表明随着错动量的增大，外层衬砌破坏程度进一步增大。

内层衬砌内力及安全系数分布如图 8-74～图 8-76 所示。

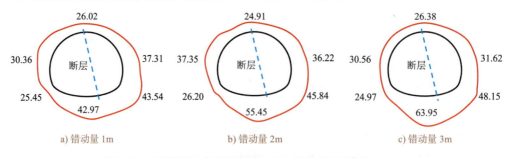

图 8-74　韧性结构内层衬砌轴力（Ⅵ号衬砌）（单位：kN）

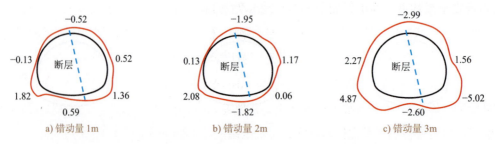

图 8-75　韧性结构内层衬砌弯矩（Ⅵ号衬砌）（单位：kN·m）

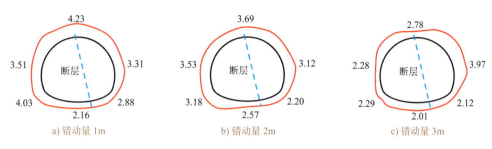

图 8-76 韧性结构内层衬砌安全系数（Ⅵ号衬砌）

由图 8-74～图 8-76 可知，随着错动量的增大，内层衬砌横断面轴力及弯矩均随之增大，弯矩及轴力最大值均位于拱脚及仰拱处。此外，内层衬砌安全系数随着错动量的增大而逐渐减小，当错动量为 1m 时，隧道仰拱处的安全系数为 2.16，大于相关规范中的控制值[30]，处于安全状态；当错动量为 3m 时，仰拱处安全系数由 2.16 减小为 2.01，表明随着错动量的增大，内层衬砌安全系数进一步减小，但仍然处于安全状态。

8.5.3 穿越活动断层隧道三层韧性结构破坏特征

断层错动完成后，将隧道上方覆土取出，采集各衬砌节段的裂缝分布情况，包括裂缝长度、裂缝形态等。总体上，隧道外层衬砌发生衬砌垮塌、开裂及剥落等现象，而内层衬砌未发生破坏，与图 8-73、图 8-76 中所示的衬砌安全系数相符，其中外层衬砌裂缝分布如图 8-77 所示。

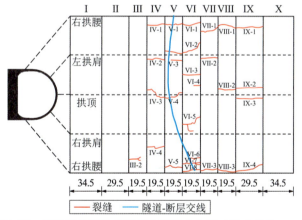

图 8-77 隧道韧性结构外层衬砌裂缝分布图（尺寸单位：cm）

由图 8-77 可知，断层错动下，外层衬砌产生了大量裂缝，且裂缝主要集中在隧道—断层交线附近的Ⅳ、Ⅴ及Ⅵ号衬砌，且Ⅵ号衬砌裂缝最多。外层衬砌裂缝类型主要包括纵向裂缝、斜向裂缝及环向裂缝，统计得出外层衬砌裂缝具体特征，见表 8-46。

由表 8-46 可知，断层错动下，外层衬砌纵向裂缝数量最多，其次是斜向裂缝，环向裂缝数量最少。其中，6 号衬砌破坏最为严重，其裂缝分布如图 8-78 所示；Ⅵ号衬砌拱腰发生严重破坏，但内层衬砌未发生任何破坏，与安全系数计算结果吻合（图 8-73、图 8-76），处于安全状态。表明隧道三层韧性结构能适应米级的断层错动，防止隧道内层衬砌发生破坏。

隧道三层韧性结构外衬裂缝统计　　　　　表 8-46

节段号	关键位置	破坏模式	裂缝长度	裂缝方向
III	右拱腰	受压破坏	13cm	纵向分岔
IV	拱顶	受拉破坏	贯穿节段	纵向弧形
	右拱肩	受拉破坏	贯穿节段	纵向
	左拱腰	剪切破坏	贯穿节段	纵向
	左拱肩	受拉破坏	贯穿节段	纵向
V	拱顶	受压破坏	贯穿节段	纵向
	右拱腰	剪切破坏	贯穿节段	纵向
	左拱腰	剪切破坏	贯穿节段	纵向
	左拱肩	受拉破坏	一条贯穿节段；一条长 11cm	纵向
VI	拱顶	受拉、压破坏	一条贯穿节段；一条长 9cm	纵向
	右拱肩	受拉、压破坏	贯穿节段	纵向分岔兼弧形
	右拱腰	受压破坏	一条贯穿节段；一条长 11cm	一条纵向分岔，一条纵向
	左拱腰	剪切破坏	贯穿节段	纵向
	左拱肩	受压破坏	贯穿节段	纵向弧形
VII	左拱腰	剪切破坏	贯穿节段	纵向弧形
	左拱肩	受拉破坏	贯穿节段	纵向
VIII	拱顶	受拉破坏	贯穿节段	纵向
	右拱腰	剪切破坏	贯穿节段	纵向
	左拱腰	剪切破坏	贯穿节段	纵向弧形
IX	拱顶	受拉破坏	贯穿节段	纵向
	右拱腰	受压破坏	贯穿节段	纵向弧形
	左拱腰	剪切破坏	贯穿节段	纵向

图 8-78　6 号节段外层衬砌破坏情况

附录　活动断裂带地层变形曲线

调研得到断裂带地层变形实测曲线 45 条，主要来自 5·11 塔什库尔干地震、2·12 于田地震、11·14 昆仑山口西地震及 5·12 汶川地震。其中包括逆断层、逆断兼右旋走滑断层两种断裂带类型，见附表 1。

断裂带地层变形数据统计　　　　　　　　附表 1

断裂带类型	数据量（组）	变形方向	地震名称	震级	最大变形量（m）
正断层	6	竖向 u_z	塔什库尔干地震[220,221]	7.0	1.0～15.68
	2		于田地震[222]	7.3	1.2～2.3
	2		昆仑山口西地震[223]	8.1	0.77～4.5
逆断兼右旋走滑断层	26	竖向 u_z	5·12 汶川地震[184,224-227] 青海玛多地震[228] 唐山地震[229]	8.0	0.99～10.02
	9	水平向 u_x			0.78～8.9

1）正断层竖向变形曲线

所调研的 10 条正断层地层竖向变形曲线如附图 1 所示。

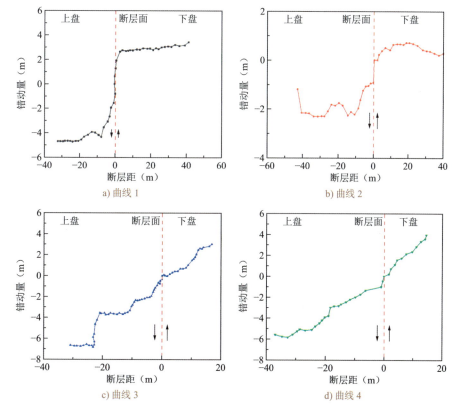

附图　1

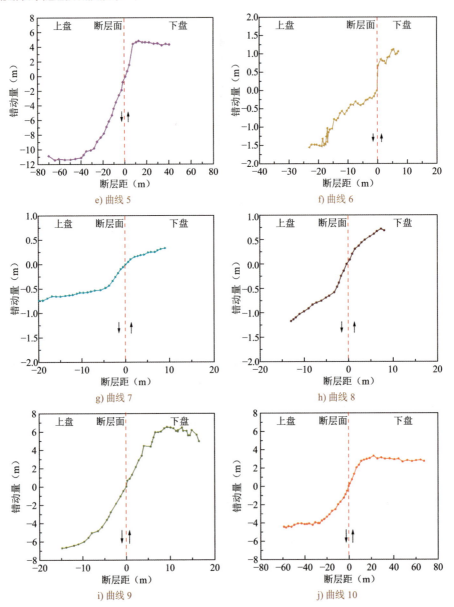

附图 1 正断层地层竖向变形曲线

各曲线详细参数信息见附表 2。

正断层各曲线参数信息　　　　　　　　　　　附表 2

序号	地震名称	时间	地点	震级	上盘最大错动量（m）	下盘最大错动量（m）	最大错动总量（m）	来源文献
曲线 1	塔什库尔干地震	1895	新疆木吉-塔什库尔干谷地	7	4.69	3.40	8.09	[220]
曲线 2					1.19	0.27	1.46	
曲线 3					6.65	3.02	9.67	
曲线 4					5.61	3.96	9.57	
曲线 5					10.95	4.73	15.18	
曲线 6					1.56	1.06	2.62	

续上表

序号	地震名称	时间	地点	震级	上盘最大错动量（m）	下盘最大错动量（m）	最大错动总量（m）	来源文献
曲线7	于田地震	2014	新疆于田	7.3	0.30	0.70	1.0	[222]
曲线8					0.69	1.17	1.86	
曲线9					4.89	6.77	11.66	
曲线10	昆仑山口西地震	2001	托索湖	8.1	4.44	2.73	7.17	[223]

2）逆断兼右旋走滑断层竖向变形曲线

所调研的 26 条逆断兼右旋走滑断层竖向变形如附图 2 所示。

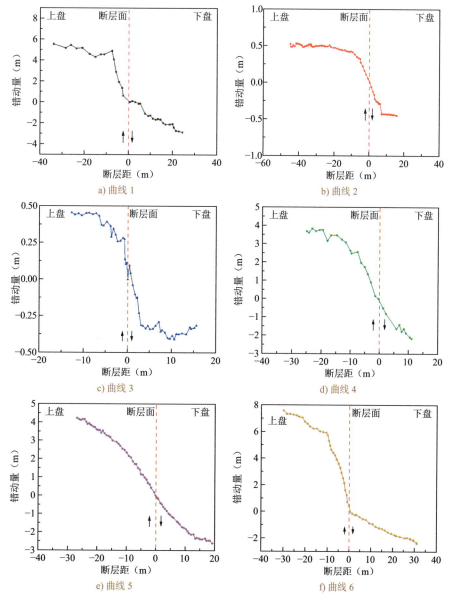

附图 2

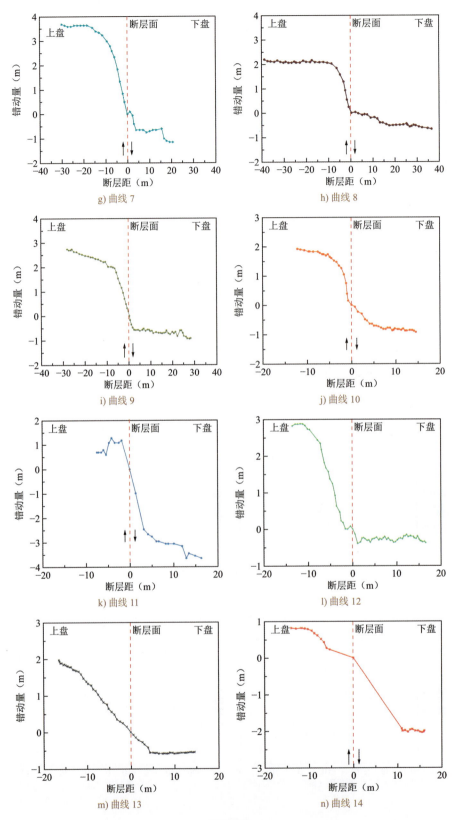

附图 2

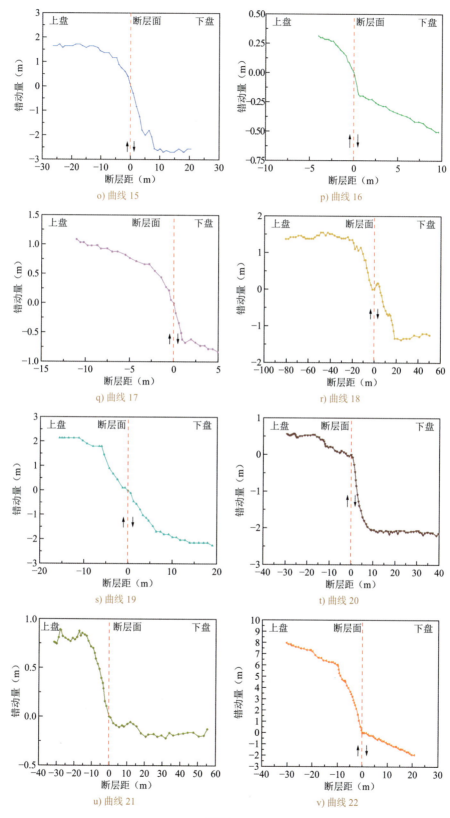

附图 2

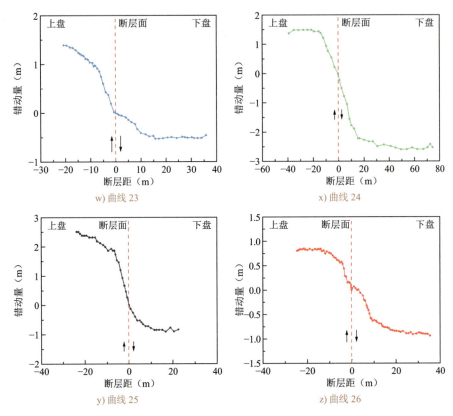

附图2 逆断兼右旋走滑断层竖向变形曲线

各曲线详细参数信息见附表3。

逆断兼右旋走滑断层竖向变形曲线参数信息　　　　附表3

序号	地震名称	年份	地点	震级	上盘最大错动量（m）	下盘最大错动量（m）	最大错动总量（m）	来源文献
曲线1	汶川地震	2008	四川汶川	8.0	2.87	5.52	8.39	[225]
曲线2					1.28	1.46	2.74	[224]
曲线3	玛多地震	2021	青海玛多	7.4	0.46	0.31	0.77	[228]
曲线4					3.68	2.17	5.85	[225]
曲线5					4.24	2.60	6.84	[224]
曲线6					7.57	2.39	9.96	
曲线7					3.69	1.15	4.84	[184]
曲线8					0.66	2.09	2.75	
曲线9	汶川地震	2008	四川汶川	8.0	2.74	0.92	3.66	
曲线10					0.93	1.92	2.85	[225]
曲线11					0.69	3.65	4.34	
曲线12					2.82	0.38	3.20	[224]
曲线13					1.97	0.55	2.52	
曲线14					0.82	1.99	2.81	

续上表

序号	地震名称	年份	地点	震级	上盘最大错动量（m）	下盘最大错动量（m）	最大错动总量（m）	来源文献
曲线 15					1.66	2.55	4.21	[226]
曲线 16					0.31	0.50	0.81	
曲线 17					1.09	0.83	1.92	
曲线 18					1.37	1.25	2.62	
曲线 19	汶川地震	2008	四川汶川	8.0	2.14	2.25	4.39	[226]
曲线 20					0.71	2.13	2.84	
曲线 21					0.76	0.13	0.89	
曲线 22					7.88	2.14	10.02	
曲线 23					1.46	0.45	1.91	
曲线 24					1.25	2.53	3.78	[227]
曲线 25					2.50	0.84	3.34	
曲线 26	玛多地震	2021	青海玛多	7.4	0.81	0.94	1.75	[228]

3）逆断兼右旋走滑断层水平向变形曲线

所调研的 9 条逆断兼右旋走滑断层水平向变形曲线如附图 3 所示。

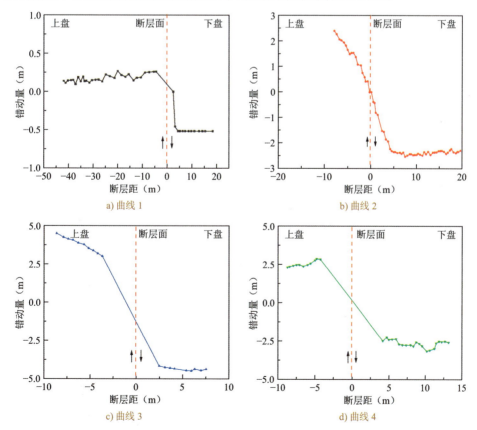

附图 3

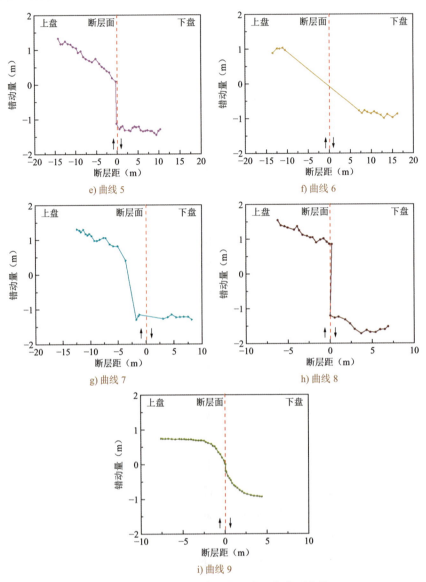

附图 3 逆断兼右旋走滑断层水平向变形曲线

各曲线详细参数信息见附表 4。

逆断兼右旋走滑断层水平向变形曲线参数信息　　　　附表 4

序号	地震名称	年份	地点	震级	上盘最大错动量（m）	下盘最大错动量（m）	最大错动总量（m）	来源文献
曲线 1	汶川地震	2008	四川汶川	8.0	0.23	0.55	0.75	[224]
曲线 2					2.58	2.39	4.97	
曲线 3					4.53	4.37	8.90	
曲线 4					2.23	2.43	4.66	
曲线 5					0.87	1.13	2	
曲线 6					1.20	1.53	2.73	
曲线 7					0.11	0.78	0.89	
曲线 8					2.15	1.44	3.59	
曲线 9	唐山地震	1976	唐山	7.8	0.74	0.93	1.67	[229]

参 考 文 献

[1] 臧阳, 韩颜颜, 马亚伟, 等. 2019 年震情述评[J]. 中国地震, 2020, 36(01): 173-179.

[2] 王月, 薛艳, 张小涛, 等. 2018 年震情述评[J]. 中国地震, 2019, 35(01): 204-210.

[3] 宋金, 李智超, 姜祥华, 等. 2016 年震情述评[J]. 中国地震, 2017, 33(01): 180-189.

[4] 马亚伟, 韩颜颜, 臧阳, 等. 2021 年震情述评[J]. 中国地震, 2022, 38(01): 176-182.

[5] 龙海云, 刘瑞丰, 李纲, 等. 2015 年震情述评[J]. 中国地震, 2016, 32(01): 157-164.

[6] 龙海云, 李纲, 黎明晓, 等. 2014 年震情述评[J]. 中国地震, 2015, 31(01): 168-175.

[7] 黎明晓, 薛艳, 李纲, 等. 2013 年震情述评[J]. 中国地震, 2014, 30(01): 132-141.

[8] 解孟雨, 韩颜颜, 臧阳, 等. 2020 年震情述评[J]. 中国地震, 2021, 37(01): 249-254.

[9] 姜祥华, 王月, 韩颜颜, 等. 2017 年震情述评[J]. 中国地震, 2018, 34(01): 157-164.

[10] 张亚蓓. 2023 年全国交通运输工作会议召开 全面贯彻落实党的二十大精神 奋力加快建设交通强国 努力当好中国式现代化的开路先锋[J]. 中国水运, 2023(04): 5.

[11] 张培震, 邓起东, 张竹琪, 等. 中国大陆的活动断裂、地震灾害及其动力过程[J]. 中国科学: 地球科学, 2013, 43(10): 1607-11620.

[12] 李宏男, 陈国兴, 刘晶波, 等. 地震工程学[M]. 北京: 机械工业出版社, 2013.

[13] 徐锡伟, 赵伯明, 马胜利, 等. 活动断层地震灾害预测方法与应用[M]. 北京: 科学出版社, 2011.

[14] BROWN I R. Behaviour of the Bay Area rapid transit tunnels through the Hayward fault[D]. Berkeley: University of California, 1981.

[15] 崔臻, 盛谦. 近断层/远场地震动作用下控制性岩体结构对地下洞室地震稳定性影响研究[J]. 岩石力学与工程学报, 2017, 36(01): 53-67.

[16] SOMERVILLE P G, SMITH N F, GRAVES R W, et al. Modification of empirical strong ground motion attenuation relations to include the amplitude and duration effects of rupture directivity[J]. Seismological research letters, 1997, 68(1): 199-222.

[17] WANG G Q, ZHOU X Y, ZHANG P Z, et al. Characteristics of amplitude and duration for near fault strong ground motion from the 1999 Chi-Chi, Taiwan earthquake[J]. Soil Dynamics and Earthquake Engineering, 2002, 22(1): 73-96.

[18] 徐龙军, 谢礼立. 集集地震近断层地震动频谱特性[J]. 地震学报, 2005(06): 656-665+699.

[19] 张威, 李明, 姬云平, 等. 青海门源 M6.9 地震典型隧道破坏特征分析与启示[J]. 地震工程学报, 2022, 44(03): 661-669.

[20] 张玉芳, 袁坤, 周文皎, 等. 门源地震对跨冷龙岭断层的大梁隧道结构变形特征和地表裂缝分布规律

研究[J]. 岩石力学与工程学报, 2023, 42(5): 1055-1069.

[21] 崔光耀, 王明年, 林国进, 等. 汶川地震区典型公路隧道衬砌震害类型统计分析[J]. 中国地质灾害与防治学报, 2011, 22(01): 122-127.

[22] WANG W L, WANG T T, SU J J, et al. Assessment of damage in mountain tunnels due to the Taiwan Chi-Chi earthquake[J]. Tunnelling and underground space technology, 2001, 16(3): 133-150.

[23] PRENTICE C S, PONTI D J. Coseismic deformation of the Wrights tunnel during the 1906 San Francisco earthquake: a key to understanding 1906 fault slip and 1989 surface ruptures in the southern Santa Cruz Mountains, California[J]. Journal of Geophysical Research: Solid Earth, 1997, 102(B1): 635-648.

[24] 王明年, 林国进, 于丽, 等. 隧道抗震与减震[M]. 北京: 科学出版社, 2012.

[25] 陈磊, 陈国兴, 李丽梅. 近场和远场地震动作用下双层竖向重叠地铁隧道地震反应特性[J]. 中国铁道科学, 2010, 31(01): 79-86.

[26] 陈之毅, 郭远鹏. 断层错动和地震动共同作用下跨断层隧道的损伤分析[J]. 防灾减灾工程学报: 1-6.

[27] 禹海涛, 袁勇, 顾玉亮, 等. 非一致激励下长距离输水隧道地震响应分析[J]. 水利学报, 2013, 44(06): 718-725.

[28] SHEN Y, GAO B, YANG X, et al. Seismic damage mechanism and dynamic deformation characteristic analysis of mountain tunnel after Wenchuan earthquake[J]. Engineering Geology, 2014, 180: 85-98.

[29] 中华人民共和国交通运输部. 公路隧道抗震设计规范: JTG/T 2232—2019[S]. 北京: 人民交通出版社股份有限公司, 2019.

[30] 中华人民共和国建设部. 铁路工程抗震设计规范: GB 50111—2006[S]. 北京: 中国计划出版社, 2009.

[31] 国家铁路局. 铁路隧道设计规范: TB 10003—2016[S]. 北京: 中国铁道出版社, 2017.

[32] LIN M L, CHUNG C F, JENG F S, et al. The deformation of overburden soil induced by thrust faulting and its impact on underground tunnels[J]. Engineering Geology, 2007, 92(3-4): 110-132.

[33] LIN M L, JENG F S, WANG H J, et al. Response of soil and a submerged tunnel during a thrust fault offset based on model experiment and numerical analysis[C]//proceedings of the ASME Pressure Vessels and Piping Conference, 2005.

[34] BAZIAR M H, NABIZADEH A, MEHRABI R, et al. Evaluation of underground tunnel response to reverse fault rupture using numerical approach[J]. Soil Dynamics and Earthquake Engineering, 2016, 83: 1-17.

[35] BAZIAR M H, NABIZADEH A, LEE C J, et al. Centrifuge modeling of interaction between reverse faulting and tunnel[J]. Soil Dynamics and Earthquake Engineering, 2014, 65: 151-64.

[36] BAZIAR M H, NABIZADEH A, KHALAFIAN N, et al. Evaluation of reverse faulting effects on the mechanical response of tunnel lining using centrifuge tests and numerical analysis[J]. Geotechnique, 2020, 70(6): 490-502.

[37] GREGOR T, GARROD B, YOUNG D. Analyses of underground structures crossing an active fault in Coronado, California[C]//proceedings of the Proceedings of the world tunnel congress, 2007.

[38] 熊炜, 范文, 彭建兵, 等. 正断层活动对公路山岭隧道工程影响的数值分析[J]. 岩石力学与工程学报, 2010, 29(S1): 2845-2852.

[39] 王琼. 跨断层隧道地震反应分析[J]. 国际地震动态, 2012(03): 38-9.

[40] 胡辉. 穿越活动断层的隧道减震结构研究[D]. 成都: 西南交通大学, 2013.

[41] 刘学增, 李学锋, 代志萍, 等. 断层错动对公路隧道的影响分析[J]. 地下空间与工程学报, 2014, 10(S2): 2031-2036.

[42] 刘学增, 王煦霖, 林亮伦. 45°倾角正断层黏滑错动对隧道影响试验分析[J]. 同济大学学报(自然科学版), 2014, 42(01): 44-50.

[43] LIU X, LI X, SANG Y, et al. Experimental study on normal fault rupture propagation in loose strata and its impact on mountain tunnels[J]. Tunnelling and Underground Space Technology, 2015, 49: 417-425.

[44] 刘学增, 郭彪, 李学锋, 等. 变形缝对跨断层隧道抗错断影响的模型试验研究[J]. 岩石力学与工程学报, 2015, 34(S2): 3837-3843.

[45] 刘学增, 林亮伦. 75°倾角逆断层黏滑错动对公路隧道影响的模型试验研究[J]. 岩石力学与工程学报, 2011, 30(12): 2523-2530.

[46] 刘学增, 林亮伦, 王煦霖, 等. 柔性连接隧道在正断层黏滑错动下的变形特征[J]. 岩石力学与工程学报, 2013, 32(S2): 3545-3551.

[47] 刘学增, 刘金栋, 李学锋, 等. 逆断层铰接式隧道衬砌的抗错断效果试验研究[J]. 岩石力学与工程学报, 2015, 34(10): 2083-2090.

[48] 刘学增, 唐精, 桑运龙, 等. 逆断层黏滑错动对跨断层隧道影响机制的模型试验研究[J]. 隧道建设(中英文), 2020, 40(04): 481-489.

[49] 刘学增, 王煦霖, 林亮伦. 75°倾角正断层黏滑错动对公路隧道影响的模型试验研究[J]. 岩石力学与工程学报, 2013, 32(08): 1714-1720.

[50] 刘学增, 王煦霖, 林亮伦. 60°倾角正断层黏滑错动对山岭隧道影响的试验研究[J]. 土木工程学报, 2014, 47(02): 121-128.

[51] 刘学增, 林亮伦, 桑运龙. 逆断层黏滑错动对公路隧道的影响[J]. 同济大学学报(自然科学版), 2012, 40(07): 1008-1014.

[52] 刘学增, 谷雪影, 代志萍, 等. 活断层错动位移下衬砌断面形式对隧道结构的影响[C]//2014中国隧道与地下工程大会(CTUC)暨中国土木工程学会隧道及地下工程分会第十八届年会, 2014.

[53] 刘学增, 谷雪影, 代志萍, 等. 活断层错动位移下衬砌断面形式对隧道结构的影响[J]. 现代隧道技术, 2014, 51(05): 71-77.

[54] WANG Y, JING H, SU H, et al. Effect of a fault fracture zone on the stability of tunnel-surrounding rock[J]. International Journal of Geomechanics, 2016, 17(6).

[55] 陈海亮, 高明忠, 汪文勇, 等. 跨断层隧道衬砌变形规律及损伤机理研究[J]. 工程科学与技术, 2018, 50(05): 38-46.

[56] GHADIMI CHERMAHINI A, TAHGHIGHI H. Numerical finite element analysis of underground tunnel crossing an active reverse fault: a case study on the Sabzkouh segmental tunnel[J]. Geomechanics and Geoengineering, 2019, 14(3): 155-166.

[57] CAI Q, PENG J, NG C W, et al. Centrifuge and numerical modelling of tunnel intersected by normal fault rupture in sand[J]. Computers and Geotechnics, 2019, 111: 137-146.

[58] TOHIDIFAR H, MOOSAVI M, JAFARI M K. Behavior of Tunnels against the Reverse Faulting Deformations Using Centrifuge Test and Numerical Modelling[J]. Journal of Seismology & Earthquake Engineering, 2019, 21(2).

[59] 李守刚. 减震层对跨断层隧道抗错断效果的模型试验研究[J]. 铁道标准设计, 2019, 63(12): 106-111.

[60] 杜修力, 汪振, 赵密, 等. 穿越走滑断层的山岭隧道抗错断铰接设计试验研究[J]. 土木工程学报, 2022, 55(05): 97-106.

[61] 王鸿儒, 钟紫蓝, 赵密, 等. 走滑断层黏滑错动下隧道破坏的模型试验研究[J]. 北京工业大学学报, 2021, 47(07): 691-701.

[62] 周光新, 盛谦, 张传健, 等. 穿越走滑断层铰接隧洞抗错断设计参数作用机制研究[J]. 岩石力学与工程学报, 2022, 41(05): 941-953.

[63] 周光新, 盛谦, 崔臻, 等. 走滑断层错动影响下跨活断层铰接隧洞破坏机制模型试验[J]. 岩土力学, 2022, 43(01): 37-50.

[64] 周光新, 崔臻, 盛谦, 等. 活动断裂错动位移模式对隧洞变形与内力的影响研究[J]. 防灾减灾工程学报, 2021, 41(06): 1323-1330+1349.

[65] 熊良宵. 活断层地区隧道抗震问题的数值模拟研究[D]. 成都: 成都理工大学, 2006.

[66] 林之恒. 高黎贡山隧道动力稳定性及抗减震措施研究[D]. 成都: 成都理工大学, 2010.

[67] YANG Z, LAN H, ZHANG Y, et al. Nonlinear dynamic failure process of tunnel-fault system in response to strong seismic event[J]. Journal of Asian Earth Sciences, 2013, 64: 125-135.

[68] 王永刚, 丁文其, 景韧. 关山隧道断层破碎带三维有限元地震动力响应[J]. 公路交通科技, 2011, 28(08): 115-119+135.

[69] 朱长安, 李海清, 林国进, 等. 断层破碎带隧道地震反应规律的数值模拟研究[J]. 公路, 2012(04): 254-259.

[70] 李林. 隧道穿越断裂带地震响应特性及抗震措施研究[D]. 成都: 西南交通大学, 2014.

[71] 王林辉. 穿越断层隧道结构地震响应及减震层措施研究[D]. 成都: 西南交通大学, 2014.

[72] 靳宗振. 跨断层隧道减震结构地震动力响应研究[D]. 成都: 西南交通大学, 2014.

[73] 徐诗蒙, 陈新民, 黄莹, 等. 断层倾角对隧道影响振动台模型试验[J]. 南京工业大学学报(自然科学版), 2015, 37(06): 69-74+124.

[74] 高峰, 孙常新, 谭绪凯, 等. 不同埋深隧道的地震响应振动台试验研究[J]. 岩土力学, 2015, 36(09): 2517-2522+2531.

[75] 刘云, 高峰. 跨断层隧道动力特性大型振动台试验研究[J]. 振动与冲击, 2016, 35(12): 160-165.

[76] 刘礼标, 王永甫, 刘方, 等. 断层走向对隧道地震响应影响的振动台试验研究[J]. 振动与冲击, 2017, 36(21): 196-202.

[77] HUANG J, ZHAO M, DU X. Non-linear seismic responses of tunnels within normal fault ground under obliquely incident P waves[J]. Tunnelling and Underground Space Technology incorporating Trenchless Technology Research, 2017, 61(01): 26-39..

[78] 崔光耀, 纪磊, 荆鸿飞. 高烈度艰险山区跨断层隧道减震层减震技术研究[J]. 地震工程学报, 2019, 41(02): 286-291.

[79] 安栋, 刘天旺, 郭艳军. 强震区跨断层隧道纤维混凝土衬砌抗震效果分析[J]. 中国安全生产科学技术, 2021, 17(06): 98-103.

[80] 崔光耀, 伍修刚, 王明年, 等. 高烈度地震区黏滑断层隧道减震层减震模型试验研究[J]. 岩土工程学报, 2017, 39(11): 2125-2131.

[81] 闫高明. 强震区跨断层山岭隧道结构柔性接头力学机理研究[D]. 成都: 西南交通大学, 2020.

[82] 闫高明, 申玉生, 高波, 等. 穿越断层隧道钢筋橡胶接头振动台试验研究[J]. 振动与冲击, 2021, 40(13): 129-135+153.

[83] WANG T, GENG P, CHEN J, et al. Normal fault rupture propagation in overburdened rock and its impact on the ground deformation profile based on a model experimental approach[J]. Soil Dynamics and Earthquake Engineering, 2023, 169: 107865.

[84] YAO C, TAKEMURA J, MA G, et al. Effect of boundary friction on revere fault rupture propagation in centrifuge tests[J]. Soil Dynamics and Earthquake Engineering, 2021, 147: 106811.

[85] CAI Q, NG C W. Analytical approach for estimating ground deformation profile induced by normal faulting in undrained clay[J]. Canadian Geotechnical Journal, 2013, 50(4): 413-22.

[86] OETTLE N K, BRAY J D. Numerical procedures for simulating earthquake fault rupture propagation[J]. International Journal of Geomechanics, 2017, 17(1): 4016025.

[87] OKADA Y. Internal deformation due to shear and tensile faults in a half-space[J]. Bulletin of the Seismological Society of America, 1992, 82(2): 1018-1040.

[88] 赵伯明, 赵天次, 周玉书. 断层面位错不均匀性对地表同震变形的影响研究[J]. 岩石力学与工程学报, 2020, 39(12): 2517-2529.

[89] LEE V, TRIFUNAC M, TODOROVSKA M, et al. Empirical equation describing attenuation of the peaks of strong ground motion, in terms of magnitude, distance, path effects and site conditions[J]. University of Southern California, Department of Civil Engineering, 1995: 95-102.

[90] OKADA Y. Surface deformation due to shear and tensile faults in a half-space[J]. Bulletin of the Seismological Society of America, 1985, 75(4): 1135-1154.

[91] MANSINHA L, SMYLIE D. The displacement fields of inclined faults[J]. Bulletin of the Seismological

Society of America, 1971, 61(5): 1433-1440.

[92] 中华人民共和国住房和城乡建设部. 城市轨道交通结构抗震设计规范: GB 50909—2014[S]. 北京: 中国计划出版社, 2014.

[93] Joyner W B, Chen A T F. Calculation of nonlinear ground response in earthquakes[J]. Bulletin of the Seismological Society of America, 1975.

[94] YASUI Y, TAKANO S, TAKEDA T, et al. Finite element method for obliquely incident seismic wave problems[C]//Proceedings of Ninth World Conference on Earthquake Engineering, 1998.

[95] 刘晶波, 吕彦东. 结构-地基动力相互作用问题分析的一种直接方法[J]. 土木工程学报, 1998(03): 55-64.

[96] 王振宇, 刘晶波. 成层地基非线性波动问题人工边界与波动输入研究[J]. 岩石力学与工程学报, 2004, (07): 1169-1173.

[97] 刘晶波, 王艳. 成层半空间出平面自由波场的一维化时域算法[J]. 力学学报, 2006(02): 219-225.

[98] 刘晶波, 王艳. 成层介质中平面内自由波场的一维化时域算法[J]. 工程力学, 2007(07): 16-22.

[99] 谭辉. 土-结构动力相互作用分析中地震波输入方法研究及应用[D]. 北京: 清华大学, 2018.

[100] 赵武胜, 陈卫忠, 郑朋强, 等. 地下工程数值计算中地震动输入方法选择及实现[J]. 岩石力学与工程学报, 2013, 32(08): 1579-1587.

[101] 黄景琦, 杜修力, 赵密, 等. 近场数值波动分析中地震波输入的一种简化方法[J]. 振动与冲击, 2015, 34(03): 77-82.

[102] 刘晶波, 谭辉, 宝鑫, 等. 土-结构动力相互作用分析中基于人工边界子结构的地震波动输入方法[J]. 力学学报, 2018, 50(01): 32-43.

[103] LIU J B, TAN H, BAO X, et al. Seismic wave input method for three-dimensional soil-structure dynamic interaction analysis based on the substructure of artificial boundaries[J]. Earthquake Engineering and Engineering Vibration, 2019, 18(4): 747-758.

[104] ABRAHAMSON N. Near-fault ground motions from the 1999 Chi-Chi earthquake[C]//Proceedings of the Proceedings of US–Japan workshop on the effects of near-field earthquake shaking San Francisco, California, 2000.

[105] ZAMORA M, RIDDELL R. Elastic and inelastic response spectra considering near-fault effects[J]. Journal of Earthquake Engineering, 2011, 15(5): 775-808.

[106] 梅伟, 顾世祥, 雷宏, 等. 近断层脉冲地震动作用下土石坝动力响应分析[J]. 武汉大学学报(工学版), 2020, 53(10): 853-860.

[107] 董文悝, 高广运, 宋健, 等. 近断层滑冲效应脉冲地震动对场地液化的影响[J]. 浙江大学学报(工学版), 2018, 52(09): 1651-1657.

[108] SOMERVILLE P, GRAVES R. Characterization of earthquake strong ground motion[J]. Landslide Tsunamis: Recent Findings and Research Directions, 2003: 1811-1128.

[109] HOUSNER G W, HUDSON D E. The port hueneme earthquake of march 18, 1957[J]. Bulletin of the seismological society of America, 1958, 48(2): 163-168.

[110] BOLT B A. The San Fernando valley, California, earthquake of February 9 1971: Data on seismic hazards[J]. Bulletin of the Seismological Society of America, 1971, 61(2): 501-510.

[111] BAKER J W. Quantitative classification of near-fault ground motions using wavelet analysis[J]. Bulletin of the seismological society of America, 2007, 97(5): 1486-1501.

[112] SINGH J P. Earthquake ground motions: implications for designing structures and reconciling structural damage[J]. Earthquake Spectra, 1985, 1(2): 239-270.

[113] BERTERO V V, MAHIN S A, HERRERA R A. Aseismic design implications of near-fault San Fernando earthquake records[J]. Earthquake Engineering & Structural Dynamics, 1978, 6(1): 31-42.

[114] 王京哲, 朱晞. 近场地震速度脉冲下的频谱加速度敏感区[J]. 中国铁道科学, 2003(06): 28-31.

[115] 贾俊峰, 欧进萍. 近断层竖向与水平向加速度频谱比值特征[J]. 地震学报, 2010, 32(01): 41-50+136.

[116] AMBRASEYS N U, SIMPSON K. Prediction of vertical response spectra in Europe[J]. Earthquake Engineering & Structural Dynamics, 1996, 25(4): 401-412.

[117] 李宁, 刘洪国, 刘平, 等. 近断层竖向地震动特征统计分析[J]. 土木工程学报, 2020, 53(10): 120-128.

[118] 王小林, 孟敏强, 李冀伟, 等. 隧道抗震设计中反应位移法与时程分析法的对比分析[J]. 铁道建筑, 2015(07): 35-38.

[119] 袁勇, 申中原, 禹海涛. 沉管隧道纵向地震响应分析的多体动力学方法[J]. 工程力学, 2015, 32(05): 76-83.

[120] 禹海涛, 杨喻声, 袁勇, 等. 地下结构抗震分析的振动法与波动法对比研究[J]. 地震工程学报, 2019, 41(04): 845-852.

[121] 禹海涛, 吴胤翔, 涂新斌, 等. 盾构隧道纵向地震响应的多尺度分析方法[J]. 中国公路学报, 2020, 33(01): 138-144+152.

[122] 禹海涛, 李心熙, 袁勇, 等. 沉管隧道纵向地震易损性分析方法[J]. 中国公路学报, 2022, 35(10): 13-22.

[123] 赵伯明, 夏晨. 多源输入条件下的黏弹性人工边界研究[J]. 土木工程学报, 2015, 48(S1): 147-151.

[124] 赵伯明, 苏彦. 盾构隧道的纵向地震响应[J]. 中国铁道科学, 2009, 30(05): 59-64.

[125] 杜修力, 许紫刚, 许成顺, 等. 基于等效线性化的土-地下结构整体动力时程分析方法研究[J]. 岩土工程学报, 2018, 40(12): 2155-2163.

[126] 杜修力, 马超, 路德春, 等. 大开地铁车站地震破坏模拟与机理分析[J]. 土木工程学报, 2017, 50(01): 53-62+59.

[127] 杜修力, 李洋, 许成顺, 等. 1995年日本阪神地震大开地铁车站震害原因及成灾机理分析研究进展[J]. 岩土工程学报, 2018, 40(02): 223-236.

[128] 许成顺, 许紫刚, 杜修力, 等. 地下结构抗震简化分析方法比较研究[J]. 地震工程与工程振动,

2017, 37(02): 65-80.

[129] 中华人民共和国住房和城乡建设部. 建筑抗震设计规范: GB 50011—2010[S]. 北京: 中国建筑工业出版社, 2010.

[130] 施仲衡. 地下铁道设计与施工[M]. 西安: 陕西科学技术出版社, 1997.

[131] 铁道部第二设计院. 铁路工程设计技术手册(隧道)[M]. 北京: 人民铁道出版社, 1978.

[132] 耿萍. 铁路隧道抗震计算方法研究[D]. 成都: 西南交通大学, 2012.

[133] 耿萍, 何悦, 何川, 等. 地震系数法隧道上覆土柱的合理计算高度[J]. 重庆大学学报: 自然科学版, 2013, 36(4): 159-164.

[134] 耿萍, 何川, 晏启祥. 隧道结构抗震分析方法现状与进展[J]. 土木工程学报, 2013, 46(S1): 262-268.

[135] 曹久林, 应础斌, 张征亮. 盾构隧道地震系数法的抗震分析[J]. 华东公路, 2012(02): 26-29.

[136] MONONOBE N. Earthquake-proof construction of masonry dams[J]. Proco.f the World Engrg.conf, 1929, 9.

[137] OKABE S. General theory on earth pressure and laboratory testing on seismic stability of retaining walls[J]. 1926.

[138] ZHANG J, SHAMOTO Y, TOKIMATSU K. Seismic earth pressure theory for retaining walls under any lateral displacement[J]. Journal of the Japanese Geotechnical Society, 1998, 38(2): 143-163.

[139] ZHANG G, ZHANG J M. Simplified evaluation for dynamic layered soils-structure interaction[C]//4th International Conference on Recent Advances in Geotechnical Earthquake Engineering and Soil Dynamics, 2001.

[140] 周健, 董鹏, 池永. 软土地下结构的地震土压力分析研究[J]. 岩土力学, 2004, 25(4): 554-559.

[141] NEWMARK N M. Problems in wave propagation in soil and rock[J]. ASCE, 1968.

[142] KUESEL T R. Earthquake design criteria for subways[J]. Journal of the Structural Division, 1969, 95(6): 1213-1231.

[143] PENZIEN, JOSEPH. Seismically induced racking of tunnel linings[J]. Earthquake Engineering & Structural Dynamics, 2000, 29(5): 683-691.

[144] 徐丽娟, 丁海平, 孔戈. 相对刚度对圆形隧道结构地震反应影响规律的研究[J]. 工程抗震与加固改造, 2008, 30(5): 69-73.

[145] 姚小彬, 戚承志. 土-结构相对刚度对地下矩形结构地震反应影响规律的研究[C]//第3届全国工程安全与防护学术会议论文集.中国工程院土木、水利与建筑工程学部, 中国岩石力学与工程学会, 2012.

[146] TSINIDIS, GRIGORIOS. Response characteristics of rectangular tunnels in soft soil subjected to transversal ground shaking[J]. Tunnelling and Underground Space Technology incorporating Trenchless Technology Research, 2017, 62: 1-22.

[147] Wang J N. Seismic design of tunnels, a simple state-of-the-art design approach parsons brinckerhoff quade & douglas[J]. 1993.

[148] 川島一彦. 橋梁の耐震設計と耐震補強(監訳)[M]. 1998.

[149] 林皋. 地下结构抗震分析综述(上)[J]. 世界地震工程, 1990(2): 1-10.

[150] 林皋. 地下结构抗震分析综述(下)[J]. 世界地震工程, 1990(2): 10.

[151] 李英民, 王璐, 刘阳冰, 等. 地下结构抗震计算地基弹簧系数取值方法研究[J]. 地震工程与工程振动, 2012, 32(01): 106-113.

[152] 蒋通, 宋晓星. 层状地基中埋管地基阻抗函数的分析方法[J]. 力学季刊, 2009, 30(02): 243-249.

[153] 王文沛, 陶连金, 张波, 等. 基于薄层分析的反应位移法研究[J]. 北京工业大学学报, 2012, 38(8): 5.

[154] 黄茂松, 刘鸿哲, 曹杰. 软土隧道横向抗震分析的简化响应位移法[J]. 岩土力学, 2012, 33(10): 7.

[155] 董正方, 王君杰, 姚毅超. 深埋盾构隧道结构抗震设计方法评价[J]. 振动与冲击, 2012, 31(19): 7.

[156] 李亮, 杨晓慧, 杜修力. 地下结构地震反应计算的改进的反应位移法[J]. 岩土工程学报, 2014, 36(7): 5.

[157] 宾佳, 景立平, 崔杰, 等. 反应位移法中弹簧系数求解方法改进研究[J]. 地震工程学报, 2014, 36(3): 525-531.

[158] 刘晶波, 王文晖, 赵冬冬, 等. 地下结构抗震分析的整体式反应位移法[J]. 岩石力学与工程学报, 2013, 32(8): 1618-1624.

[159] 刘晶波, 刘祥庆, 薛颖亮. 地下结构抗震分析与设计的 Pushover 方法适用性研究[J]. 工程力学, 2009, 26(1): 49-57.

[160] 刘晶波, 王文晖, 赵冬冬, 等. 复杂断面地下结构地震反应分析的整体式反应位移法[J]. 土木工程学报, 2014, 47(01): 134-142.

[161] 刘晶波, 王东洋, 谭辉, 等. 隧道纵向地震反应分析的整体式反应位移法[J]. 工程力学, 2018, 35(10): 17-26.

[162] TATEISHI A. A study on seismic analysis methods in the cross section of underground structures using static finite element method[J]. Structural Engineering, 2005, 22(1): 41-53.

[163] 李新星. 考虑围护结构的地下车站反应加速度法抗震设计[J]. 地下工程与隧道, 2015(3): 5.

[164] 刘如山, 胡少卿, 石宏彬. 地下结构抗震计算中拟静力法的地震荷载施加方法研究[J]. 岩土工程学报, 2007, 29(2): 6.

[165] 董正方, 王君杰. 反应加速度法中地震动参数的修正研究[J]. 现代隧道技术, 2014, 51(1): 32-37.

[166] 刘晶波, 刘祥庆, 李彬. 地下结构抗震分析与设计的 Pushover 分析方法[J]. 土木工程学报, 2008(04): 73-80.

[167] 许学良, 马伟斌, 金爱兵, 等. 基于块体离散单元法的走滑型活动断裂错动作用下隧道结构响应[J]. 中国铁道科学, 2023, 44(1): 153-166.

[168] 唐浪洲, 于丽, 王玉锁, 等. 走滑断层错动量大小对铁路隧道结构安全性影响的数值分析[J]. 现代隧道技术, 2022, 59(01): 214-224.

[169] 郭翔宇, 耿萍, 丁梯, 等. 逆断层黏滑作用下隧道力学行为研究[J]. 振动与冲击, 2021, 40(17): 249-258.

[170] Newmark N M, Hall W J. Pipeline design to resist large fault displacement[C]//Proceedings of US national

conference on earthquake engineering. 1975, 1975: 416-425.

[171] KENNEDY R P, WILLIAMSON R A, CHOW A M. Fault movement effects on buried oil pipeline[J]. Transportation Engineering Journal of ASCE, 1977, 103(5): 617-633.

[172] WANG L R L, YEH Y H. A refined seismic analysis and design of buried pipeline for fault movement[J]. Earthquake Engineering & Structural Dynamics, 1985, 13(1): 75-96.

[173] KARAMITROS D K, BOUCKOVALAS G D, KOURETZIS G P, et al. An analytical method for strength verification of buried steel pipelines at normal fault crossings[J]. Soil Dynamics and Earthquake Engineering, 2011, 31(11): 1452-1464.

[174] KARAMITROS D K, BOUCKOVALAS G D, KOURETZIS G P. Stress analysis of buried steel pipelines at strike-slip fault crossings[J]. Soil Dynamics and Earthquake Engineering, 2007, 27(3): 200-211.

[175] HU Z, REN X, WANG Q, et al. Analytical method for the mechanical response of buried pipeline under the action of strike-slip faulting[J]. Underground Space, 2022, 7(2): 268-77.

[176] 王滨, 李昕, 周晶. 走滑断层作用下埋地钢质管道反应的改进解析方法[J]. 工程力学, 2011, 28(12): 51-58.

[177] 刘国钊, 乔亚飞, 何满潮, 等. 活动性断裂带错动下隧道纵向响应的解析解[J]. 岩土力学, 2020, 41(03): 923-932.

[178] 陶连金, 王志岗, 石城, 等. 基于 Pasternak 地基模型的断层错动下管线结构纵向响应的解析解[J]. 岩土工程学报, 2022, 44(9): 11.

[179] 李瀚源, 李兴高, 刘杨, 等. 跨活动断层盾构隧道纵向受力及变形特征[J]. 浙江大学学报(工学版), 2023, 57(02): 340-352.

[180] TRIFONOV O V, CHERNIY V P. Elastoplastic stress-strain analysis of buried steel pipelines subjected to fault displacements with account for service loads[J]. Soil Dynamics and Earthquake Engineering, 2012, 33(1): 54-62.

[181] TRIFONOV O V, CHERNIY V P. A semi-analytical approach to a nonlinear stress-strain analysis of buried steel pipelines crossing active faults[J]. Soil Dynamics and Earthquake Engineering, 2010, 30(11): 1298-1308.

[182] TRIFONOV O V. The effect of variation of soil conditions along the pipeline in the fault-crossing zone[J]. Soil Dynamics and Earthquake Engineering, 2018, 104: 437-448.

[183] TRIFONOV O V. Numerical stress-strain analysis of buried steel pipelines crossing active strike-slip faults with an emphasis on fault modeling aspects[J]. Journal of Pipeline Systems Engineering and Practice, 2015, 6(1): 04014008.

[184] 徐锡伟, 闻学泽, 叶建青, 等. 汶川 M(s)8.0 地震地表破裂带及其发震构造[J]. 地震地质, 2008(03): 597-629.

[185] 中华人民共和国交通运输部. 公路隧道设计细则:JTG/T D70—2010[S]. 北京: 人民交通出版社,

2010.

[186] 中华人民共和国交通运输部. 公路隧道设计规范 第一册 土建工程: JTG 3370.1—2018[S]. 北京: 人民交通出版社股份有限公司, 2019.

[187] 中华人民共和国住房和城乡建设部. 地下结构抗震设计标准: GB/T 51336—2018[S]. 北京: 中国建筑工业出版社, 2018.

[188] 申玉生, 高波, 胡邦, 等. 强震区山岭隧道围岩全环间隔注浆预加固的方案研究[J]. 土木工程学报, 2011, 44(S1): 186-91+200.

[189] 王峥峥, 王正松, 高波. 高烈度地震区连拱隧道洞口段抗震措施研究[J]. 中国公路学报, 2011, 24(06): 80-85.

[190] 王帅帅, 高波, 申玉生, 等. 平面 SH 波入射下深埋软岩隧道抗减震机理研究[J]. 土木工程学报, 2014, 47(S1): 280-286.

[191] 王帅帅, 高波, 范凯祥, 等. 平面 P 波入射下浅埋平行双洞隧道注浆加固减震机制[J]. 岩土力学, 2018, 39(02): 683-690.

[192] HIROOMI I, TOSHIO H, NOZOMU Y, et al. Damage to daikai subway station during the 1995 hyogoken-nambu earthquake and its investigation[J]. Soils and Foundations, 1996, 36(Special): 283-300.

[193] SHAHROUR I, KHOSHNOUDIAN F, SADEK M, et al. Elastoplastic analysis of the seismic response of tunnels in soft soils[J]. Tunnelling & Underground Space Technology Incorporating Trenchless Technology Research, 2010, 25(4): 478-482.

[194] Durukal E. Critical evaluation of strong motion in Kocaeli and Düzce (Turkey) earthquakes[J]. Soil Dynamics and Earthquake Engineering, 2002, 22(7): 589-609.

[195] KONTOGIANNI V A, STIROS S C. Earthquakes and Seismic Faulting: Effects on Tunnels[J]. Turkish Journal of Earthences, 2003, 12(1): 153-156.

[196] 吴晨. 既有双洞扩挖隧道受力变形规律与抗震性能研究[D]. 福州: 福建工程学院, 2019.

[197] 杜明哲. 超强地震作用下穿越断层界面隧道结构动力响应及控制技术研究[D]. 成都: 西南交通大学, 2021.

[198] 陈誉升. 穿越活断层隧道组合支护结构错动响应试验研究[D]. 昆明: 昆明理工大学, 2022.

[199] DALGIC S. Tunneling in fault zones, Tuzla tunnel, Turkey[J]. Tunnelling & Underground Space Technology Incorporating Trenchless Technology Research, 2003, 18(5): 453-465.

[200] 崔光耀. 隧道洞口浅埋段和断裂黏滑段抗震设计计算方法及试验研究[D]. 成都: 西南交通大学, 2012.

[201] 信春雷. 穿越断层隧道结构地震动破坏机理与抗减震措施研究[D]. 成都: 西南交通大学, 2015.

[202] 丁祖德, 王顺国, 陈誉升, 等. 跨活断层隧道组合支护结构断层错动响应模型试验研究[J]. 铁道科学与工程学报, 2023, 20(6): 1-13.

[203] 杨军. 走滑断层错动下深埋隧道变形破坏模型试验研究[D]. 西安: 长安大学, 2022.

[204] WANG H, ZHONG Z, ZHAO M, et al. Model Experimental Study of the Influence of Strike slip Fault Dislocation on Tunnel[J]. Journal of Beijing University of Technology, 2021, 47(07): 691-701.

[205] 孙飞. 穿越活断层地铁隧道结构损伤破坏机理及抗错动性能研究[D]. 成都:西南交通大学, 2019.

[206] 孙风伯. 穿越活动断裂山岭隧道抗位错机理与方法研究[D]. 北京: 北京交通大学, 2018.

[207] 邱兆文, 喻烟, 杜义, 等. 逆断层错动对隧道工程影响的数值模拟[J]. 地震学报, 2021, 43(02): 237-244+136.

[208] 时航. 走滑断层错动下山岭隧道响应规律与适应性措施研究[D]. 西安: 长安大学, 2022.

[209] 张煜. 断层蠕滑错动作用下隧道衬砌损伤开裂研究及柔性连接抗错断措施[D]. 成都: 西南交通大学, 2016.

[210] 陈熹. 活动断层错动下跨断层隧道动力响应及破坏机理研究[D]. 成都: 西南交通大学, 2017.

[211] 刘恺. 成兰线跨断层隧道的错动破坏机理研究及地震动力响应分析[D]. 北京: 北京交通大学, 2011.

[212] WANG T, GENG P, LI P, et al. Deformation and failure of overburden soil subjected to normal fault dislocation and its impact on tunnel[J]. Engineering Failure Analysis, 2022, 142: 106747.

[213] 田四明, 吴克非, 于丽, 等. 穿越活动断裂带铁路隧道抗震关键技术[J]. 隧道建设(中英文), 2022, 42(08): 1351-1364.

[214] 肖至慧. 走滑断层错动下土体隧道的变形破坏研究[D]. 泉州: 华侨大学, 2019.

[215] 高清泉. 不同埋深条件下隧道地震反应分析及参数研究[D]. 北京: 北京交通大学, 2021.

[216] 李旭升. 高烈度地震区行波效应下断层对隧道的动力影响和加固措施研究[D]. 成都: 西南交通大学, 2010.

[217] 祝俊鹏. 新桐子岭隧道跨断层段抗震设防及抗震措施研究[D]. 重庆: 重庆交通大学, 2020.

[218] 唐垠斐. 山岭隧道断层破碎带地震动力响应规律及抗减震措施研究[D]. 成都: 西南交通大学, 2018.

[219] 陈宇龙, 黄栋. 正断层与逆断层错动引起的上覆黏土变形特性离心试验[J]. 岩土力学, 2017, 38(S1): 189-194.

[220] 李文巧, 陈杰, 袁兆德, 等. 帕米尔高原 1895 年塔什库尔干地震地表多段同震破裂与发震构造[J]. 地震地质, 2011, 33(02): 260-276.

[221] 李文巧. 帕米尔高原东北部塔什库尔干谷地的活动构造与强震[D]. 北京: 中国地震局地质研究所, 2013.

[222] 袁兆德, 刘静, 李雪, 等. 2014 年新疆于田 M(s)7.3 地震地表破裂带精细填图及其破裂特征[J]. 中国科学: 地球科学, 2021, 51(02): 276-298.

[223] 李陈侠, 徐锡伟, 闻学泽, 等. 东昆仑断裂带中东部地震破裂分段性与走滑运动分解作用[J]. 中国科学:地球科学, 2011, 41(09): 1295-310.

[224] 李勇, 周荣军, L.DENSMORE A, 等. 映秀-北川断裂的地表破裂与变形特征[J]. 地质学报, 2008, 82(12): 1688-1706.

[225] 于贵华, 徐锡伟, 陈桂华, 等. 汶川 8.0 级地震地表变形局部化样式与建筑物破坏特征关系初步研

究[J]. 地球物理学报, 2009, 52(12): 3027-3041.

[226] 陈桂华, 徐锡伟, 郑荣章, 等. 2008 年汶川 M(s)8.0 地震地表破裂变形定量分析——北川-映秀断裂地表破裂带[J]. 地震地质, 2008(03): 723-38.

[227] 陈桂华, 徐锡伟, 于贵华, 等. 2008 年汶川 M(s)8.0 地震多断裂破裂的近地表同震滑移及滑移分解[J]. 地球物理学报, 2009, 52(05): 1384-94.

[228] 陈桂华, 李忠武, 徐锡伟, 等. 2021 年青海玛多 M7.4 地震发震断裂的典型同震地表变形与晚第四纪断错累积及其区域构造意义[J]. 地球物理学报, 2022, 65(08): 2984-3005.

[229] 徐锡伟, 于贵华, 马文涛, 等. 活断层地震地表破裂"避让带"宽度确定的依据与方法[J]. 地震地质, 2002(04): 470-83.

[230] TALEBI F, KIYONO J. A refined nonlinear analytical method for buried pipelines crossing strike-slip faults[J]. Earthquake Engineering & Structural Dynamics, 2021, 50(11): 2915-2938.

[231] 杨涅. 隧道支护安全性变形-结构评价方法研究[D]. 成都: 西南交通大学, 2020.

[232] 王磊. 结构分析的有限差分法[M]. 北京: 人民交通出版社, 1982.

[233] WANG C M, REDDY J N, LEE K H. Shear deformable beams and plates: Relationships with classical solutions[M]. Elsevier, 2000.

[234] 龙驭球, 包世华. 结构力学教程[M]. 北京: 高等教育出版社, 2001.

[235] 施士昇. 混凝土的抗剪强度、剪切模量和弹性模量[J]. 土木工程学报, 1999(02): 47-52.

[236] 陶连金, 张乃嘉, 安韶. 正断层错动圆形隧道结构影响因素及损伤分析研究[J]. 铁道标准设计, 2022, 66(11): 127-34.